本书由"中央高校基本科研业务费专项资金"资助

《华侨大学哲学社会科学文库》编辑委员会

主　编　徐西鹏

副主编　曾　路

编　委　（以姓氏笔画为序）

马海生　王丽霞　毛浩然　邢尊明　许少波　许斗斗　许培源
孙　锐　李志强　宋　武　张向前　陈历明　陈文寿　陈旋波
林怀艺　林宏宇　林俊国　郑向敏　赵昕东　胡日东　胡培安
姜泽华　贾益民　徐　华　徐西鹏　郭东强　郭克莎　黄远水
常　彬　梁　宁　曾　峰　曾　路　蔡振翔

华侨大学 哲学社会科学文库·经济学系列

支付市场供需分析、定价设计与效应评估

DEMAND AND SUPPLY ANALYSIS, PRICING DESIGN AND EFFECT EVALUATION FOR PAYMENT MARKET

傅联英 著

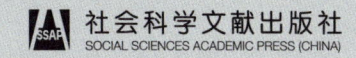

社会科学文献出版社
SOCIAL SCIENCES ACADEMIC PRESS (CHINA)

打造优秀学术著作
助力建构中国自主知识体系
——《华侨大学哲学社会科学文库》总序

习近平总书记在哲学社会科学工作座谈会上指出:"哲学社会科学是人们认识世界、改造世界的重要工具,是推动历史发展和社会进步的重要力量,其发展水平反映了一个民族的思维能力、精神品格、文明素质,体现了一个国家的综合国力和国际竞争力。"当前我国已经进入全面建成社会主义现代化强国、实现第二个百年奋斗目标,以中国式现代化全面推进中华民族伟大复兴的新征程,进一步加强哲学社会科学研究,推进哲学社会科学高质量发展,为全面建成社会主义现代化强国、全面推进中华民族伟大复兴贡献智慧和力量,具有突出的意义和价值。

2022年4月,习近平总书记在中国人民大学考察时强调:加快构建中国特色哲学社会科学,归根结底是建构中国自主的知识体系。建构中国自主的知识体系,必须坚持马克思主义的指导地位,坚持以习近平新时代中国特色社会主义思想为指引,坚持党对哲学社会科学工作的全面领导,坚持以人民为中心的研究导向,引领广大哲学社会科学工作者以中国为观照、以时代为观照,立足中国实际,解决中国问题,不断推进知识创新、理论创新、方法创新,以回答中国之问、世界之问、人民之问、时代之问为学术己任,以彰显中国之路、中国之治、中国之理为思想追求,在研究解决事关党和国家全局性、根本性、关键性的重大问题上拿出真本事、取得好成果,认真回答好"世界怎么了""人类向何处去"的时代之题,发挥好哲学社会科学传播中国声音、中国理论、中国思想的特殊作用,让世界更好读懂中国,为推动构建人类命运共同体做出积极贡献。

华侨大学作为侨校，以侨而生，因侨而兴，多年来始终坚持走内涵发展、特色发展之路，在为侨服务、传播中华文化的过程中，形成了深厚的人文底蕴和独特的发展模式。新时代新征程，学校积极融入构建中国特色哲学社会科学的伟大事业之中，努力为教师更好发挥学术创造力、打造精品力作提供优质平台，涌现出一大批优秀成果。依托侨校优势，坚持以侨立校、为侨服务，学校积极组织开展涉侨研究，努力打造具有侨校特色的新型智库，在中华文化传承传播、海外华文教育、侨务理论与政策、侨务公共外交、华商研究、海上丝绸之路研究、东南亚国别与区域研究、海外宗教文化研究等诸多领域形成具有特色的研究方向，推出了以《华侨华人蓝皮书：华侨华人研究报告》《世界华文教育年鉴》《泰国蓝皮书：泰国研究报告》《海丝蓝皮书：21世纪海上丝绸之路研究报告》等为代表的一系列研究成果。

《华侨大学哲学社会科学文库》是"华侨大学哲学社会科学学术著作专项资助计划"资助出版的成果，自2013年以来，已资助出版68部学术著作，内容涵盖马克思主义理论、哲学、法学、应用经济学、工商管理、国际政治等基础理论与重大实践研究，选题紧扣时代问题和人民需求，致力于解决新时代面临的新问题、新任务，凝聚着华侨大学教师的心力与智慧，充分体现了他们多年围绕重大理论与现实问题进行的研判和思考。已出版的学术著作，获得福建省社会科学优秀成果奖二等奖1项、三等奖9项，获得厦门市社会科学优秀成果奖一等奖1项、二等奖2项、三等奖2项，得到了同行专家和学术共同体的认可与好评，在国内外产生了较大的影响。

在新时代新征程上，围绕党和国家推动高校哲学社会科学高质量发展，加快构建中国特色哲学社会科学学科体系、学术体系、话语体系，加快建构中国自主知识体系的重大历史任务，华侨大学将继续推进《华侨大学哲学社会科学文库》的出版工作，鼓励更多哲学社会科学工作者尤其是青年教师勇攀学术高峰，努力推出更多造福于国家与人民的精品力作。

今后，我们将以更大的决心、更宽广的视野、更有效的措施、更优质的服务，推动华侨大学哲学社会科学高质量发展，不断提高办学质量和水平，为全面建成社会主义现代化强国、全面推进中华民族伟大复兴做出新贡献。

华侨大学党委书记　徐西鹏
2023 年 10 月 8 日

目 录

第 1 章　绪论 ………………………………………………………… 1
　1.1　研究背景 ………………………………………………………… 1
　1.2　研究内容 ………………………………………………………… 2
　1.3　技术路线 ………………………………………………………… 6
　1.4　研究方法 ………………………………………………………… 6
　1.5　创新之处 ………………………………………………………… 7

第一篇　支付市场的需求侧分析

第 2 章　消费者的支付卡持有行为及决定机制 …………………… 11
　2.1　支付卡持有行为的现状分析 …………………………………… 11
　2.2　决定因子的共识与分歧 ………………………………………… 12
　2.3　决定因子选取与研究资料 ……………………………………… 14
　2.4　支付卡持有行为的决定机制检验 ……………………………… 16
　2.5　提高支付渗透率以畅通国内大循环的思路与路径 …………… 21

第 3 章　消费者的支付卡偏好及其性别异质性 …………………… 23
　3.1　支付卡使用现状与女性用户偏好特征 ………………………… 23
　3.2　支付卡偏好性别异质性的成因与假说 ………………………… 24
　3.3　支付卡偏好的性别异质性检验 ………………………………… 27
　3.4　基于支付卡偏好异质性加快消费环节大循环的策略 ………… 38

第 4 章　双边用户之间的交叉网络外部性估算 …………………… 39
　4.1　交叉网络外部性在支付市场中的作用 ………………………… 39
　4.2　交叉网络外部性的特征属性及估算方法比较分析 …………… 40

4.3　支付市场交叉网络外部性特征分析与存在性检验 …………… 44
4.4　支付市场双边交叉网络外部性强度估算 …………………… 51
4.5　培育交叉网络外部性促进流通环节大循环的思路 …………… 59

第二篇　支付市场的供给侧分析

第5章　支付平台市场势力对交易量的影响及其作用机制 ………… 65
5.1　支付平台利用市场势力的典型案例与问题提出 ……………… 65
5.2　市场势力决定交易量的单边逻辑与双边逻辑 ………………… 66
5.3　支付平台市场势力影响交易量的理论分析与研究假说 ……… 69
5.4　研究设计与模型设定 …………………………………………… 72
5.5　支付平台市场势力影响交易量的实证检验 …………………… 75
5.6　交易量扩容效应的进一步讨论 ………………………………… 81
5.7　利用基础设施驱动交换环节大循环的路径 …………………… 84

第6章　支付平台开放战略对市场绩效的影响与作用机制 ………… 87
6.1　国内外支付平台"封转开"现象 ……………………………… 87
6.2　支付平台"封转开"的理论解释 ……………………………… 88
6.3　支付平台"封转开"的典型事实与机制分析 ………………… 91
6.4　检验"封转开"绩效的实证设计与数据说明 ………………… 95
6.5　支付平台"封转开"的市场绩效评估 ………………………… 97
6.6　支付平台"封转开"影响市场绩效的机制检验 ……………… 102
6.7　借助支付平台"封转开"打通交换环节大循环的启示 ……… 107

第三篇　支付市场定价机制设计

第7章　支付市场价格结构形成机制的国际经验与动态趋势 ……… 111
7.1　全球支付市场定价机制的顶层治理规则 ……………………… 111
7.2　发达国家支付市场定价法则与定价现状比较 ………………… 112
7.3　中国支付市场的定价现状与主要问题分析 …………………… 114
7.4　中国支付市场的价格监管框架 ………………………………… 122
7.5　创新定价机制以加速双循环的思路 …………………………… 123

第8章 开放型支付平台与封闭型支付平台的定价策略比较 ……… 125
8.1 开放型支付平台与封闭型支付平台的定价模式差异 ……… 125
8.2 平台运行与定价模型比较分析 ……… 126
8.3 会员费情形下的费率结构与单向转型 ……… 129
8.4 交易费情形下的费率结构与双向转型 ……… 133
8.5 二部定价情形下的费率结构与单向转型 ……… 138
8.6 有向定价模型的应用分析 ……… 141
8.7 优化定价策略以助推国内国际双循环 ……… 143

第9章 跨行交易的独立定价与联合定价策略 ……… 146
9.1 跨行交易定价存在的问题与研究现状 ……… 146
9.2 单向接入定价模型 ……… 150
9.3 双向接入定价模型 ……… 155
9.4 跨行交易定价模型的应用分析 ……… 164
9.5 调整跨平台定价结构以助力双循环的策略 ……… 166

第10章 全局竞争下支付平台的服务定价策略 ……… 168
10.1 支付市场开放与竞争格局的"未来已来" ……… 168
10.2 全局竞争模型在定价策略设计中的优势 ……… 169
10.3 全局竞争基准模型构建与最优定价策略 ……… 173
10.4 基于全局竞争定价模型的拓展分析 ……… 177
10.5 全局竞争定价模型的应用分析 ……… 180
10.6 完善全局定价策略以促进双循环的政策意蕴 ……… 183

第11章 新兴支付工具冲击对传统支付平台费率结构的影响 ……… 186
11.1 新兴支付工具对传统支付平台的冲击 ……… 186
11.2 不同支付平台的旁路竞争与接入定价理论 ……… 187
11.3 传统支付平台独家运营定价模型 ……… 189
11.4 传统支付平台与新兴支付工具的竞争定价模型 ……… 193
11.5 新兴支付工具接入传统支付平台的定价模型 ……… 195
11.6 新兴支付工具与传统支付平台互联互通以加快双循环的市场化方案 ……… 198

第四篇 支付工具的综合效应评价

第 12 章 信用卡支付的消费溢价效应及其实现机制 ……………… 203
    12.1 信用卡支付的消费溢价现象与既有理论解释 ……………… 203
    12.2 信用卡支付实现消费溢价的机理分析 …………………… 210
    12.3 信用卡支付实现消费溢价的实证检验 …………………… 211
    12.4 消费溢价的异质性分析与稳健性检验 …………………… 223
    12.5 基于因果中介效应法的溢价机制检验 …………………… 227
    12.6 信用卡支付消费溢价效应对助推国内大循环的启示 ……… 229

第 13 章 信用卡支付的消费升级效应及其实现机制 ……………… 231
    13.1 信用卡支付引发的消费升级与消费降级之争 …………… 231
    13.2 信用卡支付影响消费结构的作用机理分析 ……………… 232
    13.3 检验信用卡消费升级效应的研究设计 …………………… 233
    13.4 信用卡支付影响消费结构升级的效能检验 ……………… 237
    13.5 基于倾向得分匹配法进一步考察消费升级效应 ………… 243
    13.6 改用追踪样本和工具变量法进一步检验消费升级效应 …… 245
    13.7 信用卡支付消费升级效应对驱动国内大循环的启示 ……… 246

第 14 章 结论与对策建议 ……………………………………………… 248

参考文献 ……………………………………………………………………… 252

第1章 绪 论

本章重点介绍研究背景与意义、主要研究内容、思路脉络、研究设计和创新之处,提供概览性图景。

1.1 研究背景

现代支付体系是核心的金融基础设施,在畅通双循环中发挥着基础性作用。然而,我国支付体系尚存在诸多"痛点"和"堵点",导致供需结构失位、竞争格局失序、费率结构失衡、运行机制失能,制约了国内国际双循环的速度与质量。加快构建以国内大循环为主体、国内国际双循环相互促进的新发展格局,需要推进支付市场深层次改革、着力提升支付供给质效,需要推动支付市场更高水平开放、不断增强跨境支付体系国际竞争力,需要维护支付体系安全稳定运行、强化双循环畅通和民生改善的通道保障。

2020年的中央经济工作会议提出,"要紧紧扭住供给侧结构性改革这条主线,注重需求侧管理"。[1] 将"需求侧管理"与"供给侧结构性改革"有效结合起来,形成需求牵引供给、供给创造需求的更高水平动态平衡。本书立足现代支付体系的需求侧和供给侧现状,针对现行定价机制存在的弊端,运用双边定价理论研究支付市场的价格形成机制创新和调节机制改革,采用微观计量方法评估支付科技的功能绩效。本书有望推进双边定价理论在支付领域中的应用,推动平台治理理论和管理决策理论的创新与完

---

[1] 《中央经济工作会议在北京举行》,商务部网站,http://www.mofcom.gov.cn/article/i/jyjl/j/202012/20201203024670.shtml。

善，为规制部门的政策设计提供理论基础、方法支撑、量化依据和参考方案，提升监管层的经济治理效能。

1.2　研究内容

本书首先从需求侧切入，综合分析支付市场的用户支付卡持有行为、支付卡偏好与交叉网络外部性；其次以网络外部性特征为跳板转向供给侧，分析支付市场的平台市场势力与平台开放策略；再次在供需分析基础上，重点讨论支付市场定价机制创新、改革与设计；最后基于功能视角评估支付市场的正面效应、负面效应和净效应。全书分为四篇十四章，核心内容有十二章。

1.2.1　第一篇　支付市场的需求侧分析

第2章，消费者的支付卡持有行为及决定机制。随着人口红利日趋消失，中国家庭结构正在经历前所未有的剧变，消费观念和消费结构也出现了新变化，诸如此类因素将如何影响消费者的支付卡持有决策，值得深入研究。个人特质因素以及家庭特征因素又将如何影响消费者的支付卡持有决策？国内外商业银行该如何有针对性地改进其营销策略？本部分基于西南财经大学的中国家庭金融调查数据，运用离散选择模型实证研究消费者个人特质因素和家庭特征因素对其支付卡持有决策的影响，重点探析关键因素的影响方式与作用强度，以期为助推国内大循环提供启示。

第3章，消费者的支付卡偏好及其性别异质性。在前一章的基础上，本部分进一步深入追问：消费者的支付卡偏好是否存在显著的性别差异？本部分着重从风险态度、收入稳定性和道德责任三个维度提炼了性别因素影响支付卡偏好的逻辑机理，基于中国家庭金融调查数据，利用计数模型综合分析了支付卡偏好的性别异质性。相关问题的回答有助于明确双边市场文献中关于支付卡采纳与使用行为的性别异质性前提，有利于科学地识别支付偏好的性别异质性及其潜在成因，同时也有利于发卡机构基于偏好的性别异质性设计营销策略，从而提高支付卡使用率，助力消费环节大循环。

第4章，双边用户之间的交叉网络外部性估算。用户间互动形成的交叉网络外部性是支付市场双边性的标识性特征，也是支付平台演化的主要驱动因素，其存在性、方向性和强度构成了价格结构设计的前提条件。本部分首先运用半参数估计方法估计传统的归属曲线模型，判断我国支付市场交叉网络外部性的存在性和方向性；在此基础上，运用二次 B 样条方法修正传统的归属曲线模型，进而估算我国支付市场的交叉网络外部性强度。应用方面，本部分分析了支付机构如何利用交叉网络外部性培育用户、设计竞争对策、优化费率，助推流通环节大循环。

1.2.2 第二篇 支付市场的供给侧分析

第 5 章，支付平台市场势力对交易量的影响及其作用机制。支付平台市场势力对交易量的影响效应包含直接效应和间接效应，但后者常被忽视。支付平台的基础设施投资行为衔接起了其市场势力与交易量，是间接效应的重要来源。本部分基于寡头支付平台的季度运行数据，在考虑内生性问题的前提下，重点分析基础设施投入作为中间变量在市场势力决定支付平台交易量过程中所产生的间接效应，以期更加全面地了解双边平台交易量的决定机制。应用方面，中国银联的市场势力随着国内支付市场全面放开而日趋弱化，本部分针对中国银联应对交易量分流以及规制部门促进公平竞争提出了建议，以期加快交换环节大循环。

第 6 章，支付平台开放战略对市场绩效的影响与作用机制。随着支付平台市场势力的弱化，支付平台开放决策逐渐成为继平台化战略之后面临的重要抉择。支付平台从封闭走向开放会对市场绩效产生何种影响，关键性因素何在，传导机制如何？本部分首先建立起"平台开放→全要素生产率→市场绩效"的传导路径，为理解支付平台"封转开"改革如何影响其市场绩效提供了一项待检验的逻辑机制。然后，基于四家全球性寡头支付平台独特的运营数据，利用广义合成控制方法实证考察美国运通支付平台"封转开"改革对其交易量和加成率的异质性影响。应用方面，本部分重点分析了中国银联如何利用国内网络渠道优势建立起必要的护城河，助力交换（流通）环节大循环。

1.2.3 第三篇 支付市场定价机制设计

第 7 章，支付市场价格结构形成机制的国际经验与动态趋势。完善的定价机制是支付市场良性运行的制度基石。本部分基于国别和平台两个维度，重点分析代表性支付平台在发达国家的顶层治理规则、价格结构形成机制、定价实践与价格监管制度，概括定价实践的影响因素、特征事实与经验法则，追踪并研判各国定价机制改革与创新动态。应用方面，立足于我国支付市场的双重垄断特征，识别现行定价机制的主要缺陷，剖析中国支付市场的普遍问题与特有问题、新问题与老问题，尝试提出解决问题的新思路和监管政策改革的新维度，从而创新定价机制以加速双循环。

第8章，开放型支付平台与封闭型支付平台的定价策略比较。从国际经验来看，支付平台创新了资源配置方式，同时也引发了支付平台应该选择开放式运行模式还是封闭式运行模式之争。本部分基于双边市场定价模型，比较分析了开放型支付平台与封闭型支付平台的最优定价策略及其绩效（利润水平）差异，回答了平台化转型战略完成之后，支付平台在封闭与开放间"何时转型"与"如何转型"的问题，界定了各类定价模式的占优区间和适用边界，给出了支付市场价格形成机制转变的触发条件及可行选择，确定了适宜国情的费率结构，对支付平台定价模式转型以顺应双循环发展新格局有指导意义。

第9章，跨行交易的独立定价与联合定价策略。中国卡基支付市场费率形成机制不透明、费率名目繁多、重复扣费、扣费过高、合谋提价等乱象接踵而至，限制了持卡人跨行交易行为，严重制约了卡基支付的普及。本部分构建博弈模型，研究单向接入与双向接入下跨行交易的定价机理，比较分析运营机构独立决策与联合决策情形下交换费与手续费组合的内生决定机制；在此基础上，明确区分银行与独立运营商间的单向接入和银行与银行间的双向接入，将模型拓展至用户规模非对称和网络规模非对称情形。应用方面，本部分模型和结论解释了为何绕道转账手续费优惠、为何大银行倾向于提高跨行手续费，给出了跨行交易费率结构调整策略以加速双循环。

第10章，全局竞争下支付平台的服务定价策略。支付产业的全面开放引领中国支付市场从局部垄断转向全局竞争。支付平台间"一对多"的全局竞争将如何内生性地影响中间市场的交换费？支付平台应该如何做出调整？竞争平台数量、差异化程度、服务成本结构、成员机构的转换成本在费率结构形成与设计中孰轻孰重？本部分利用网络城市空间竞争模型，分析支付平台在"一对多"全局竞争下的最优交换费定价策略，厘清多平台竞争下价格结构的决定机制和传导机制，分析支付市场开放后的费率走势。应用方面，本部分依据现实的基础数据，利用基准模型测算并探讨全局竞争下中国银联的费率调整策略，以使其适应全面竞争的新时代，提升服务国内国际双循环的能级。

第 11 章，新兴支付工具冲击对传统支付平台费率结构的影响。微信和支付宝等新兴支付工具的崛起冲击了传统的银行卡支付，倒逼卡基支付平台调整优化费率结构。非对称的市场竞争会诱导卡基支付平台利用接入费"封杀"账基支付工具吗？面对竞争，卡基支付平台该如何设计终端市场上针对持卡人的定价策略？又该如何设计中间市场上针对新兴支付工具的接入费？规制机构是否有必要深度介入？本部分基于二部定价模式，考察了卡基支付平台在垄断、竞争和竞合情形下的定价策略与调整方略，旨在厘清"线上+线下"交互情境下支付清算市场的费率结构形成机制和调节举措，为构造"线上+线下"多层次的支付生态圈提供合理的收益分配建议。应用方面，重点设计了新兴支付工具与传统支付平台互联互通以加快双循环的市场化方案。

1.2.4　第四篇　支付工具的综合效应评价

第 12 章，信用卡支付的消费溢价效应及其实现机制。在政府刺激居民消费的政策锦囊中，信用卡渗透这柄利器略显神秘，其功效与机制并不为人所熟知。本部分首先综合支付痛楚理论和心理核算理论提出了一套理解信用卡支付消费溢价效应的微观逻辑，然后恰当地利用了内生转换回归模型良好的结构，在一个统一的模型架构内全面、深刻地理解转型市场下的中国消费者"信用卡支付决策受何影响"以及"信用卡支付对消费支出有何影响"两个问题。应用方面，本部分的研究发现为信用卡的宏观跷跷板效应提供了微观证据，也为促进消费回补和潜力释放、助推形成强大的国内市场提供了参考。

第 13 章，信用卡支付的消费升级效应及其实现机制。在前一章针对水平效应分析的基础上，本部分进一步分析结构效应。信用卡支付究竟推动了消费结构升级还是导致了消费结构降级引发了广泛关注与持续争论。本部分基于马斯洛需求层次理论将消费划分为生存型消费、享受型消费、发展型消费三大类，全方位揭示信用卡支付影响消费结构的微观机制；将消费信贷作为中介变量，利用中国家庭金融调查数据检验信用卡支付如何通过短期信贷额度影响消费结构。应用方面，讨论了如何利用信用卡支付促消费、提质量、惠民生，为构建新发展格局提供了启发性思路。

1.3 技术路线

以加快构建以国内大循环为主体、国内国际双循环相互促进的新发展格局为导向，本书遵循"提出问题—理论分析—应用探索"的思路展开，设计出"供需分析→定价设计→效应评估"的技术路线，如图1-1所示。

1.4 研究方法

秉持科学和适宜原则，具体研究方法依据研究内容需要，嵌入理论研究和实证分析两个层面。

第一，理论层面研究方法。重点运用博弈方法构建理论模型，考察价格形成机制；在价格调节机制设计中引入协调匹配模型生成受约束的价格结构，给出我国支付清算市场价格形成机制转变的触发条件及其可行选择；采用网间接入定价理论和仿真模拟方法，考察新兴支付工具冲击下中国银联的线上与线下业务费率优化策略。

第二，实证层面研究方法。采用案例分析方法比较具有代表性的支付清算市场的定价机制的共性和差异；运用离散选择模型研究消费者的信用卡持有决策，利用计数模型综合分析支付卡偏好的性别异质性，运用二次B样条方法估算我国支付市场的交叉网络外部性强度；采用结构方程模型方法重点分析基础设施投入作为中间变量在市场势力决定支付平台交易量过程中所产生的间接效应，利用广义合成控制方法考察支付平台"封转开"改革对其交易量和加成率的异质性影响；利用内生转换回归模型和因果中介效应方法，考察信用卡支付的消费溢价效应及其实现机制。

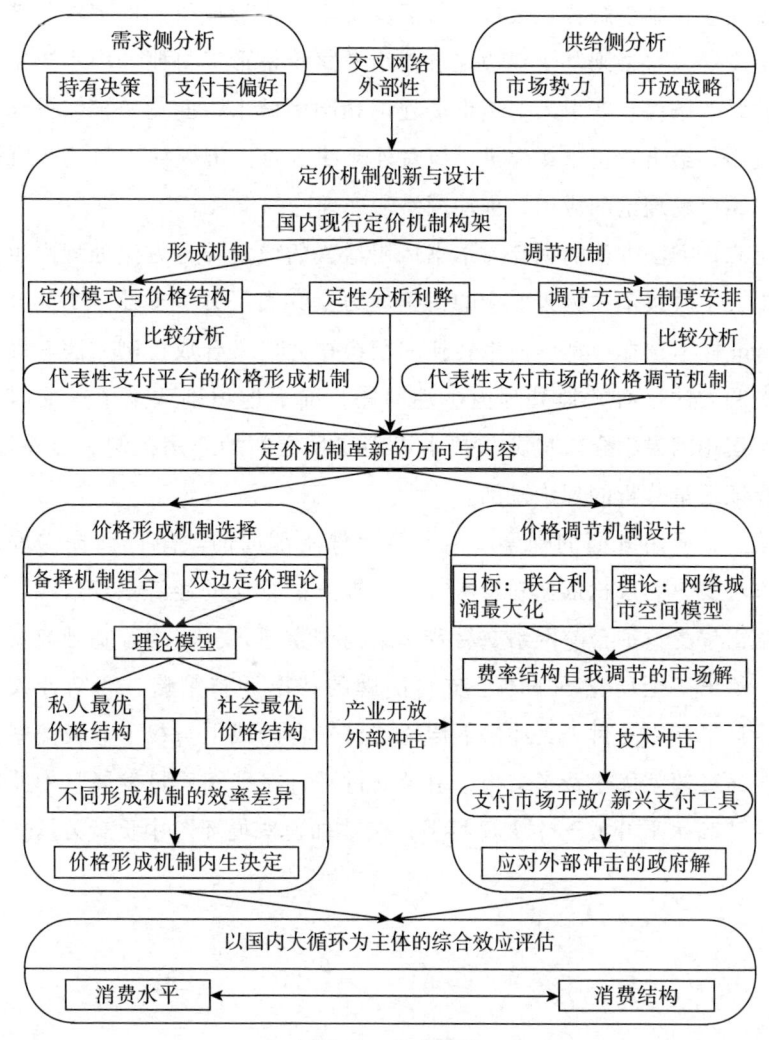

图 1-1 技术路线

1.5 创新之处

第一,理论方面的创新。本书推进了双边定价理论在支付领域的应用,推动了价格理论、平台治理理论和管理决策理论的交叉与创新。①构建了"供需分析—定价设计—效应评价"的分析框架,实现了逻辑链条与证据链条的衔接、学理与政策的对接。②已有文献将价格形成机制视为外生制度变量，难以解释代表性支付清算市场价格形成机制的多样化选择及其历史变迁，本书则基于双边定价理论考察价格形成机制的内生决定及其转变的触发条件。③引入双边市场理论和网络城市空间竞争模型设计价格调节机制，给出矫正市场失灵、应对外部冲击的"市场解"和"政府解"，推进双边市场理论的应用，推动网络治理理论的发展。

第二，方法方面的创新。本书运用适宜的微观计量方法处理内生性难题，提升了政策干预因果效应的识别能力，夯实了方法支撑。①综合利用Heckman样本选择模型、内生转换回归模型、广义合成控制方法等微观计量模型和方法，有效地处理内生性问题，准确地识别政策干预的因果效应。②运用因果中介效应分析技术识别变量之间的作用机制和传导过程，有效保证政策分析的理论基础。

第三，应用方面的探索。本书能为规制部门的政策设计提供理论基础、方法支撑、量化依据和参考方案，提升监管层的经济治理效能。①论证并给出了支付平台跨网络交易费率结构调整建议。②结合基础数据进行测算，给出了全局竞争下本土支付品牌的费率调整策略。③结合成本数据，设计了新兴支付工具冲击下传统支付平台的线上与线下业务费率优化策略。通过调整优化费率结构，引导支付平台在"高质量发展"中找准方位，在"高水平开放"中大显身手，在"加速双循环"中贡献力量。

第一篇
支付市场的需求侧分析

第 2 章　消费者的支付卡持有行为及决定机制

本书以需求侧分析为出发点。其中，支付卡持有决策是理解用户端同边网络外部性形成机制的广延边际视角。为此，本章基于中国家庭金融调查数据，运用离散选择模型研究城镇居民个人特质与家庭特征因素对其信用卡持有决策的影响方式与影响强度。①

2.1　支付卡持有行为的现状分析

卡基支付是付款人以磁条卡或芯片卡通过 ATM、POS、手机、Internet 等向收款人转移货币债权，涉及支付工具、支付媒介、发起/接收方式三大要素。自 1985 年中国第一张信用卡发行以来，经过 30 余年的渗透，持有信用卡消费在国内日趋普及。中国人民银行发布的《2015 年支付体系运行总体情况》显示，全国人均持有信用卡 0.29 张；《2022 年支付体系运行总体情况》显示，全国人均持有信用卡 0.57 张，与 2021 年基本持平。但不容忽视的事实是，信用卡持卡人群体内部开始出现结构性分化。银率网提供的银行评测数据发现，尽管持有 3 张以下信用卡的人数有所下降，但是，在 31~40 岁、年收入 6 万~20 万元、本科学历的持卡人群体中，拥有 4 张以上信用卡的人数反而逆势攀升。②

结构性分化的事实说明，年龄、收入、学历等消费者个人特征因素深

---

① 基础工作见傅联英和王明筠（2016），本章对其进行了补充和拓展。
② 《信用卡消费者最关心额度 四成持卡人用过白条花呗》，中证网，https://www.cs.com.cn/xwzx/msxf/201602/t20160226_4911343.html。

刻影响了其信用卡持有决策。本章的研究问题是，伴随着中国人口结构和家庭结构的突变，其他个人特质因素以及家庭特征因素又将如何影响消费者的信用卡持有决策？国内外商业银行该如何有针对性地改进其信用卡营销策略？本章基于西南财经大学提供的中国家庭金融调查数据，运用离散选择模型实证研究消费者个人特质因素和家庭特征因素对其信用卡持有决策的影响，重点探析关键因素的影响方式与作用强度，以期为商业银行营销策略组合设计提供建议。

2.2 决定因子的共识与分歧

现有文献主要从消费者性别、收入、年龄、婚姻、受教育程度、金融知识储备、工作性质等个体特征因素切入研究其银行卡持有动机和倾向。

多数文献认为收入水平、受教育程度、金融产品信息掌握程度的变化正向影响消费者的持卡倾向，并且这种影响表现出国别稳健性。Adcock 等（1977）、Wasberg 等（1992）、韩德昌和王大海（2007）、Wang 等（2011）的研究一致发现，收入水平越高，消费者的信用卡持有倾向越高；然而，Danes 和 Hira（1990）、傅联英和容玲（2014）则发现，收入水平负向影响信用卡持有决策，信用卡是低收入人群维持日常生活必需的工具。就国别而言，Abdul-Muhmin 和 Umar（2007）基于沙特阿拉伯的样本研究用户的持卡行为，发现收入水平、受教育程度提升均显著增强了用户的信用卡持有倾向。Hyytinen 和 Takalo（2009）基于芬兰消费者的调查数据，考察了收入水平、受教育程度、性别和金融知识储备等人口统计特征因素对"是否使用多种支付工具"的影响，结果发现，收入水平正向影响使用多种支付工具的决策，但是当收入水平超过一定门限值之后其影响将减弱；本科以上学历、对金融产品信息掌握更多的女性使用多种支付工具的概率明显更高。Sharpe 等（2012）基于 2008 年中国消费金融与投资者教育调研数据考察了收入水平、受教育程度等人口统计特征因素对信用卡持有决策的影响，发现收入水平、受教育程度、信用卡风险知识储备和创新产品采纳经历对信用卡持有决策的正向影响显著，消费者年龄对信用卡持有决策的负向影响显著，婚姻状况、家庭人口规模、家庭财富的归属对信用卡持有决策的影响不显著。Lee 等（2013）基于马来西亚 578 名受访者的调查数据，采用截断 Tobit 模型考察人口统计特征对电子支付工具使用行为的影响，结果发现，年龄、收入水平、受教育程度、种族、婚姻状况、知识储备和工作性质对支付工具使用频率的影响显著。其中，随着受教育程度提高、收入水平上升、对支付工具知识的掌握程度提高，消费者使用电子支付工具的频率上升。

关于性别因素究竟如何影响消费者的信用卡持有决策，现有研究结论尚存在明显分歧。其中，White（1975）发现单身男性持有信用卡的概率显著高于女性，Adcock 等（1977）、Abdul-Muhmin 和 Umar（2007）、Hancock 等（2013）则发现女性相较于男性更倾向于持有信用卡，Kaynak 等（1995）、Tan 等（2011）均发现性别因素对信用卡持有决策的影响根本就不显著。现有研究关于年龄因素如何影响持卡决策的结论比较一致，皆认为随着年龄增长，消费者的持卡倾向终将下降。Adcock 等（1977）发现老年人的持卡和用卡倾向明显低于中年人，Kinsey（1981）、Abdul-Muhmin 和 Umar（2007）、Lee 等（2013）均认为消费者的持卡倾向随着年龄增长而弱化；Loke 等（2011）、Tan 等（2011）发现年龄对持卡行为的影响呈现出倒 U 形特征，35~56 岁阶段持卡倾向和持卡数量高于其他年龄段。消费者历史债务和信用记录对其持卡倾向也会产生显著的正向影响，甚至产生路径依赖效应。Kinsey（1981）、Loke 等（2011）、Tan 等（2011）的研究一致发现，债务负担增重、已有储蓄卡和支票账户数量增加、不良信用记录增多，消费者持有信用卡以及持有多张信用卡的动机增强。

消费者的职业特征、婚姻状况以及家庭特征对持卡决策的影响越来越受到重视，但研究结论的分歧也越来越多。Tan 等（2011）、Hancock 等（2013）发现工作经历和职业情况对持卡倾向的影响不显著，但 Sharpe 等（2012）则发现职业稳定性显著增强了消费者持卡倾向，Loke 等（2011）、Lee 等（2013）也进一步发现白领工人的使用频率高于蓝领工人。Kinsey（1981）、Loke 等（2011）、Tan 等（2011）、Loke 等（2013）均发现婚姻会增强持卡用卡倾向，但家庭人口规模增加会显著降低持卡倾向。当然，并非所有文献都支持主流结论。Sharpe 等（2012）的研究发现，婚姻状况、家庭人口规模、家庭财富的归属对信用卡持有决策的影响并不显著。

除此之外，邱甲贤等（2021b）研究发现，支付工具特征、个人金融信息、消费支出类型等因素也会显著影响消费者支付选择。

只有少数文献关注到平台和商户端因素对支付工具采纳的影响。Wang和Lai（2020）利用系统动力学方法研究发现，平台补贴政策及其力度有效地促进了用户采纳支付工具。李二亮等（2020）基于创新扩散理论和技术-组织-环境理论，构建起商户特征影响支付工具采纳的概念模型。研究结论揭示，易用性、兼容性、成本费率发挥了次要作用，账务处理、交易信息安全、辅助促销引流、营销平台及数据支持、流程再造支撑等发挥了重要作用。

既有文献基于多层次微观数据，试图多维度捕捉消费者人口统计特征对其信用卡持有决策的影响方式，其中一些共识加深了对消费者信用卡持有倾向的理解。然而，现有研究存在以下两项薄弱之处。其一，现有文献遗漏了消费者风险偏好这一重要的个人特质因素。消费者的风险厌恶意识提高会增强其预防性动机从而促使其持有信用卡，但是，持有信用卡本身也是一种涉险行为，违约带来的罚息、不良信用记录等负面效应会抑制其持卡动机。众所周知，风险偏好在消费者人群中具有明显的异质性，考察其对持卡决策的影响或将拓宽研究的维度。其二，现有文献尚未足够重视转型经济体（特别是中国）人口特质和消费者家庭特征对信用卡持有决策的影响。随着中国人口红利日趋消失以及三孩政策的全面放开，中国家庭结构正在经历前所未有的剧变，失衡的人口性别比或将迎来再平衡，消费观念和消费结构也将出现新变化、新常态，诸如此类因素在微观层面将如何影响消费者信用卡持有决策，值得深入研究。现有文献诸多的分歧和有待完善的空白激发了研究者进一步研究的兴趣，激励研究者利用更加丰富的研究资料去深入剖析其中的作用机理。

2.3　决定因子选取与研究资料

本章基于西南财经大学中国家庭金融调查与研究中心发布的中国家庭金融调查（China Household Finance Survey, CHFS）数据，运用离散选择模型，独辟蹊径，重点考察消费者风险偏好等个人特质因素以及家庭结构、资产配置等家庭特征因素对其信用卡持有决策的影响。

2.3.1 变量选取与说明

1. 被解释变量

被解释变量为信用卡持有行为（Owning），是虚拟变量。根据中国家庭金融调查问卷 E2002 项，若受访时持有信用卡记为 1，若未持有信用卡记为 0。

2. 解释变量

解释变量从受访者个人特质和家庭特征两个层面选取，具体如下。

（1）个人特质因素

个人特质层面选取以下 9 个变量。①风险偏好（Riskpr）。根据问项 A4004b "坐车/开车是否注意系安全带"的回答刻画受访人的风险偏好，数值越小，表示受访者风险厌恶程度越高；反之，表示风险爱好程度越高。②性别（Sexdum）。性别为虚拟变量，1 表示男性，0 表示女性。③受教育程度（Edu）。根据问项 A2012 "受教育程度"的回答，数值 1~9 分别表示"没上过学"到"博士研究生"，数值越大，表示受教育程度越高。④婚姻状态（Maritaldum）。婚姻状态为虚拟变量，1 为已婚且婚姻存续，0 为未婚、同居、离婚、分居、丧偶状态。⑤年龄（Age）。用受访时间 2011 年减去受访对象出生年份计算得到受访人年龄。⑥工作份数（Numbjob）。工作份数表示受访人受访时从事几份工作，包括全职和兼职工作。⑦工作年限（Workexp）。用受访者当前全职工作的工作时长作为工作年限。⑧工作编制（Establishmdum）。采用虚拟变量刻画工作编制，用以反映工作的稳定性，1 表示有编制，0 表示无编制。⑨年收入水平（Income）。用扣除五险一金、奖金、补贴、实物收入的税后年工资表示受访者年收入水平。

（2）家庭特征因素

家庭特征层面选取以下 4 个变量。①家庭人口规模（Family）。根据问项 A2000 "您家共有几个家庭成员"的答项标记家庭人口规模。②拥车行为（Vehicledum）。用虚拟变量表示是否拥有家庭用车，1 为有私家车，0 为无家用车。③家庭耐用品支出（Haspending）。将问项 G1014 "过去一年购买彩电、冰箱、洗衣机等家庭耐用品的支出"的回答作为受访者的家庭支出规模。④多套房置业（*Multihousedum*）。采用虚拟变量刻画受访者的家庭置业情况，1表示拥有多套房（2套及以上），0表示无多套房。

2.3.2 数据来源与处理

为了匹配得到包含个人特质和家庭特征的数据集，根据CHFS2011中的家庭编号和家庭内成员编号对家庭调查表和个人调查表进行合并操作，剔除受访时年龄小于16岁的观测值，最后得到包含缺失值的数据集，共7677个观测值。在稳健性检验部分，本章利用2013~2019年CHFS的追踪调查样本进行检验。

2.4 支付卡持有行为的决定机制检验

2.4.1 离散选择模型设定

作为被解释变量的信用卡持有行为是二分类变量。针对被解释变量是二分类变量情形，采用线性概率模型（Linear Probability Model，LPM）回归，其残差并不满足经典假设条件，预测概率还有可能出现小于0或者大于1的情况。Probit和Logit模型克服了异常缺陷，被许多文献用于分析离散选择问题（Fedotenkov，2013）。

Probit和Logit模型的差别在于对残差分布的假设不同，前者假设为标准正态分布，后者则假设为逻辑分布。为了对比结果，分别设定三种模型：

$$p_i = \alpha + \beta_1 X_{i1} + \beta_2 X_{i2} + \cdots + \beta_k X_{ik} \tag{2.1}$$

$$p_i = \Phi(\alpha + \beta_1 X_{i1} + \beta_2 X_{i2} + \cdots + \beta_k X_{ik}) \tag{2.2}$$

$$\ln \frac{p_i}{1 - p_i} = \alpha + \beta_1 X_{i1} + \beta_2 X_{i2} + \cdots + \beta_k X_{ik} \tag{2.3}$$

其中，p为样本观察期内受访者持有信用卡的概率，$\Phi(\cdot)$为标准正态分布的累积密度函数，X为解释变量，α为常数项，β为变量对应的参数。

2.4.2 计量结果以及分析

依次对式（2.1）、式（2.2）和式（2.3）进行回归，得到的估计结果如表 2-1 所示。

表 2-1 信用卡持有决策模型的回归结果

被解释变量 (*Owning*，信用卡持有行为：1=持有，0=未持有)		(1) LPM	(2) Probit	(3) Logit
解释变量： 个人特质因素	*Riskpr* （风险偏好）	-0.0151* (0.0082)	-0.0946** (0.0474)	-0.1790** (0.0913)
	Sexdum （性别：1=男性，0=女性）	0.0019 (0.0149)	0.0260 (0.0777)	0.0344 (0.1466)
	Edu （受教育程度）	0.0164*** (0.0056)	0.0894*** (0.0295)	0.1718*** (0.0567)
	Maritaldum （婚姻状态：1=已婚，0=非婚）	-0.0399 (0.0245)	-0.2309* (0.1377)	-0.4744* (0.2730)
	Age （年龄）	-0.0026** (0.0011)	-0.0177*** (0.0063)	-0.0334*** (0.0122)
	Numbjob （工作份数）	0.1401*** (0.0515)	0.4928** (0.2196)	0.8933** (0.3623)
	Workexp （工作年限）	0.0012 (0.0009)	0.0092* (0.0051)	0.0178* (0.0101)
	Establishmdum （工作编制：1=有，0=无）	-0.0177 (0.0175)	-0.0888 (0.0883)	-0.1718 (0.1666)
	Income （年收入水平）	-0.000001** (0.0000)	-0.000003** (0.0000)	-0.000005** (0.0000)
解释变量： 家庭特征因素	*Family* （家庭人口规模）	0.0559*** (0.0209)	0.1875** (0.0913)	0.3381** (0.1475)
	Vehicledum （拥车行为：1=有，0=无）	-0.0371** (0.0178)	-0.1825** (0.0880)	-0.3192* (0.1641)
	Haspending （家庭耐用品支出）	0.000001 (0.0000)	0.000004 (0.0000)	0.000004 (0.0000)
	Multihousedum （多套房置业：1=有，0=无）	0.0318 (0.0328)	0.1439 (0.1592)	0.2901 (0.2855)
常数项		0.0357 (0.0901)	-1.1925*** (0.4372)	-2.0469** (0.8039)

续表

被解释变量 (*Owning*，信用卡持有行为：1＝持有，0＝未持有)	(1) LPM	(2) Probit	(3) Logit
Pseudo R²	0.029	0.0399	0.0397
χ²		56.85***	56.64***
Correctly Classified		88.34%	88.34%
观测值	1964	1964	1964

注：括号内为标准误，*** 表示在1%的水平下显著，** 表示在5%的水平下显著，* 表示在10%的水平下显著。

首先，Probit 和 Logit 模型拟合优度 Pseudo R^2 非常接近（约为 4%），这对于截面数据而言完全可以接受甚至可以说比较理想（Horowitz and Savin，2001）。与此同时，Probit 和 Logit 模型的正确分类比（Correctly Classified）均高于经验值 70%，表明模型的预测正确率较高。此外，χ^2 统计量约为 57，并且在 1% 的水平下显著，表明模型整体统计显著，该模型拟合效果在统计意义上要比线性概率模型 LPM 更好。

其次，回归系数的统计显著性方面，表 2-1 所给出的回归系数统计量及其符号表明：城镇居民的受教育程度、工作份数、工作年限、家庭人口规模均会对其持卡倾向产生显著的正向影响，风险偏好、年龄、年收入水平、婚姻状态、拥车行为则会对其持卡倾向产生显著的负向影响。值得注意的是，性别因素、工作编制、家庭耐用品支出、家庭置业情况对城镇居民持卡决策的影响不显著。

最后，就经济意义而言，受教育程度越高、工作份数越多、现单位工作年限越长、家庭人口规模越大的城镇居民，越有可能去持有或者申请信用卡；风险偏好较强、年龄较大、年收入水平较高、已婚、有车的城镇居民，持有或者申请信用卡的概率较低。可能的解释是，具有前一类特质的人群往往忙于生计，需要频繁地依靠信用卡授信缓解财务约束；具有后一类特质的人群通常财务自由程度高，其遇到财务紧张的情形往往是在大宗购买时，此时更有可能选择付款期更长的分期付款（按揭）而非付款期紧迫的信用卡支付。收入水平、年龄均与持卡倾向呈现出反方向变化关系，这与生命周期假说（Ando and Modigliani，1963）相吻合。

进一步地，为了测度人口特质因素和家庭特征因素对城镇居民持卡决策的影响强度,给出解释变量在均值处的边际效应,如表 2-2 所示。

表 2-2 解释变量在均值处的边际效应及其强度排序

排序	解释变量	(1) LPM	(2) Probit	(3) Logit
1	Numbjob（工作份数）	0.1401*** (0.0515)	0.0937** (0.0417)	0.0902** (0.0365)
2	Maritaldum（婚姻状态）	−0.0399 (0.0245)	−0.0439* (0.0262)	−0.0479* (0.0276)
3	Family（家庭人口规模）	0.0559*** (0.0209)	0.0357** (0.0173)	0.0341** (0.0149)
4	Vehicledum（拥车行为）	−0.0371** (0.0178)	−0.0347** (0.0167)	−0.0322** (0.0166)
5	Riskpr（风险偏好）	−0.0151* (0.0082)	−0.0180** (0.0090)	−0.0181* (0.0092)
6	Edu（受教育程度）	0.0164*** (0.0056)	0.0170*** (0.0056)	0.0173*** (0.0057)
7	Age（年龄）	−0.0026** (0.0011)	−0.0034*** (0.0012)	−0.0034*** (0.0012)
8	Workexp（工作年限）	0.0012 (0.0009)	0.0017* (0.0010)	0.0018* (0.0010)
9	Income（年收入水平）	−0.0000005** (0.0000002)	−0.0000006** (0.0000003)	−0.0000006** (0.0000003)

注：括号内为标准误,***表示在1%的水平下显著,**表示在5%的水平下显著,*表示在10%的水平下显著。

不难发现,Probit 和 Logit 模型回归得到的边际效应强度非常接近,符号完全相同。以 Probit 模型（Logit 模型）的边际效应结果为例,对于一位代表性城镇居民,其他变量保持不变的情况下,增加一份兼职工作将引致其持卡概率上升 9.37 个百分点（9.02 个百分点）,选择结婚（婚姻状态从非婚转变成已婚）将导致其持有信用卡的概率下降 4.39 个百分点（4.79 个百分点）,家中增添一口人将引起其持卡概率上升 3.57 个百分点（3.41 个百分点）,拥有家用汽车将导致其持卡概率下降 3.47 个百分点（3.22 个百分点）,风险偏好增强一个单位将引起其持卡概率下降 1.80 个百分点（1.81 个百分点）,受教育程度上升一个阶段将推动其持卡概率上升 1.70 个百分点（1.73个百分点），年收入增加一万元将引致其持卡概率上升0.6个百分点（0.6个百分点），年龄增长一岁将引起其持卡概率下降0.34个百分点（0.34个百分点），工作年限增加一年则会引发其持卡概率提高0.17个百分点（0.18个百分点）。总之，就人口-家庭特征因素的边际效应强度而言，城镇居民工作份数的作用居首，婚姻状态次之，家庭人口规模、拥车行为、风险偏好、受教育程度的影响力依次降低，而年龄、工作年限和年收入水平的影响则非常微弱。

为了考察基准结果的稳健性，同时为了捕获长期效应，进一步利用中国家庭金融调查与研究中心发布的2013~2019年面板数据进行分析。在面板数据情形下，施加特定假设后，使用Logit模型可以消掉不随时间变化的因素，从而得到一致估计；但是，Probit模型无法实现。为此，本章只报告面板Logit固定效应模型结果，如表2-3所示。

表2-3 利用2013~2019年追踪数据估计得到的边际效应

解释变量	(1) Logit
Numbjob（工作份数）	0.257*** (0.085)
Maritaldum（婚姻状态）	-0.243* (0.134)
Family（家庭人口规模）	0.204*** (0.050)
Vehicledum（拥车行为）	-1.105*** (0.137)
Riskpr（风险偏好）	-0.232*** (0.031)
Edu（受教育程度）	0.475*** (0.046)
Age（年龄）	0.020*** (0.005)
Income（年收入水平）	0.000*** (0.000)
观测值	6523
2013年家庭数	1699

注：括号内为标准误，***表示在1%的水平下显著，*表示在10%的水平下显著。

表 2-3 结果说明，受教育程度的长期正向影响最大，工作份数次之，家庭人口规模位居第三，年龄和年收入水平的影响则相对微弱；拥车行为的长期负向影响最大，婚姻状态次之，风险偏好位居第三。相较于短期影响，长期影响凸显了人力资本素养的积极作用，但其他各因素的作用强度排序变化不大。

2.5 提高支付渗透率以畅通国内大循环的思路与路径

中国城镇居民的支付卡持有行为很大程度上受到其人口统计特征和家庭结构因素的影响。边际效应强度比较结果显示，工作份数是影响力最强的核心因素，婚姻状态、家庭人口规模、拥车行为、风险偏好、受教育程度是重要因素，年龄、工作年限、年收入水平则是次要因素。本章结论对提高支付渗透率、畅通国内大循环的管理启示是非常明显的。在信用卡市场竞争日趋激烈的情况下，本土银行卡组织及其发卡机构应充分把握信用卡使用群体的微观人口统计特征，有针对性地在消费环节制定营销策略，满足相应群体的个性化需求以获取更加广泛的用户基础，提高信用卡品牌在整个银行卡市场的渗透率。

以支付市场为着力点，畅通国内大循环的基本路径有三条。①推进支付服务垂直下沉。在目标市场定位方面，中国银联及其会员制发卡银行宜积极融入国家城镇化战略，重点将从业年限长、家庭人口多的本科及以上学历的城镇人群作为其大众市场，将已婚、有车、爱冒险的大龄多金的群体作为替代型利基市场，将从事多份工作的城镇居民群体列为协作型利基市场。支付平台宜积极推动支付服务向县域乡村下沉，提升金融支付服务的普惠性，主动拥抱直播等数字化业态，打通供需两侧，挖掘新兴消费市场潜力。②完善支付产业生态系统。基于"共享式成长、价值网治理"理念推进线下信用卡支付市场整合与线上电子支付工具融合，与在线支付、手机支付等新兴支付媒介共同开发支付标准、培育并锁定潜在型利基市场，以应对未来外资银行信用卡品牌在无卡支付领域发起的市场掠夺。中国支付清算协会应发挥引领作用，推动产业各方合作，构建协作创新、互利共赢的生态系统，促进支付产业上下游资源融通、链路畅通。③完善支付市场竞争机制。中国银联及其发卡银行应积极地向国际知名信用卡组织学习运行规则、组织理念、业务过程方面的经验,丰富海内外支付服务内容,注重垂直差异化竞争,促进支付服务提质增效,加速国内流通环节循环。

第 3 章　消费者的支付卡偏好及其性别异质性

在广延边际（是否持有）的基础上，本章拓展至集约边际（持有多少），夯实同边网络外部性的理论基础和经验证据。为此，本章着重从风险态度、收入稳定性和道德责任三个维度提炼性别因素影响支付卡偏好的逻辑机理，利用计数模型分析支付卡偏好的性别异质性。[①]

3.1　支付卡使用现状与女性用户偏好特征

1985年珠海中行发行的"中银卡"正式开启了我国的信用卡元年，历经30多年的市场渗透，信用卡已然成为主流的消费信贷工具。中国人民银行发布的《2022年支付体系运行总体情况》显示，截至2022年末，全国信用卡和借贷合一卡在用发卡数量共计7.98亿张，人均持有信用卡和借贷合一卡高达0.57张。关于中国信用卡市场快速成长的一个解释是，崛起的中国女性消费者天然地热衷于申请持有信用卡，由此在需求侧产生了重要的增量贡献：一方面，伴随着家庭内部分工的变革，女性家庭地位日益提升，越来越多的女性开始掌握着一个家庭的消费决策；另一方面，从人类演化的角度看，女性消费者具有更加旺盛的消费需求和不竭的消费冲动。

虽然女性的家庭地位逐步上升，消费欲望与潜力也随之释放，但是女性收入稳定性相对于男性而言更差、收入结构更加单一，故而具有更强的动机去申请信用卡，以此平稳个人的消费支出。与之针锋相对的立论则

---

① 基础工作见王敏和傅联英（2018），本章对其进行了补充和拓展。

是，男性消费者具有更强的信用卡申请动机与使用倾向。其中，江明华和任晓炜（2004）发现男性持卡人中有透支习惯以及曾经透支过的比例高于女性持卡人，原因可能是：一方面，在群体消费中，男性主动买单的倾向性较大；另一方面，在劳动力市场中较为稳固的职业定位也使得男性在公务应酬上有较大的压力。

结合以上事实分析和观点分歧，本章提出的核心研究问题是：消费者的支付卡偏好究竟是否存在显著的性别差异？传统文献针对信贷资源获取与占有的性别差异问题主要是基于供给侧的性别歧视假说给出解释和证据，本章进一步对信贷资源需求侧偏好的性别异质性加以考察，提供了新的逻辑链和证据链，供需两侧构成了良好的互补。核心问题的回答有助于明确双边市场文献中关于支付卡采纳与使用行为的性别异质性前提，有利于科学地识别支付卡偏好的性别异质性及其潜在成因，同时也有利于发卡机构细分市场并基于支付卡偏好的性别异质性设计营销策略，从而提高支付卡的有效使用率。

3.2 支付卡偏好性别异质性的成因与假说

3.2.1 成因比较分析

20世纪70年代，国外学者就已经开始分析消费者使用信用卡的影响因素。性别是重要的人口统计特征，相关研究均将其作为重要考量因子。White（1975）在其建立的模型中，将使用不同交易工具的成本纳入消费者决策过程，利用横截面样本，分析影响消费者持用信用卡的因素，研究发现，单身男性比女性更愿意持有信用卡。Adcock等（1977）基于银行卡和信用卡用户数据进行统计与定性分析，提出人口统计特征是银行在信用卡早期开发阶段不可忽视的因素，并肯定了性别对信用卡市场具有一定的积极影响。此外，在针对发展中国家信用卡市场的研究中，Kaynak等（1995）基于土耳其信用卡市场的流通数据，采用系统抽样法考察了以土耳其为代表的中东发展中国家信用卡市场发展的影响因素，其研究结果认为性别因素对于信用卡持有倾向并没有显著影响，这与该文所使用的数据有一定的关系，其主要的数据是1992年的一次调查问卷中的数据，该份问卷最后有效回收 263 份，其中男性受访者占 73%。

国外学者采用多种研究方法，试图从不同角度来研究信用卡支付的影响因素。Mantel（2000）运用罗吉斯回归分析方法进行研究，研究结果显示，信用卡支付的影响因素主要包括消费者财富水平、特定交易的性质以及消费者偏好因素，如便捷性、消费激励、个人参与度等。Gan 等（2008）利用卡方自动交互检测算法以及决策树来分析信用卡持有数量的影响因素，研究结果表明，性别对信用卡持有数量具有显著影响。这些文献对女性持有信用卡倾向的分析具有参考价值。

国内学者的研究经历了从宽口径向窄口径的转换。从一般性人口统计特征出发，江明华和任晓炜（2004）采用列联表分析法全面研究了人口统计特征与持卡人使用习惯之间的关系，数据显示，性别与使用习惯之间不存在显著性关系，学历和职业类别与使用习惯之间关系显著。后续研究针对信用卡市场中的消费群体进行细分，韩德昌和王大海（2007）采用交叉列联分析研究方法，从大学生人口统计特征和社会环境因素两方面研究了高校学生持有信用卡的影响因素，研究发现，性别、可支配收入、年龄等变量与大学生是否持有信用卡之间存在显著关系。董志勇和狄晓娇（2007）对中国信用卡消费群体特征进行多元统计分析，结果表明年轻群体与其他年龄群体相比，更能接受、认可信用卡。

近年来，国内学者针对信用卡支付的影响因素积极拓展研究，在研究理论和研究范围上都有所突破。李永强等（2008）利用结构方程模型对信用卡开卡意愿与使用频率的影响因素进行研究，研究表明，信用卡实用性是最显著的因素。黄卉和沈红波（2010）提出信用卡消费生命周期理论，认为持卡人对信用卡代表的身份地位的正面态度会显著提高信用卡的使用频率。刘赛龙和秦海林（2016）采用二元选择模型和纵向异质产品需求模型，基于调研数据进行实证分析，结果发现性别、年龄等一系列因素显著影响客户的网银使用，其中性别的影响最为明显。虽然该研究对象是网络银行的使用，但其研究方法与数据模型值得借鉴。

国内外文献关于信用卡申请与持有行为的研究加深了人们对消费者信贷融资决策的理解，丰富了人们对各类影响因素作用过程的认识，有助于发卡机构的营销策略设计。然而，比较各类研究可以发现，既有研究存在两项有待改进之处：一是研究尚未分析支付卡偏好（申请强度或者申请次数）的性别异质性，限制了结论的深度和广度；二是模型与方法未能考虑申请次数中的零值膨胀问题，无法准确匹配、刻画信用卡申请数据的分布特征。有鉴于此，本章利用计数模型中的标准负二项回归模型以及零膨胀负二项回归模型考察支付卡偏好的性别异质性。

与现有文献相比，本章的不同之处体现在以下几方面。第一，既有研究止步于性别因素对信用卡申请意愿的影响，本章则进一步分析了性别因素对信用卡申请强度（次数）的影响。前者是"是否申请"的决策，属于广延边际问题，可能高估信用卡有效需求的性别差异；后者则是"申请多少"的决策，属于集约边际问题，是信用卡有效需求及其性别差异的真实反映。第二，信用卡申请次数是非负受限因变量，且主要集中在特定数值上，既有文献采用一般的计数模型，将因变量处理为正整数；然而，考虑到因变量存在大量零值，本章在基准模型的基础上，进一步采用了零膨胀负二项回归模型进行稳健性检验，在方法上更为科学，推进了零膨胀负二项计数模型在银行卡双边市场领域的应用。

3.2.2 性别异质性假说

本章接下来重点从风险态度、收入稳定性和道德责任三个维度分别阐述性别因素对支付卡偏好的影响机理。首先，就风险态度而言，行为金融学、社会学、心理学和实验经济学等相关理论表明，女性消费者相较于男性消费者更加厌恶风险、更趋于谨慎和保守（Powell and Ansic, 1997; Knight, 2002; Felton et al., 2003），对信用卡透支以及违约风险的规避态度将抑制其申请更多信用卡的动机，在充满高度不确定性的决策环境下尤为如此。其次，就收入稳定性来看，受制于体力等生理因素以及过多的家庭精力投入，女性在劳动力市场面临程度不一的就业歧视（Aigner and Cain, 1977; Budig and England, 2001），导致女性收入的稳定性相较于男性更差，女性从而具有更强的动机去申请（更多的）信用卡以应对可能的收入冲击、平滑消费。最后，在道德责任方面，家庭经济学的代表性论点认为，女性通常比男性具有更高的伦理道德素养、更多的社会声誉资本（Galbraith and Stephenson, 1993; Aggarwal et al., 2015），"量力而行、量入为出、无债一身轻"等传统消费观和负债观所施加的美德约束对中国女性影响更甚。女性为规避信用卡消费可能产生的拜金、享乐、虚荣等污名成本（Stigma Cost）（Bénabou and Tirole，2006），或将放弃申请更多的信用卡。综合而言，本章提出以下研究假说。

女性的风险规避特质和道德责任素养会降低其支付卡偏好，收入脆弱性则将增强其支付卡偏好，性别差异对支付卡偏好的影响方向取决于两方面效应的强弱。

3.3 支付卡偏好的性别异质性检验

3.3.1 数据来源与变量选取

1. 数据来源

研究数据来自西南财经大学中国家庭金融调查与研究中心。基准回归分析中，本章从 2011 年的调查结果中剔除了信用卡申请次数缺失记录，从而得到总计 135 条关于信用卡申请的有效数据。在 2011~2019 年的历次调查数据中，只有 2011 年和 2013 年的问卷设计了信用卡申请记录的问项。于是，将 2011~2013 年混合截面数据作为稳健性检验的补充资料，得到了 340 个有效观测值。更多的数据说明和应用工作可以参考甘犁等（2013）的介绍。

2. 变量选取

本章从性别因素出发，实证分析男性和女性谁更偏爱信用卡。在变量选取上，将信用卡申请次数作为被解释变量，以衡量持卡人的支付卡偏好，申请次数越多表明申请人对信用卡的偏好越强。根据 Adcock 等（1977）以及 Gan 等（2008）的研究，将性别虚拟变量作为核心解释变量。为使分析结果更加准确，参考既有文献后加入了多个控制变量。其中，参照江明华和任晓炜（2004）的研究，引入年龄和受教育程度控制人口统计特征；基于 Mantel（2000）关于财富水平对信用卡支付偏好的影响研究，采用年度相对收入、物质消费金额以及是否有多套住房控制财富效应；参考傅联英（2018）的研究，加入对中国未来五年的经济期望以控制增长预期，利用主观幸福感控制福祉效应。此外结合中国社会现状，利用受访者姓氏是否为当地大姓以及受访者是否为户主分别控制个体的宗族属性和家庭地位。在稳健性检验中，采用受访者对本地社会治安的评价进一步控制安全感，引入在汶川地震中是否捐赠控制信用卡对个体产生的利他效应，利用受访者是否为本地户口、是否为党员分别控制社会网络资源以及政治资本，将受访者是否会经常注意系好安全带界定为其对自我控制能力的评价。相关变量的选取以及定义如表3-1所示。

表3-1 支付卡偏好分析的变量定义

变量	变量名称	变量含义
被解释变量	CardT	受访者共向银行申请过几次信用卡（以家庭为单位）
核心解释变量	Sex	性别：1=女性；2=男性
基准模型中的控制变量	Age	年龄（岁）
	BigSurname	姓氏是否为大姓：是=1；否=0
	Edu	受教育程度：没上过学=1；小学=2；初中=3；高中=4；中专/职高=5；大专/高职=6；大学本科=7；硕士研究生=8；博士研究生=9
	Head	是否为户主：是=1；否=0
	hhi_Yincome	相对收入（收入水平的HHI指数）
	MatConsump	物质消费金额
	MultHos	是否有多套住房：是=1；否=0
	EconExp	对中国未来五年的经济期望：逆序等级为1~5，由低到高表示预期越来越差
	Happiness	主观幸福感：等级为1~5级，由低到高表示幸福感越来越强
稳健性检验中的新增控制变量	Donation	在汶川地震中是否捐赠：是=1；否=0
	LoResident	是否为本地户口：是=1；否=0
	Parmem	是否为党员：是=1；否=0
	Security	对本地社会治安的评价：等级为1~5级，由低到高表示评价越来越低
	SelfCtrl	是否会经常注意系好安全带：是=1；看情况=2；否=3

资料来源：基于中国家庭金融调查问卷整理所得，详见 http://chfs.swufe.edu.cn/ListPage/Detail? Detailid=209。

3.3.2 泊松回归与负二项回归结果

1. 模型假设

关于信用卡持有情况、支付习惯以及使用频率影响因素的微观量化研究，学者大多采用较为常规的最小二乘回归分析方法。不过，所分析的被解释变量是受访者的信用卡申请次数，其取值是非负整数值，属于典型的计数变量。此类数据并不服从正态分布，理论上服从泊松分布或者负二项分布，所以采用计数模型而非线性模型进行计量分析。假设被解释变量的离散取值服从泊松分布，其分布函数如式（3.1）所示：

$$P(Y = y_i \mid x_i) = \frac{\exp(-\lambda_i)\lambda_i^{y_i}}{y_i!} \quad (y_i = 0,1,2,\cdots) \tag{3.1}$$

其中，参数 $\lambda_i = E(y_i)$，即随机变量 y 的均值为 λ_i；此外，在泊松回归模型中，要求随机变量的均值与方差相等（均等分散），即 $E(y_i) = Var(y_i) = \lambda_i$。假设自变量为 x，为了保证 λ_i 非负，y_i 的条件期望函数如式（3.2）所示：

$$\ln\lambda_i = \beta x_i' \tag{3.2}$$

如果随机变量 y_i 满足均值等于方差这一条件，那么泊松回归就是有效的；如果随机变量的方差明显大于期望，则存在"过度分散"现象，继续使用泊松回归模型将会低估参数标准误差、高估显著性（陈强，2014）。在式（3.2）基础上加入一项，得到式（3.3）：

$$\ln\lambda_i = \beta x_i' + \varepsilon_i \tag{3.3}$$

其中，随机变量 ε_i 表示条件期望函数中的不可观测部分或个体的异质性。此时，式（3.3）可作为泊松回归的扩展形式，即负二项回归模型的回归形式，进而可知，负二项回归模型的条件期望为式（3.4），条件方差为式（3.5）：

$$E(Y_i \mid x_i) = \mu_i = \exp(\beta x_i') \tag{3.4}$$

$$Var(Y_i \mid x_i) = \mu_i + \alpha\mu_i^2 > \mu_i = E(Y_i \mid x_i) \tag{3.5}$$

通过式（3.4）和式（3.5）可以发现，在负二项回归中，条件方差大于条件期望。其中，条件方差是 α 的增函数，所以 α 被称为"过度分散系数"。通常，在负二项回归之后，只要对原假设"H0：$\alpha=0$"进行检验，即可确定使用泊松回归还是负二项回归。

2. 描述性统计

被解释变量信用卡申请次数是一类特殊的计数变量，在理论上可以取0、1、2等非负整数。但是，在现实案例中，信用卡申请次数一般不会太多，并且这些数值通常呈现出明显的偏态分布。2011年中国家庭金融调查提供的信用卡申请次数也是如此，被解释变量是落入0~10的整数，并且存在明显偏态。描述性统计如表3-2所示。

表 3-2 信用卡申请次数的描述性统计

最小值	最大值	0次占比	1次占比	2次占比	2次以上占比	均值	方差
0	10	21.48%	51.11%	17.78%	9.63%	1.24	1.48

其中，最小值为0，最大值为10，非零取值主要集中在1和2这两个数值上（1次所占比例为51.11%，2次所占比例为17.78%）。从整体来看，申请次数小于3次的人数占比较高，小于等于1次的占比高达72.59%，而多次申请信用卡或者拥有多张信用卡的占比较少，总体呈现明显偏态分布。从中也可以看出，我国的信用卡申请意愿和持有数量普遍不高，超过1/5的调查对象甚至没有信用卡，过半持卡人仅拥有1张信用卡，这同时也说明我国的信用卡市场存在较大的发展空间。

3. LR 检验

由于所使用数据的均值并不等于方差（均值为1.24，方差为1.48），为了更加准确地判断应该选用泊松回归还是负二项回归，先进行 LR 检验，即检验数据是否存在过度分散的情况。关于 LR 检验的假设如下：

$$H0: \alpha = 0 \qquad H1: \alpha \neq 0$$

如果检验结果显示 $\alpha=0$，则接受原假设，数据不存在过度分散的情况，选择泊松回归模型加以处理；如果检验结果显示 $\alpha>0$，则拒绝原假设，数据存在过度分散的情况，应该选择负二项回归模型加以处理（陈强，2014）。利用 Stata 14 软件进行 LR 检验，结果如表3-3所示。

表 3-3 LR 检验结果

CardT	回归系数	标准误	95% 置信区间
α	0.0279	0.0915	($e^{-10.01}$, 17.3239)

表 3-3 的 LR 检验结果显示，α 的 95% 置信区间为（$e^{-10.01}$，17.3239）。从统计学角度来看，LR 检验在 5% 的显著性水平下拒绝原假设"H0：α = 0"，即存在过度分散。同样，为了放松均值与方差相等的假设，采用负二项回归而非泊松回归进行接下来的分析。

3.3.3 标准负二项回归与零膨胀负二项回归结果

1. 模型设定

若计数数据中包含大量的零值，则应该考虑使用零膨胀负二项回归。理论上，要分两个阶段进行选择。首先，进行二元选择，决定选零还是选正整数；其次，如果选择正整数，则进一步确定选取哪一个正整数。其混合分布如式（3.6）所示：

$$\begin{cases} p=(y_i=0\mid x_i)=\theta \\ p=(y_i=j\mid x_i)=\dfrac{(1-\theta)e^{-\lambda_i}\lambda_i^j}{j!(1-e^{-\lambda_i})} \quad (j=1,2,\cdots) \end{cases} \quad (3.6)$$

根据式（3.6）可以得到其均值式（3.7）和方差式（3.8）：

$$E(y_i)=(1-\theta)\lambda_i \quad (3.7)$$

$$Var(y_i)=(1-\theta)\lambda_i(1+\theta y_i) \quad (3.8)$$

2. Vuong 检验

基于表 3-2 可以发现，在所使用的数据中，信用卡申请次数为 0 次所占比例为 21.48%，超过了样本的 1/5。为了排除过多的零值对回归结果的影响，利用 Vuong 统计量来判断究竟是采用标准负二项回归还是零膨胀负二项回归。Vuong 统计量的渐进分布为标准正态分布，如果 Vuong 统计量足够大（为正数），则应该选择零膨胀负二项回归；反之，如果 Vuong 统计量很小（为负数），则应该选择标准负二项回归。

利用 Stata 14 软件进行 Vuong 检验，结果如表 3-4 所示。

表 3-4 Vuong 检验结果

	z	p>z
Vuong 检验	-0.72	0.7647

表 3-4 显示，Vuong 统计量为 -0.72，小于 1.96（大于该统计量的概率为 0.7647）且为负数，所以无法拒绝"标准负二项回归"，即暂不考虑数据中存在的零膨胀问题，因此在以上各种模型设定中，应该选择标准负二项回归作为基准模型进行分析。

3. 标准负二项回归

以 2011 年的标准负二项回归作为基准结果，将 2011~2013 年的混合截面回归以及 2011 年的 OLS 回归作为对照，利用 Stata 14 软件进行估计，结果如表 3-5 所示。

表 3-5 标准负二项回归结果与 OLS 回归结果比较

变量	被解释变量：$CardT$（信用卡申请次数）		
	标准负二项回归结果 （2011 年）	标准负二项回归结果 （2011~2013 年）	OLS 回归结果 （2011 年）
Sex （性别）	-0.3057*** (0.087)	-0.131* (0.068)	-0.2616* (0.1362)
控制变量	控制	控制	控制

注：括号中为稳健标准误；*** 表示在 1% 的水平下显著，* 表示在 10% 的水平下显著。

表 3-5 第 2 列和第 4 列结果显示，核心解释变量 Sex（性别）的估计结果在标准负二项回归和 OLS 回归中符号相同，但系数的强度和显著性在 OLS 回归中更低。基于表 3-5 的标准负二项回归结果得出以下结论：在不考虑零膨胀因素的情况下，Sex（性别）的系数在 1% 的水平下显著，约为 -0.31，性别因素对信用卡申请决策具有显著的影响，即女性相对于男性更加热衷于申请信用卡。这一结果与文献综述中提及的国内外研究的结论不同，原因可能有以下两点：一是女性的社会地位以及消费能力已经与男性基本持平，甚至在当今中国家庭，越来越多的女性开始掌控家庭的各项消费支配权，因此在选择信用卡支付或者信用卡支付的频率及金额的相关决策上，女性具有更纵深的涉足；二是女性有着天然的消费冲动，随着

近年来中国女性的生产能力不断得到提高,女性有更多的机会"释放自己的消费天性",而男性在消费上更为理性,相对而言女性具有更高的倾向借助信用卡完成消费行为。此外,利用 2011~2013 年的混合截面数据进行标准负二项回归,得到的结果类似,如表 3-5 第 3 列所示。

3.3.4 稳健性检验

本部分将在基准模型的基础上采用额外控制其他变量、改用零膨胀负二项回归等方式进行稳健性检验,据此处理变量遗漏与零膨胀问题。

1. 额外控制其他变量

在标准负二项回归模型所采用的控制变量的基础上,依次额外引入 *Donation*(在汶川地震中是否捐赠)、*LoResident*(是否为本地户口)、*Parmem*(是否为党员)、*Security*(对本地社会治安的评价)以及 *SelfCtrl*(是否会经常注意系好安全带)5 个控制变量。遵循基准模型的研究设计,依次控制 5 个新增变量来进行标准负二项回归,以此检验性别对支付卡偏好的解释能力是否稳健。利用 Stata 14 软件进行回归,结果如表 3-6 所示。

表 3-6 额外控制其他变量后的估计结果

变量	*CardT*(信用卡申请次数)	*CardT*(信用卡申请次数)	*CardT*(信用卡申请次数)	*CardT*(信用卡申请次数)	*CardT*(信用卡申请次数)
Sex(性别)	-0.3177*** (0.112)	-0.3176*** (0.114)	-0.3404*** (0.131)	-0.3679** (0.150)	-0.3649** (0.158)
控制变量	控制	控制	控制	控制	控制

注:括号中为稳健标准误;*** 表示在1%的水平下显著,** 表示在5%的水平下显著。

根据表 3-6 中的结果,*Sex*(性别)的系数始终能在 1%~5%的水平下显著,且系数为负,所在区间为 (-0.37,-0.31)。与表 3-5 中的结果相比,*Sex*(性别)的显著性虽有所下降,但并不影响结论,强度系数的方向一致,也就是说,性别因素对信用卡支付以及使用具有显著性影响,即女性相对于男性更加热衷于申请信用卡。由此可知,标准负二项回归模型与相关变量是有效的,核心解释变量 *Sex*(性别)对 *CardT*(信用卡申请次数)具有稳定的解释能力。

2. 改用零膨胀负二项回归

表 3-4 的数据显示，Vuong 统计量为 -0.72，为负数且小于 1.96，所以在统计意义上无法拒绝"标准负二项回归"，故采用标准负二项回归模型作为基准模型进行一系列分析。但是，Vuong 检验中显示大于该统计量的概率为 0.7647，以及参考表 3-2 中关于信用卡申请次数的描述性统计，零值数据占比仍然超过 1/5，于是，基于零膨胀的现实情况考虑，进一步采用零膨胀负二项回归方法，并增加 5 个其他控制变量，对标准负二项回归的结果进行稳健性检验。利用 Stata 14 软件进行回归，结果如表 3-7 所示。

表 3-7 零膨胀负二项回归估计结果

变量	CardT（信用卡申请次数）	CardT（信用卡申请次数）	CardT（信用卡申请次数）	CardT（信用卡申请次数）	CardT（信用卡申请次数）	CardT（信用卡申请次数）
Sex（性别）	-0.3057* (0.182)	-0.3178* (0.178)	-0.3175* (0.179)	-0.3403* (0.180)	-0.3678** (0.183)	-0.3648** (0.183)
控制变量	控制	控制	控制	控制	控制	控制

注：括号中为稳健标准误；** 表示在 5% 的水平下显著，* 表示在 10% 的水平下显著。

将表 3-7 与表 3-6 中的回归结果相比较，不难发现，在考虑零膨胀因素后，性别的系数在零膨胀负二项回归模型中依然能保持在 10% 的水平下显著，为 -0.31，与基准模型得到的强度系数高度吻合。由此可以得出，选用标准负二项回归模型是充分有效的，变量 Sex（性别）对 CardT（信用卡申请次数）的解释能力是稳定的。

此外，在零膨胀负二项回归模型的基础上，增加其他控制变量的结果表明：性别的系数在 5% ~ 10% 的水平下显著，且系数变动区间为 (-0.37, -0.31)，即性别对支付卡偏好有显著影响，且女性的偏好要强于男性。与零膨胀负二项回归的结果相比，变量 Sex 的显著性水平有所提高，系数方向一致；与表 3-5、表 3-6 中标准负二项回归结果相比，显著性水平较低，但系数方向与大小基本一致。由此，额外控制其他变量、改用零膨胀负二项回归方法、在零膨胀负二项回归的基础上控制其他变量后，核心解释变量性别均显著，且得到的系数在方向和大小上高度一致：性别对支付卡偏好存在显著影响,且女性偏好强于男性。综上,采用的相关变量以及基准模型是稳健的,其结论是可靠的。

3.3.5 基于地区和人口统计特征的组态分析

基于标准负二项回归以及稳健性检验发现,Sex(性别)对$CardT$(信用卡申请次数)产生了显著的影响,女性比男性更倾向于申请信用卡。为拓展并丰富基准结论,从受访者所属地区、工作状况以及婚姻状态三个维度出发,研究性别对支付卡偏好的影响是否存在异质性。

1. 划分不同经济地区

基于我国地区之间经济发展水平的不平衡,以及相关资源的分配不均等问题,将样本划分为三大经济区进行分析,进而将变量$Region$(地区)定义为:东部=1;中部=2;西部=3。利用 Stata 14 软件进行回归,结果见表3-8。

表3-8 不同经济地区的标准负二项回归结果

变量	被解释变量:$CardT$(信用卡申请次数)		
	东部人群	中部人群	西部人群
Sex (性别)	-0.0971 (0.154)	-0.4722*** (0.113)	-0.3078 (0.395)
控制变量	控制	控制	控制

注:括号中为稳健标准误;***表示在1%的水平下显著。

表3-8结果显示,在东部地区和西部地区,性别对支付卡偏好并不存在显著影响,而在中部地区,变量Sex(性别)的系数在1%的水平下显著,为-0.4722,即性别因素仅在中部地区对支付卡偏好存在显著影响,且女性偏好明显强于男性。与表3-5基准模型回归结果相比,中部地区的系数更小,也就是女性相较于男性的偏好更强。

可能的原因有以下两个。一是东部地区和西部地区在经济发展、教育资源、女性社会地位等关键因素上,男性与女性具有统一性。在东部地区,由于经济相对发达,女性在教育水平、自我认知以及生产能力等方面已与男性基本持平,同样,在个人生存、家庭维系、社会关系等方面所承担的压力也与男性无异,因此性别的统一性使男性与女性的支付卡偏好普遍较高，而性别间的差异较小。西部地区同理，由于经济发展水平较低，男性与女性的支付卡偏好普遍不高，性别间的差异同样较小。二是相对于东部地区和西部地区而言，中部地区的女性教育收益率高于男性，同等教育水平下女性的收入高于男性，消费潜力与消费欲望进一步得到释放。

2. 区分不同工作状态与类型

信用卡审批时要求申请人有一份稳定的工作或者其他稳定的收入来源。因此，有必要讨论支付卡偏好的性别异质性在不同工作状况（有与无）下的差异。此外，在是否有工作的基础上，进一步考察工作稳定性是否会调节支付卡偏好的性别异质性。定义虚拟变量 $Jobs$（是否有工作）衡量工作状态，含义为：有 = 1，无 = 0。定义变量 $Jobtype$（是否有编制）衡量工作稳定性，含义为：是 = 1，否 = 0。利用 Stata 14 软件进行回归，结果见表 3-9。

表 3-9 不同工作状况与工作稳定性的标准负二项回归结果

变量	被解释变量：$CardT$（信用卡申请次数）		
	有无工作		工作稳定性
	有工作群体	无工作群体	有工作但无编制群体
Sex（性别）	-0.3297***	-0.4388	-0.2867***
	(0.081)	(0.284)	(0.101)
控制变量	控制	控制	控制

注：括号中为稳健标准误；*** 表示在1%的水平下显著。

以上结果表明，一方面，有工作群体中性别对支付卡偏好的影响具有显著性，且其强度系数为 -0.3297，即女性偏好显著强于男性，无工作群体中则不存在显著影响；另一方面，有工作但无编制群体中，女性对信用卡申请具有显著偏好。可能的原因有以下两个，一是信用卡对使用者的还款能力有一定的要求，如果没有一份稳定的工作，申请人无法申请信用卡，发卡行也不会通过其申请；在有一份稳定工作的基础上，男性与女性都保持了一定的生产能力，然而女性天然具有消费冲动，因此在同样的工作状况下，女性更倾向于通过信用卡来协调自身的消费行为。二是有工作但无编制在一定程度上说明工作不具有稳定性，因此这类人群需要申请信用卡来平衡消费支出与收入，在这类群体中，女性在职场上的地位与脆弱性导致其对信用卡申请的偏好更加显著。

3. 区分不同婚姻状态

家庭在消费和生产活动中均具有规模经济性，已婚女性和单身女性的支付卡偏好可能存在差异。一方面，很多现代女性，特别是受过良好教育以及有足够经济能力的单身女性，她们的消费观和婚姻观都发生了潜移默化的改变；另一方面，已婚女性在家庭中的地位也逐渐提升，甚至"超越"男性，这使得很多女性手握家庭财务决策大权。于是，可探讨在不同的婚姻状态中，性别对支付卡偏好的显著影响是否存在差异，回归结果见表3-10。

表3-10 不同婚姻状态的标准负二项回归结果

变量	被解释变量：$CardT$（信用卡申请次数）	
	未婚群体	已婚群体
Sex（性别）	-0.6638** (0.324)	-0.2404 (0.204)
控制变量	控制	控制

注：括号中为稳健标准误；**表示在5%的水平下显著。

分析结果可发现，在未婚群体中性别对支付卡偏好存在显著影响，且女性偏好强于男性，而在已婚群体中并不存在这种显著性差异。值得注意的是，未婚群体中性别对支付卡偏好的影响系数达到了-0.6638，即女性偏好要显著强于男性。这意味着，未婚女性有更强的倾向申请信用卡，而已婚人群中男性和女性对于申请信用卡的偏好并无显著差异。形成以上结果的可能原因是，当下中国社会大部分的未婚男性为增强在婚姻市场上的竞争力而储蓄或投资，对待借钱消费、超前消费的信贷模式更为谨慎；从生物演化的差异看，未婚的女性通常"为悦己者容"，相对来说具有更强的动机申请信用卡来满足其消费欲望。对比之下，一方面，婚姻能产生规模经济效应从而节约开支；另一方面，在"女主内"的传统观念影响下，已婚女性出于家庭收入与支出平衡的压力以及在男性伴侣的影响下，倾向于调整未婚状态下个人的消费需求与支出，将个人收入纳入家庭财产的整体中，更加合理地分配在家庭成员包括自己的消费支出上。

3.4 基于支付卡偏好异质性加快消费环节大循环的策略

本章基准分析结果显示，性别对信用卡申请次数具有显著影响，即性别影响了消费者申请和持有信用卡的偏好，且女性比男性更倾向于申请和持有信用卡。分别针对所属地区、工作状况以及婚姻状态进行异质性分析，研究表明：中部地区、未婚人群以及有工作一族，特别是在有工作但无编制的群体中，性别的显著性影响更为突出，且女性偏好均强于男性。

基于支付卡偏好的性别异质性，加快消费环节大循环的策略涵盖两方面。①对信用卡发卡机构而言，需要深挖未婚女性用户的消费需求。在定位目标客户时，应该更加关注女性消费者，设计更多贴近女性需求的信用卡产品。首先，针对不同地区的消费者，发卡机构应该制定不同的定位策略，着重关注中部地区女性消费者对信用卡的偏好；其次，针对有工作一族的信用卡申请，发卡机构更应该重视那些有工作但工作不稳定的女性群体，她们对信用卡的偏好要远远强于男性；再次，发卡机构要优先关注未婚女性群体对信用卡的需求，毕竟这部分群体一旦步入婚姻的殿堂，对信用卡的偏好也就没有那么强烈了；最后，在信用卡产品定价方面，考虑到女性偏好强于男性，可以在条件成熟时实施价格歧视，其他条件相同时给予男性群体更多的刷卡返现等优惠，增强男性消费欲望。②对女性用卡人而言，可适度利用信贷杠杆提升其消费力。女性通常具有天然的消费冲动，信用卡使得这种冲动成为行动的可能性大大增加。广大女性持卡人应该以合理的消费观对待信用卡，享受信用卡消费带来的便利，享受消费结构升级带来的福利。

第4章 双边用户之间的交叉网络外部性估算

前两章着眼于同边网络外部性及其测算，本章转向交叉网络外部性。交叉网络外部性是支付市场双边性的基本判断准则，也是支付产业组织演化的主要驱动因素，其存在性、方向性和强度构成了后续研究的前提条件。本章运用半参数估计方法估计传统的归属曲线模型，判断我国支付市场交叉网络外部性的存在性和方向性，并估算交叉网络外部性强度。[①]

4.1 交叉网络外部性在支付市场中的作用

尽管我国支付市场屡见争端（傅联英，2011b），但用户规模和交易量仍呈现高速增长态势，市场体量庞大。中国人民银行发布的《2022年支付体系运行总体情况》显示，截至2022年末，全国发行银行卡94.78亿张，银行卡支付系统联网POS机具3556.07万台，银行卡交易4519.45亿笔，交易金额1011.94万亿元。

支付市场高速发展的原因，是发卡市场和收单市场历经多年积蓄的交叉网络外部性逐步发挥作用（Fu et al.，2012a）。在双边市场理论中，交叉网络外部性是指存在两边或多边具有联合需求的用户群体，其中任意一边用户规模的变化都会对其他边用户的价值评价产生影响，从而影响其他边用户的规模（Evans，2003；Gowrisankaran and Stavins，2004；Rochet and Tirole，2006；Armstrong，2006；Jullien et al.，2021）。交叉网络外部性是

[①] 基础工作见傅联英等（2016），本章对其进行了补充和拓展。

双边市场的标志性特征（Behringer and Filistrucchi，2015），是平台型企业保持最优增长（Lian and Van Ryzin，2021）、获取竞争优势（Chen and Xie，2007）、破解"鸡蛋相生悖论"（Caillaud and Jullien，2003；Chan，2021）乃至形成"赢者通吃诅咒"（Liebowitz and Margolis，1998；Eisenmann et al.，2006；Sun and Tse，2007；Anderson et al.，2013）的关键。

在全球支付市场发展史上，维萨卡、万事达卡的成功和我国台湾地区梅花卡的衰败便是交叉网络外部性所引发的正反面后果的典型案例。科学估算我国发卡市场和收单市场间的交叉网络外部性强度并识别其影响因素，对用户基础积累、市场有序竞争、价格结构优化乃至整个支付清算产业的健康成长均具有重要的意义。

4.2 交叉网络外部性的特征属性及估算方法比较分析

现有文献关于交叉网络外部性的理论研究重点围绕交叉网络外部性对支付市场定价策略、内部治理、运行机制的影响等展开。Rochet 和 Tirole（2006）、Armstrong（2006）分别提出了双边网络定价的"五要素"法则和"三要素"法则，认为交叉网络外部性负向调节双边费率，并从理论上给出费率的"倾斜式"定价策略，从而解决市场启动时双边用户的"鸡蛋相生"难题。程贵孙和乔巍然（2014）建立银行卡平台的交换费和刷卡费模型，研究发现，交叉网络外部性强度与交换费和刷卡费均呈现负相关。曲创和朱兴珍（2015）阐释了银行卡支付平台的运行模式及其内嵌的交叉网络外部性对平台定价策略的决定机制，研究发现，交叉网络外部性是突破初期用户基础瓶颈、形成网络规模的关键力量，因而银行卡平台降低费率、免费甚至提供补贴都是合理的选择。

鉴于交叉网络外部性在价格结构形成和用户基础培育中具有至关重要的作用，越来越多的文献开始关注交叉网络外部性的固有属性。然而，关于银行卡市场交叉网络外部性形成与影响因素的实证研究尚处于探索阶段，主要议题和分歧集中在银行卡市场交叉网络外部性的存在性、方向性、对称性及各自的成因等方面。Gowrisankaran 和 Stavins（2004）运用离散选择模型，基于1995年第二季度至1997年第四季度美联储统计的自动清算中心会员商业银行的面板数据，分别采用聚类方法、工具变量方法、准实验方法估算了网络外部性的强度，对应的结果分别为0.47%、0.9%、0.511%，并进一步分析了技术进步、同群效应、规模经济和市场势力对交叉网络外部性的影响。Tucker（2005）利用指示函数方法构建电子支付清算系统的用户采纳模型，运用极大似然方法估计用户采纳模型，从而验证了电子支付清算系统交叉网络外部性的存在性。Rysman（2007）采用嵌套逻辑模型，基于1994~2001年美国消费者的消费记录和Visa网络商户的交易记录数据，测算出美国银行卡市场的加权交叉网络外部性强度为0.019829。

国内方面，骆品亮等（2010）基于商业银行面板数据，利用Granger因果方法对我国银行卡市场的网络外部性进行了检验，发现我国银行卡市场仅具有单向网络外部性，即POS机具安装规模增长1%将引起银行卡发卡量增加0.876%。Fu和Luo（2011）运用Kumar等（2010）提出的归属曲线模型（Attachment Curves Model，ACM）研究发现，中国支付市场存在单向弱交叉网络外部性，表现为收单POS机具每增加1万台会引起发卡量增长0.012%。陈兆友（2013）的研究结果也发现，收单市场对发卡市场的交叉网络外部性强于发卡市场对收单市场的交叉网络外部性。邱甲贤等（2014）测算了第三方电子交易平台的网络经济效应，发现存在自网络外部性和交叉网络外部性（在5%显著水平下，双边交叉网络外部性强度分别为0.001和0.003），且两者均具有显著的阶段性特征，即在平台初期两类网络外部性皆显著为正向效应，在初创完成后的短期内变得不显著，但之后又变得显著。

在网络外部性实证估算方法与应用方面，Hildebrand（2012）提出了一种基于双边交易额数据来估算交叉网络外部性的半结构方法：在价格结构和交易量数据不可获取的情况下，该方法通过一系列参数变换，在同一方程中将网络外部性分解为自网络外部性与交叉网络外部性。但是，Lee（2013）、Chu和Manchanda（2016）特别指出，在估计交叉网络外部性以及自网络外部性时，估计方法选择、模型形式设定、不可观测因素导致的遗漏变量（自选择效应）、平台定价模式和价格水平稳定性或将严重影响估计结果，务必谨慎处理这些问题。

现有文献为理解银行卡市场定价策略和结构演化提供了有价值的线索，但当前研究尚存在诸多有待改进之处。①实证研究验证了包括中国在内的银行卡市场交叉网络外部性的存在性，但是交叉网络外部性究竟是单向还是双向的，现有研究未能达成一致，甚至存在明显争议。从动态发展的角度看，成熟经济体和新兴经济体支付市场的制度环境和竞争主体已经历或者正在经历深刻变革，交叉网络外部性原有的方向是否发生逆转？如果发生了逆转，对支付市场定价策略和规制思路将产生颠覆性的影响。如果未出现逆转，交叉网络外部性强度是否发生了微妙变化？遗憾的是，现有文献尚未提供足够的证据，未能给出令人信服的回答。②自网络外部性和交叉网络外部性属于网络外部性的两个方面，两者相伴而生。然而，既有研究并未提供合适的方法将交叉网络外部性从自网络外部性中准确分离出来，因而估算出来的交叉网络外部性强度可能含有"水分"——混杂了自网络外部性的影响。特别地，采用传统归属曲线模型方法测算各类双边市场的交叉网络外部性时，由于未能有效地克服分离问题，估算结果依然不具有良好的内部效度。③现有研究虽然对自网络外部性的作用方式已经有了较深入的了解（例如梅特卡夫法则），但是对交叉网络外部性的作用方式知之甚少，局限于若干描述性定义，尚不清楚某一边用户规模变化究竟是线性还是非线性地影响另一边用户规模。即使按照网络经济的一般特征可以确定是非线影响方式，当前依然无法判断其函数形式是何种结构（类似于隐函数），更不用说科学地估算其影响强度。因此，现有文献直接基于线性形式或者幂次函数形式对交叉网络外部性进行实证检验和对交叉网络外部性强度进行测算，可能存在严重的模型设定错误问题。④在影响双边市场规模及其交叉网络外部性的关键因素中，费率水平无疑是极其重要的，不容忽视。但是，不管是在国内还是国外，由于收单市场费率既非周期性调整变量亦非连续变化的变量，往往是多年（甚至是十多年）保持为一个常数，缺少必要的变异，所以市场需求（存量和增量用户基础）难以对价格变化做出灵敏反应。现有文献据此有意或无意地将费率忽略而不将其纳入交叉网络外部性强度的估算方程，存在遗漏重要变量之嫌。

本章在骆品亮等（2010）、Fu 和 Luo（2011）、傅联英（2013b）以及陈兆友（2013）研究的基础上，对我国支付卡市场的交叉网络外部性及其强度进行拓展研究。首先，基于传统的归属曲线模型方法，运用半参数估计方法检验我国银行卡市场交叉网络外部性的存在性，明确其非线性特征；其次，修正传统的归属曲线模型，通过多项式样条展开，进一步分离交叉网络外部性和自网络外部性，运用联立方程模型系统估计方法测算交叉网络外部性强度，识别影响银行卡双边市场规模的关键因素。与陈兆友（2013）等的主要区别在于：①理论层面上，本章阐述了交叉网络外部性的方向依存性以及强度渐变性，夯实了交叉网络外部性特征分析的理论基础；②实证层面上，本章采用半参数估计方法检验交叉网络外部性的存在性、采用联立方程模型系统估计方法估算交叉网络外部性强度及其变化特征、采用等宽组 B 样条基以及分位数 B 样条基进行稳健性检验，给出了一致的、稳健的估计结果。

  与既有研究相比，本章的特色与创新之处有三点。第一，在交叉网络外部性存在性检验方面对模型设定和估计方法做了重要改进。为了规避模型设定错误问题，在事前对未知的银行卡市场交叉网络外部性不施加任何具体的结构形式约束，而是利用半参数估计方法估计出核回归图，刻画某一边用户基础对另一边用户基础的影响轨迹，明确交叉网络外部性的存在性、作用方式和潜在结构。第二，在明确交叉网络外部性作用方式的基础上，修正了传统的归属曲线模型，给出了显性表达式。基于多项式 B 样条方法对传统的归属曲线模型进行样条展开，将自网络外部性从交叉网络外部性中分离出来，克服了传统归属曲线模型和半参数估计方法无法准确测算交叉网络外部性强度的缺陷，建立了定义更加准确的归属曲线模型并赋予了参数更加直观的经济意义，从而保证了交叉网络外部性强度的估算模型具有更加坚实的理论基础和更优的统计结构。第三，采用了更加符合双边市场特征的联立方程模型系统估计方法，对交叉网络外部性强度及其影响因素进行测算。由于银行卡市场中存在发卡端与收单端的"鸡蛋相生"问题，必须同时估计两个市场（方程）方能准确刻画交叉网络外部性的特征，联立方程模型能够满足要求。联立方程模型的估计方法分为单一方程估计方法和系统估计方法。从技术上讲，对联立方程组中的方程分别进行估计的方法（单一方程估计法）忽略了方程之间及其扰动项之间可能存在的相关关系，效率不如系统估计方法（Greene，2012；陈强，2014）。此外，由于存在变量内生性问题，倘若直接采用 OLS 方法估计联立方程中的单一方程，势必会产生联立方程偏差，导致模型估计结果的非一致性（陈强，2014）。因此，本章采用系统估计方法来估计联立方程模型。

4.3 支付市场交叉网络外部性特征分析与存在性检验

本部分基于传统的归属曲线模型，运用半参数估计方法实证检验我国支付市场交叉网络外部性的存在性，以期捕捉交叉网络外部性的基本特征，为后续的交叉网络外部性强度估算奠定基础。

4.3.1 交叉网络外部性的方向依存性与强度渐变性

Katz 和 Shapiro（1985，1986，1994）提出并区分了直接网络效应和间接网络效应。其中，直接网络效应指的是产品购买者或者使用者数量变化对产品本身价值产生的影响；间接网络效应则是产品使用者数量的变化对其互补品的可获性以及经济性产生的调节作用。直观的区别是，直接网络效应发生在同一产品的使用者之间，因而在一些文献中另称其为组内网络效应或自网络效应；间接网络效应发生在需求互补的产品使用者之间，在有些文献中被称为组间网络效应。就符号而言，直接网络效应在竞争效应和示范效应的作用下方向可正可负（Liebowitz and Margolis, 1994; Belleflamme and Toulemonde, 2009），间接网络效应方向通常（但并不总是）为正。

双边市场中的交叉网络外部性本质上是一类间接网络效应，它产生于两组需求互补的用户之间。两组用户的效用函数分别包含对方的数量，其中一组用户数量额外变动一单位会引起另一组用户效用变动，进而引起其用户基础的变动，这是交叉网络外部性的微观生成机理。作为间接网络效应的一类，交叉网络外部性通常为正，由用户量级与质量门槛共同决定。用户基础足够庞大的双边平台固然会因为"马太效应"或者自组织能力而激发正向交叉网络外部性，但如果平台在用户资质方面疏于甄别乃至放任，逆向选择现象很可能随之出现，产生更加严重的负向交叉网络外部性。例如，搜索引擎为用户和内容提供商提供关键词匹配服务，但竞价排名滋生的虚假内容却给搜索用户带来了负向交叉网络外部性；电子商务平台上亿量级的卖家丰富了产品多样性，但劣质卖家浑水摸鱼却给买家带来了负向交叉网络外部性。由此推断，交叉网络外部性的最终方向依赖其"量"和"质"两方面效应的对比。

从"量"的角度去解构交叉网络外部性，它包含成员外部性和使用外部性（Rochet and Tirole，2006）；从"质"的角度去解构交叉网络外部性，它可分为质量外部性（Zheng and Kaiser，2013）和声誉外部性。交叉网络外部性的内部构成为平台启动和成长提供了着力点，平台运营商总是在用户的"量"与"质"之间权衡。因此，不同类型平台乃至同一平台在不同阶段，其交叉网络外部性的强度呈现差异性和阶段性。当众多文献鼓吹用户规模扩张创造的价值（交叉网络外部性）能够无限增长以及规模报酬递增之际，Liebowitz 和 Margolis（1998）冷静地指出，每个用户感知的交叉网络外部性具有异质性且非对称，当网络规模达到足够高的量级时，额外增加一个参与用户并不能提供额外价值，那些想当然地认为边际产出（效用）递减规律在新技术产业不再适用的论断是没有道理的。据此推测，交叉网络外部性强度并非恒定的常数，而是呈现阶段性递减的渐变特征。

4.3.2 归属曲线模型设定与估计方法

在既有文献中，Kumar 等（2010）首次提出了归属曲线模型（Attachment Curves Model，ACM），用以检验平台型组织中第 $t+1$ 期用户数量与第 t 期用户数量之间的动态关系。借助 ACM 良好的统计结构，Kumar 等（2010）及 Fu 和 Luo（2011）分别检验雅虎知识堂和中国银行卡市场的交叉网络外部性，揭示双边市场的演进规律。结合银行卡市场的运行特征，传统的归属曲线模型如式（4.1）和式（4.2）构成的微分方程组所示（傅联英，2013b；傅联英、骆品亮，2013）：

$$\Delta Card_{t+1} = -\varepsilon_t Card_t + \varepsilon_t V(POS_t) + v(Card_t, POS_t, t) \quad (4.1)$$

$$\Delta POS_{t+1} = -\varepsilon_t POS_t + \varepsilon_t W(Card_t) + \mu(Card_t, POS_t, t) \quad (4.2)$$

其中，$\Delta Card_{t+1}$、ΔPOS_{t+1} 分别表示在 $t+1$ 时刻发卡市场和收单市场的增量用户规模，$v(\cdot)$ 和 $u(\cdot)$ 则是均值为零的随机白噪声方程。

由式（4.1）和式（4.2）可以看出，传统的归属曲线模型可以同时检验或测算自网络外部性和交叉网络外部性两种网络效应。其中，两个方程的第一项 $\varepsilon_t Card_t$ 和 $\varepsilon_t POS_t$ 表示的是自网络外部性，即 t 期发卡市场和收单市场存量用户规模对 $t+1$ 期发卡市场和收单市场增量用户规模的影响；两个方程的第二项 $\varepsilon_t V(POS_t)$ 和 $\varepsilon_t W(Card_t)$ 则表示交叉网络外部性，分别是收单市场存量用户规模对发卡市场增量用户规模的影响以及发卡市场存量用户规模对收单市场增量用户规模的影响。

由于用来刻画交叉网络外部性的 $\varepsilon_t V(POS_t)$ 和 $\varepsilon_t W(Card_t)$ 是结构未知的隐函数，事前无法明确判断一边存量用户规模对另一边增量用户规模的影响方式。本章独辟蹊径，采用半参数估计方法对归属曲线模型进行估计，以期明确交叉网络外部性的影响方式（影响轨迹）。半参数估计方法特别适合于不能事前预设模型精确结构的情形。不同于参数估计方法，半参数估计模型中部分变量的结构是已知的，如式（4.1）和式（4.2）中等号右边的第一项；其他部分的结构则是未知的，如式（4.1）和式（4.2）中等号右边的第二项。

4.3.3 变量选择与预期影响

1. 被解释变量与核心解释变量

被解释变量是某边增量用户规模（$\Delta Card$ 或 ΔPOS），核心解释变量是该边和另一边存量用户规模，即市场规模（$Card$ 和 POS）。

鉴于数据可获得性，采用银行卡发行量来衡量发卡市场的持卡人用户基础，即发卡市场规模（$Card$），利用收单机具的安装量来代理收单市场的商户规模，即收单市场规模（POS）。必须承认的是，由于我国银行卡市场中存在大量休眠卡，采用发卡量作为衡量发卡市场规模的指标实际上是有偏的，存在一定的测量误差，但这是现有可获指标中最接近的代理变量。此外，由于现有资料来源未能每年连续发布收单市场商户数量，采用收单 POS 机具安装量近似代理收单市场规模，也存在一定的测量误差。

支付网络双边市场的标志性特征是其交叉网络外部性（陈宏民、胥莉，2007；程贵孙、孙武军，2006；孙武军、陆璐，2013；傅联英、骆品亮，2013）。根据交叉网络外部性的定义以及前文的理论分析，发卡市场用户存量变化会正向影响收单市场用户增量的变化，反之亦然，即双边交叉网络外部性皆显著为正。进一步地，考虑到我国支付市场"重发卡，轻收单"的特征事实，发卡市场交叉网络外部性与收单市场交叉网络外部性存在显著差异，发卡市场产生的交叉网络外部性强于收单市场产生的交叉网络外部性。

根据自网络外部性的定义（Katz and Shapiro，1985，1986；Economides，1996），自网络外部性会形成示范效应和竞争效应，前者表明某边用户的行为会正向影响该边其他用户的行为，后者则表明某边用户的行为会负向影响该边其他用户的行为。两种效应可以单独存在，也可以同时存在，因而自网络外部性的符号可正可负，取决于两种效应的强度对比。鉴于中国银行卡市场收单机构默许商户多重归属，部分存在劝说商户敲单、"套码"、"直连"、"切机"等恶性竞争（傅联英、骆品亮，2016a），收单市场竞争效应会强于示范效应，自网络外部性为负。由于我国银行卡发卡市场已经非常成熟，新增用户的持卡行为往往会受到老用户的影响，在银行卡服务充分供给的环境下，用户无须为银行卡服务的可获性而竞争。由此推断，发卡市场示范效应会强于竞争效应，自网络外部性为正。

2. 其他解释变量

市场结构变量（$CR4C$ 和 $CR4P$）：市场集中度是衡量市场结构的常用指标，它反映了市场的垄断或者竞争程度，通常利用 HHI 指数和市场集中率 CR4 来度量。按照我国现行法律法规，银行卡双边市场中，发卡业务只能由银行从事，收单业务则可以由银行或第三方收单机构完成。为计算方便，利用前四大银行的银行卡发行量集中度来衡量我国银行卡产业发卡市场的市场结构，利用前四大机构的 POS 机安装量集中度来衡量我国银行卡产业收单市场的市场结构。市场集中度的变化一方面通过增量用户渠道正向影响双边市场规模，另一方面则通过用户交易频率渠道负向影响双边市场规模。因而，市场集中度对双边市场增量用户规模的影响方向可正可负，取决于两种渠道作用强度的对比。

费率政策变量（DD 和 dd）：刷卡手续费是指签约商户在受理消费者卡支付之后向银行支付一定比例的交易费，刷卡手续费直接影响商户的受理动机（Loke，2007；傅联英、骆品亮，2016a）。银行卡刷卡手续费的下调会增强商户受理银行卡刷卡消费的意愿,从而推进 POS 机具的安装。样本观察期内,中国银监会、国家发改委和中国人民银行于 2004 年和 2013 年前后两次调低了商户刷卡手续费,故在联立方程模型中设置了两个费率政策虚拟变量 DD 和 dd,分别表示两次刷卡手续费的调整,以控制银行卡市场费率结构的倾斜式特征。据此可以考察刷卡手续费结构性调整对双边市场规模的潜在影响,进而评估费率规制政策的潜在效应。虚拟变量的设置方式如下:当年份在 1995~2003 年时,$DD=0$,$dd=0$;当年份在 2004~2012 年时,$DD=1$,$dd=0$;当年份在 2013~2014 年时,$DD=0$,$dd=1$。本章预期,刷卡手续费费率下调正向影响收单市场增量用户规模。

经济环境变量($PerCon$ 和 RET):交叉网络外部性的形成与释放会受到宏观经济变量(特别是居民消费)的影响。居民消费水平($PerCon$)越高,卡基支付的意愿越强、刷卡频率越高,用户规模也会越大。收单市场的商户数量则与零售业发展水平(RET)密切相关,零售业的增长会引致收单市场中受理银行卡的商户数量增加。基于以上认识,选择城镇居民人均消费支出作为衡量居民消费水平的指标,选择社会消费品零售总额作为衡量零售业发展水平的指标,控制宏观经济变量对交叉网络外部性的影响。本章预期,城镇居民人均消费支出正向影响发卡市场增量用户规模,社会消费品零售总额正向影响收单市场增量用户规模。

本章所使用的变量及其预期符号如表 4-1 所示。

表 4-1 归属曲线模型中的变量说明

变量名	变量含义	原始数据	预期符号
POS	收单市场规模	POS 机安装量	交叉网络外部性 +;自网络外部性 -
Card	发卡市场规模	银行卡发卡量	交叉网络外部性 +;自网络外部性 +
PerCon	居民消费水平	城镇居民人均消费支出	+
RET	零售业发展水平	社会消费品零售总额	+
CR4C	发卡市场集中度	银行卡发卡量 CR4 指数	不确定
CR4P	收单市场集中度	POS 机安装量 CR4 指数	不确定
DD	2004 年手续费调整	虚拟变量	+
dd	2013 年手续费调整	虚拟变量	+

4.3.4 数据资料及说明

用于交叉网络外部性存在性检验的基本数据时间跨度为 1995～2014 年。其中，1995～2005 年银行卡发卡量和 POS 机安装量数据来源于 1996～2006 年发布的《中国金融年鉴》，2006～2007 年的数据来源于国研网，2008～2014 年的数据则来自中国人民银行 2009～2015 年陆续发布的《支付体系总体运行情况》报告。

历年社会消费品零售总额和城镇居民人均消费支出数据来源于《中国统计年鉴》和 Wind 数据库。银行卡发卡量 CR4 指数和 POS 机安装量 CR4 指数通过 1996～2006 年《中国金融年鉴》和 2006～2011 年上市国有和股份制银行发布的财务年报数据整理计算得到，2012～2013 年市场集中度数据来源于易观智库商业信息服务平台，2014 年数据来自广发证券的报告《商业贸易行业 第三方支付：源于交易、贵于数据、成于服务》。数据预处理方面，本章使用的发卡量、POS 机安装量、城镇居民人均消费支出、社会消费品零售总额数据皆经过自然对数转换。

4.3.5 归属曲线模型的半参数估计结果与分析

基于式（4.1）和式（4.2），运用半参数估计方法对传统归属曲线模型进行估计，估计结果的参数部分如表 4-2 所示。

表 4-2 基于归属曲线模型的半参数估计结果

变量	发卡市场方程（4.1）	收单市场方程（4.2）
$Card$ （发卡市场规模）	0.5821629***	
$CR4C$ （发卡市场集中度）	-1.383576*	
$PerCon$ （居民消费水平）	0.0564419	
POS （收单市场规模）		-1.723347***
$CR4P$ （收单市场集中度）		2.811926***
RET （零售业发展水平）		-4.144932***
DD （2004 年手续费调整）		-0.3283751
dd （2013 年手续费调整）		0.0520927

续表

变量	发卡市场方程（4.1）	收单市场方程（4.2）
R^2	0.5647	0.8254

注：＊＊＊表示在1%的水平下显著，＊表示在10%的水平下显著。

半参数估计中的非参部分结果是一张图（而非表达式），即因变量对非参变量的核回归图。发卡市场归属曲线和收单市场归属曲线的核回归图分别如图4-1和图4-2所示。

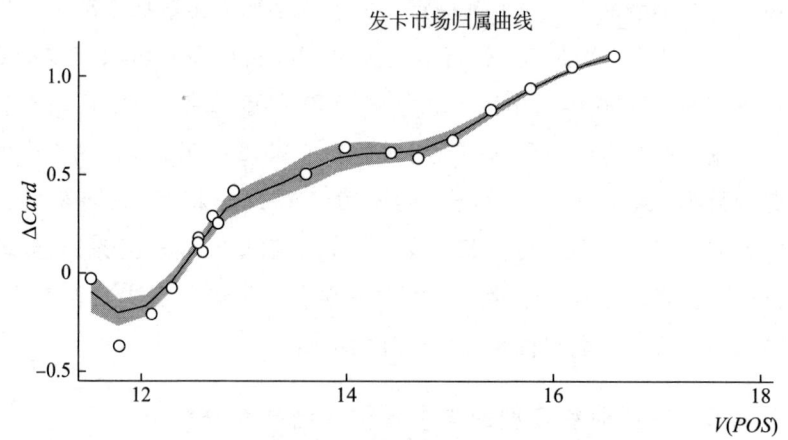

图4-1 银行卡发卡市场归属曲线：收单市场对发卡市场的影响

注：图中阴影部分表示95%的置信区间。

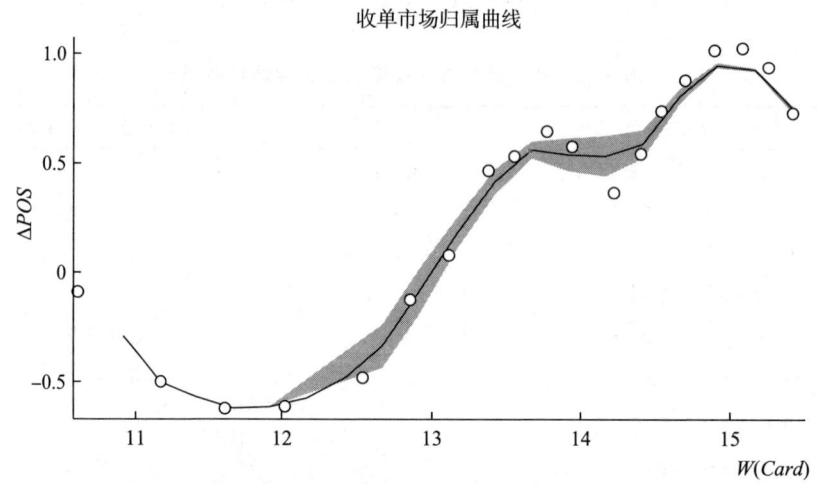

图4-2 银行卡收单市场归属曲线：发卡市场对收单市场的影响

注：图中阴影部分表示95%的置信区间。

结合 Kumar 等（2010）对归属曲线性质和特点的数学描述，可以从以下两个方面对两条银行卡市场归属曲线进行简要分析。

第一，单调性判断。根据归属曲线单调性假定，一边用户规模及其增量变化会对另一边用户数量产生正向影响，即需要满足单调递增要求。实证结果显示，发卡市场归属曲线和收单市场归属曲线都具有（非严格）递增的性质。发卡市场规模扩张会对 POS 机安装量产生正向效应、收单市场规模扩张也会对发卡量产生正向效应，该特征表明银行卡市场存在双边且双向交叉网络外部性。

第二，速率与形态。虽然发卡市场归属曲线和收单市场归属曲线都呈现出递增性质，但两者的变化速率在不同的区间存在明显的阶段性差异，即两者具有不同的非线性度。其中，发卡市场归属曲线近似"拉长的 J 形"，收单市场归属曲线表现为"分段的 S 形"。至于发卡市场归属曲线和收单市场归属曲线的斜率，将在第四部分给出。

4.4　支付市场双边交叉网络外部性强度估算

前文半参数估计结果表明，我国银行卡市场存在显著的交叉网络外部性。但是，传统的归属曲线模型并未直接给出交叉网络外部性强度系数。那么，我国银行卡市场交叉网络外部性强度究竟多高呢？两边的交叉网络外部性对称吗？根据图 4-1 和图 4-2 所示的银行卡市场归属曲线，可以初步确定双边用户存量对用户增量存在非线性影响，本部分则运用二次 B 样条方法修正传统的归属曲线模型，用以估算交叉网络外部性的强度并识别关键变量对双边用户规模的影响。

4.4.1　修正的归属曲线模型及其适用性

不难发现，Kumar 等（2010）及 Fu 和 Luo（2011）的传统归属曲线模型同时包含自网络外部性和交叉网络外部性，不加修正地运用该模型去估算银行卡市场的交叉网络外部性强度，结果往往不具有良好的内部效度。实际上，传统归属曲线模型中，用以刻画交叉网络外部性的函数不具有显性表达式，且在不同节点具有不同的非线性度，因而无法直接用来测算交叉网络外部性强度。为此，陈兆友（2013）采用二次 B 样条函数对传统的归属曲线模型进行了修正，干净、准确地分离出了银行卡市场的交叉网络外部性。

运用二次 B 样条去拟合归属曲线的基本思路是：若已知归属曲线的起始点和最终点，过这两点分别作归属曲线的切线；在起始点和最终点形成的区间内，通过等宽或者分位数确定 m 个空间节点，这些节点将起始点到最终点的区间分成 $m+1$ 段；将起始点到最终点内相邻的节点连接，形成分段的特征多边形（节点即为特征多边形的顶点）；分段定义 B 样条归属曲线，即运用二次 B 样条基函数（Bojanov et al., 2013）乘以特征多边形顶点逼近分段的 B 样条归属曲线；最后，所有分段 B 样条归属曲线的组合（可理解为以节点为权重求和），就构成了二次 B 样条归属曲线的（分段）表达式。

遵循陈兆友（2013）方法，对归属曲线方程（4.2）中的 $W(\cdot)$ 进行样条，采用分段的多项式（二次 B 样条基）逼近如图 4-1 和图 4-2 所示的未知函数，将方程（4.2）展开形成式（4.3）：

$$\Delta POS_t = -\alpha_t [POS_t + \eta_0 + \eta_1 Card_t + \eta_2 Card_t^2 + \eta_3 (Card_t - Card_{t_1})_+^2 + \cdots +$$
$$\eta_n (Card_t - Card_{t_{n-2}})_+^2] + u_t \tag{4.3}$$

至此，可将传统归属曲线模型中式（4.2）所刻画的半参数方程转换为用 ΔPOS_t 对变量 POS_t，$Card_t$，$Card_t^2$，$(Card_t - Card_{t_1})_+^2$，…，$(Card_t - Card_{t_{n-2}})_+^2$ 进行表示的线性估计方程，再将估计出来的参数代入式（4.3）中的 B 样条基函数，展开后可以得到其显性表达式。

同理，可对传统归属曲线模型中式（4.1）中的 $V(\cdot)$ 进行类似转换，得到式（4.4）：

$$\Delta Card_t = -\beta_t [Card_t + \theta_0 + \theta_1 POS_t + \theta_2 POS_t^2 + \theta_3 (POS_t - POS_{t_1})_+^2 + \cdots +$$
$$\theta_n (POS_t - POS_{t_{n-2}})_+^2] + u_t \tag{4.4}$$

4.4.2 计量模型设定

修正后的归属曲线模型中，被解释变量是某边增量用户规模，核心解释变量是该边存量用户规模和另一边存量用户规模及其二次多项式。加入前文提及的其他控制变量后，本章用来测算交叉网络外部性强度的联立方程模型如式（4.5）所示：

$$\begin{cases} \Delta Card_t = C - [a_1 Card_t + \theta_1 POS_t + \theta_2 POS_t^2 + \sum_{j=3}^{n-2} \theta_j (POS_t - POS_{t_{j-2}})_+^2] + \\ \qquad a_2 CR4C_t + a_3 PerCon_t \\ \Delta POS_t = C - [b_1 POS_t + \eta_1 Card_t + \eta_2 Card_t^2 + \sum_{j=3}^{n-2} \eta_j (Card_t - Card_{t_{j-2}})_+^2] + \\ \qquad b_2 CR4P_t + b_3 RET_t + b_4 DD + b_5 dd \end{cases}$$
(4.5)

其中，a_1 是发卡市场自网络外部性强度系数，b_1 是收单市场自网络外部性强度系数。待估参数 θ_j 则表示收单市场对发卡市场产生的交叉网络外部性强度系数，η_j 表示发卡市场对收单市场产生的交叉网络外部性强度系数，系数的个数取决于节点（通常采用等宽组或者分位数确定）将样本划分的区间个数。

4.4.3 联立方程回归与结果分析

用二次 B 样条基方法逼近隐函数，需确定样条基节点数（Newson，2001，2012）。首先采用等宽组（Equal-width Groups）方法确定两个节点，后续稳健性检验的时候改用分位数确定节点数量。其中，发卡市场的两个节点分别为 11.5019 和 13.45698，收单市场的两个节点分别是 12.7925 和 14.68827。这样就分别形成了三条样条基（$BsCard1$，$BsCard2$，$BsCard3$；$BsPOS1$，$BsPOS2$，$BsPOS3$），将样本划分为三个区间。在 Stata 11 中采用三阶段最小二乘法回归（Three-Stage Least-Squares Regression）对联立方程组［式（4.5）］进行估计，得到如表 4-3 所示的结果。

表 4-3 联立方程模型回归结果

变量	等宽组二次 B 样条基估计		分位数二次 B 样条基估计	
	发卡市场方程	收单市场方程	发卡市场方程	收单市场方程
$Card$（发卡市场规模）	-0.3906517***		-0.570858***	
$BsPOS1$（收单方样条基 1）	-1.515762***		-1.692054***	
$BsPOS2$（收单方样条基 2）	-0.9001886***		-0.8238447***	

续表

变量	等宽组二次 B 样条基估计 发卡市场方程	等宽组二次 B 样条基估计 收单市场方程	分位数二次 B 样条基估计 发卡市场方程	分位数二次 B 样条基估计 收单市场方程
*BsPOS*3（收单方样条基 3）	-0.7445547***		-0.8660794***	
*CR*4*C*（发卡市场集中度）	-2.096428***		-2.416798***	
PerCon（居民消费水平）	-0.4403311		-0.0880751	
POS（收单市场规模）		0.7261933***		0.9732939***
*BsCard*1（发卡方样条基 1）		-3.183294**		-0.8961616***
*BsCard*2（发卡方样条基 2）		-3.081322***		-0.1319133
*BsCard*3（发卡方样条基 3）		-1.655627*		-0.7283932
*CR*4*P*（收单市场集中度）		2.018369***		1.728866***
RET（零售业发展水平）		-2.358372***		-1.82749***
DD（2004 年手续费调整）		0.1927707*		0.2284437**
dd（2013 年手续费调整）		0.0182151		-0.0074475
常数项	12.09371**	17.36058***	11.50625***	6.579435**
R^2	0.8853	0.8217	0.9017	0.8206

注：***表示在1%的水平下显著，**表示在5%的水平下显著，*表示在10%的水平下显著。

1. 交叉网络外部性强度估算与分析

首先，两个方程的可决系数 R^2 都比较高，说明方程整体拟合结果较好。其次，从核心变量来看，刻画交叉网络外部性强度的回归系数至少在10%的显著性水平下小于0，其中 *BsPOS*1、*BsPOS*2、*BsPOS*3、*BsCard*2 的系数均在1%的显著性水平下小于0，进一步表明发卡市场和收单市场均存在显著的正向交叉网络外部性，验证了现有文献关于交叉网络外部性方向的论断。至于两边交叉网络外部性强度，即边际效应，需要分区间测算。

交叉网络外部性强度在不同的样条基区间具有不同的取值，就其几何意义而言，充分表明未知函数在不同区间具有不同的斜率，如式（4.6）和式（4.7）所示。该项特征从侧面说明，倘若基于线性形式或者单一区间的非线性形式去预设未知函数或将导致模型设定偏误，无法捕捉交叉网络外部性的渐变特征，丧失丰富的数学意义和重要的经济含义。

$$\frac{\mathrm{d}\Delta Card}{\mathrm{d}POS} = \begin{cases} \theta_1 = 1.515762 & \text{if } POS < 11.5019 \\ \theta_2 = 0.9001886 & \text{if } 11.5019 \leq POS < 13.45698 \\ \theta_3 = 0.7445547 & \text{otherwise} \end{cases} \quad (4.6)$$

$$\frac{\mathrm{d}\Delta POS}{\mathrm{d}Card} = \begin{cases} \eta_1 = 3.183294 & \text{if } Card < 12.7925 \\ \eta_2 = 3.081322 & \text{if } 12.7925 \leq Card < 14.68827 \\ \eta_3 = 1.655627 & \text{otherwise} \end{cases} \quad (4.7)$$

经济意义方面,收单市场对发卡市场产生的交叉网络外部性强度遵循递减规律,具有明显的阶段性特征。当收单市场处于引入期,即存量用户规模处于初等规模量级($POS<11.5019$)时,POS 机安装规模变动一个单位会引起银行卡发卡量显著同方向变动 1.515762 个单位;当收单市场逐渐成长,进入中等规模量级($11.5019 \leq POS < 13.45698$)后,POS 机安装规模变动一个单位会引起银行卡发卡量显著同方向变动 0.9001886 个单位;当收单市场趋于成熟,迈入高等规模量级($POS \geq 13.45698$)后,POS 机安装规模变动一个单位只能引起银行卡发卡量显著同方向变动 0.7445547 个单位。

同样地,发卡市场对收单市场产生的交叉网络外部性强度也遵循递减规律,具有明显的阶段性特征。当发卡市场处于启动期,即存量持卡人规模处于初等规模量级($Card<12.7925$)时,持卡人规模变动一个单位会引起收单市场 POS 机安装规模显著同方向变动 3.183294 个单位;当发卡市场日趋成长,进入中等规模量级($12.7925 \leq Card < 14.68827$)后,持卡人规模变动一个单位会引起收单市场 POS 机安装规模显著同方向变动 3.081322 个单位;当发卡市场趋于成熟,迈入高等规模量级($Card \geq 14.68827$)后,持卡人规模变动一个单位只能引起收单市场 POS 机安装规模显著同方向变动 1.655627 个单位。

比较银行卡市场发卡端和收单端交叉网络外部性可以发现,就交叉网络外部性强度而言,发卡市场对收单市场产生的交叉网络外部性要远强于收单市场对发卡市场产生的交叉网络外部性,银行卡市场双边交叉网络外部性强度呈现出明显的非对称特征。就交叉网络外部性变动幅度而言,随着用户规模的变动,收单市场引发的交叉网络外部性变动幅度较为平缓,发卡市场引致的交叉网络外部性变动幅度相对较大,中国银行卡市场某种程度上是由发卡市场驱动的,这与 Fu 等(2012b)的研究发现一致。本章所揭示的交叉网络外部性阶梯形递减特征是二次 B 样条方法的独特发现,是既有研究基于线性模型估计未能捕捉到的特点。现实层面,自 1985 年以来,经历两次费率结构调整、中国支付清算协会成立、支付行业特许经营牌照发放、线上支付和移动支付崛起等重大变革,中国支付市场赖以生存的制度环境、竞争主体、监管体系发生了深刻的变化,交叉网络外部性不可能是固定不变的常数。理论层面,当用户规模达到特定量级后,一边存量用户对另一边增量用户的影响依然受到边际效应递减规律的制约(Liebowitz and Margolis,1998)。总之,阶梯形递减特征的发现,丰富并增进了对中国银行卡市场交叉网络外部性动态变化规律的认识。

2. 自网络外部性强度估算与分析

银行卡市场自网络外部性强度均在 1% 的水平下显著异于零。其中,发卡市场自网络外部性强度为 0.3906517,收单市场自网络外部性强度为 -0.7261933,两市场自网络外部性强度符号截然相反。可以借鉴同群效应(Peer Effects)文献中的正向示范效应和负向竞争效应(Dahl et al.,2014),给出一种较为直观的解释。

就发卡市场而言,银行卡是一种体验型产品,新增消费者的持卡决策往往受到既有持卡人评价的影响。既有(存量)持卡人规模越大,其传递出的信号越有可能是该银行卡产品或服务广受好评、声誉良好,从而对新用户产生较强的正向示范效应。与此同时,银行卡发卡市场属于买方市场,持卡人之间不必为银行卡服务的可获性而竞争,故而持卡人之间的负向竞争效应较弱。两种效应对比下来,正向示范效应强于负向竞争效应,因而发卡市场自网络外部性的符号为正。

就收单市场而言,为了规避消费者流失,行业内既有商户提供 POS 服务会使新增商户也提供 POS 服务,从而推动 POS 机安装量的提升,此为正向示范效应。但是,随着行业内存量商户间竞争不断加剧,销售毛利下降越来越难以弥补 POS 机安装成本和刷卡费率,商户对 POS 机的需求下降,这是负向竞争效应。两种效应对比下来,如果正向示范效应弱于负向竞争效应,收单市场自网络外部性的符号就为负。

3. 与现有文献结果的简单比较

本章关于交叉网络外部性方向和强度的检验结果与骆品亮等（2010）的研究结果存在明显不同。骆品亮等（2010）对我国银行卡市场的网络外部性弹性进行了测算，发现 1995~2005 年收单市场对发卡市场的单向交叉网络外部性显著，其弹性值为 0.876。为便于比较，根据边际效应进一步估算节点处弹性值，计算结果如式（4.8）和式（4.9）所示：

$$E_{POS}^{\Delta Card} = \begin{cases} 15.50984 & \text{if } POS < 11.5019 \\ 17.41848 & \text{if } 11.5019 \leqslant POS < 13.45698 \\ 60.47841 & \text{otherwise} \end{cases} \quad (4.8)$$

$$E_{Card}^{\Delta POS} = \begin{cases} 266.1327 & \text{if } Card < 12.7925 \\ 177.3138 & \text{if } 12.7925 \leqslant Card < 14.68827 \\ 74.93158 & \text{otherwise} \end{cases} \quad (4.9)$$

考虑到结果的可比性，需要撇开发卡市场对收单市场的交叉网络外部性。即便只比较单向交叉网络外部性，本章估算的收单市场对发卡市场产生的交叉网络外部性强度与骆品亮等（2010）测算的单边交叉网络外部性强度依然存在较大差异，成因固然可以归结为研究数据长度、计量模型设定、估计方法、弹性类型、阶段与节点选取差别，然而，更根本的原因或许在于，样本观测期内利益分配办法和经营体制变革引致银行卡市场结构发生显著变化。2004 年以前，银行卡组织直连商户的经营模式和失衡的收入分成模式严重制约了收单市场用户基础的培育（Fu et al.，2012a）。伴随着我国银行卡支付产业费率分配办法的结构性调整，以及 2011 年以来收单机构业务牌照的发放，独立于收单银行的第三方专业化收单机构获得了快速的成长，收单市场突破了其网络终端短板制约，无论是收单规模还是网络服务可获性，都已经达到了较高的量级。一旦触发网络经济效应启动的临界规模，收单市场对发卡市场的推动作用即开启，其强度也会日益增强。

4. 其他解释变量的回归结果分析

第一，市场结构变量 $CR4C$ 和 $CR4P$ 的回归系数在 1% 的水平下显著异于零，但两者的符号却相反。其中，发卡市场的市场集中度变化会对发卡市场增量用户规模产生显著的负向影响，这与 Gowrisankaran 和 Stavins

（2004）的研究发现一致。对此的直观理解是，发卡市场集中度下降意味着竞争加剧，发卡银行间竞争程度的提高会倒逼银行采用各种营销手段去吸引更多的持卡人，开拓增量用户，从而推动发卡市场用户规模的扩张，故而市场集中度会显著负向影响发卡市场用户增量。收单市场集中度对银行卡收单市场增量用户规模的影响显著为正。对该影响方向的解释是，银行卡收单市场具有独特的技术经济特征，其网络终端投资是一项巨大的固定投入，市场集中度提高有助于收单服务商形成规模经济效应，获得低成本优势，在通行的费率浮动空间（10%）内、在成本加成定价模式下，低成本的大型收单服务商有足够的动机提供更加具有竞争力的商户费率去吸引乃至抢夺竞争对手的商户来安装其 POS 机，从而收单市场增量用户规模增大。

第二，费率政策虚拟变量 DD 和 dd 的回归系数符号均为正，表明费率下调有利于收单市场规模扩张。然而，两次费率下调效果的显著性不同，第一次费率下调（2004 年）效果显著，第二次费率下调（2013 年）效果不显著。对影响方向的直观理解是，刷卡手续费的下调直接降低了商户的受理成本，增强了商户安装 POS 机的意愿，故而会增加收单市场用户。至于 2013 年费率下调效果不显著，一种可能的解释是：2013 年的费率下调种类单一，重点调节餐饮类商户费率，一般类（包括百货、批发等）商户费率基本不变或者变动不大，因而对收单市场整体规模扩张的效果不显著。

第三，收单市场方程回归结果表明，社会消费品零售总额（RET）会对收单市场增量用户规模产生显著的负向冲击，该结论看似反直观。对此给出的一项可能解释是，网络购物越来越盛行，电商网络销售总额占社会消费品零售总额的比重越来越高，基于电商平台的互联网支付严重侵蚀了传统的线下收单市场规模，导致 POS 机安装量下降。

第四，发卡市场方程回归结果表明，居民消费水平（$PerCon$）对银行卡发卡量有着负向影响，但是不显著。对负向影响的可能解释是，人均消费支出的增加引导支付市场产业链各方进行产品创新以期分配到合理回报，支付市场朝着集约型跨界融合方向发展。特别是 2011 年以来，支付市场产品推陈出新，基于银行卡诞生了诸多新兴支付手段（手机支付、微信支付、互联网网关型支付），银行卡与其他支付渠道融合，变相被绑定，形成用户黏性，成为"一卡通"，一卡多用，降低了用户对新发银行卡的需求。

5. 稳健性检验

由于二次 B 样条基逼近方法对节点个数要求很严格，对节点数值反应很敏感，进一步基于分位数准则确定样条基节点。其中，发卡市场的两个节点分别为 12.85533 和 14.40351，收单市场的两个节点分别是 12.57017 和 14.42804。这样，发卡市场和收单市场就分别形成了三条样条基，将样本划分为三个区间。类似地，采用三阶段最小二乘法回归对联立方程组［式（4.5）］进行系统估计，得到如表 4-3 中第 4 列和第 5 列所示的结果。

与等宽组二次 B 样条基回归结果相比，在分位数二次 B 样条基回归结果中，除 2013 年手续费调整的符号发生改变外（两种样条基方法下该变量都不显著，推测与政策实施时间尚短有关），其他主要解释变量与控制变量的符号均完全相同。然而，需要承认且在意料之内的是，发卡市场样条基的估计系数绝对值变化较明显。无论采用均匀 B 样条基（等宽组）还是使用非均匀 B 样条基（分位数）均不会改变交叉网络外部性方向，但个别样条基系数变化较大，本章的结论具有一定的稳健性却仍需谨慎对待。

4.5 培育交叉网络外部性促进流通环节大循环的思路

4.5.1 交叉网络外部性的非对称特征及其决定因素

本章首先基于传统的归属曲线模型，运用半参数估计方法对我国银行卡市场交叉网络外部性的存在性进行了实证检验。研究结果发现，我国银行卡市场中发卡市场对收单市场的正向交叉网络外部性强于收单市场对发卡市场的正向交叉网络外部性，两市场的交叉网络外部性具有显著的非对称特征。对影响银行卡市场发展的关键因素进一步估计发现，发卡市场集中度提高会对发卡市场增量用户规模产生显著的负向影响，但收单市场集中度提高则会对收单市场增量用户规模产生显著的正向影响；社会消费品零售总额的变化对收单市场规模的扩张具有显著的挤出作用；2004 年刷卡手续费的下调显著推动了收单市场规模的增长，但2013年的费率调整效果尚不显著。本章研究结论对借助交叉网络外部性促进流通环节大循环，具有一定借鉴意义。

4.5.2 交叉网络外部性在促进流通环节大循环中的作用

为促进流通环节大循环，着眼于交叉网络外部性中的成员外部性、使用外部性、质量外部性和声誉外部性，分别针对国内支付平台、发卡银行和收单服务商提出了如下策略。

1. 收单市场扩规模

在收单市场进一步推动中小商户受理银行卡，加速培育"成员外部性"，逐步形成"声誉外部性"，扩大收单市场规模。银行卡市场是一个具有交叉网络外部性的双边市场，正是收单市场和发卡市场之间存在的正向反馈作用才推动了银行卡市场的发展。然而，本章研究结论表明，收单市场对发卡市场产生的交叉网络外部性相较于发卡市场对收单市场产生的交叉网络外部性仍然较弱，收单市场与发卡市场尚不匹配，制约了整个银行卡市场规模的扩张。因而，进一步改善我国银行卡受理环境以增强收单市场交叉网络外部性是我国银行卡产业稳健发展首先要考虑的问题。就具体措施而言，可以从以下两方面切入。

首先，降低中小商户的受理成本。作为一项基础设施，POS收单网络决定了受理环境优劣。建议补贴增量中小商户以激励其安装安全性高、通用性强的二维码POS终端，降低增量中小商户的初始安装成本，增强"成员外部性"。另外，推动收单环节市场化定价改革，鼓励三级价格歧视，对中小商户的刷卡手续费采取优惠措施，以增强其受理银行卡的意愿。

其次，完善中小商户信用披露与信息共享体系，降低收单环节风险。在银行卡收单环节，中小商户具有更高的"敲单"风险、盗刷风险和"套现"风险，这会抑制收单银行拓展中小商户的积极性，降低刷卡受理的可获性。因此，有必要通过构建完整的商户信用体系来降低收单服务商风险，逐步形成"声誉外部性"，强化其收单动机。

2. 发卡市场调结构

发卡市场从扩大规模转向优化产品结构和用户结构，加速释放"使用外部性"和"质量外部性"。不同于收单市场,我国银行卡发卡市场的规模实际上已经相当庞大。但是,相对发达国家银行卡市场而言,我国银行卡市场的持卡人良莠不齐,产生了大量休眠卡,违约风险较高,制约了交叉网络外部性的释放。因此,在发卡市场上应该充分挖掘存量持卡人交易数据,注重用户基础和交易行为在质量层次上的提升。

首先,加强数据挖掘,优化产品结构。基于纯电商平台或者银行电商平台海量交易数据对潜在持卡人群体进行市场细分,针对具有不同消费结构的客户群体推送能够满足其特定需求的银行卡,优化银行卡产品结构。特别面向刷卡消费意愿高和刷卡消费能力强的消费者升级其银行卡,将外延式的发卡促销转换为刺激刷卡的营销激励,提高支付市场的活卡率,加速"使用外部性"的释放。

其次,提升服务质量,优化用户结构。分析美国运通支付平台的成长历程可以发现,卡基支付平台初建期的重点是积累用户;但是,支付平台一旦完成用户积累之后,其交叉网络外部性的质量日益受用户重视。高端持卡人(如旅行娱乐类消费者)对专属和专业服务的需求不断增强,且相对于普通银行卡业务,高端银行卡业务具有收入稳定和资本回报率高的优点。因此,银行可以发展私人银行为主的高端银行卡业务,提升专业化服务质量,满足高端持卡人的综合性支付需求,由此增强"质量外部性",催化高质量的交易行为。

3. 支付平台降费率

存在交叉网络外部性的情形下,银行卡清算组织的定价遵循跷跷板(倾斜式)原则,哪一边用户产生的交叉网络外部性更强,其支付的费率往往更低乃至免费或者为负价格(补贴)。本章实证研究发现,发卡市场对收单市场产生的交叉网络外部性强度要远高于收单市场对发卡市场产生的交叉网络外部性强度。那么,按照倾斜式定价原则,发卡银行对持卡人制定的费率应该低于收单银行对商户制定的费率,本土银行卡清算组织(中国银联)需要提高收单银行向发卡银行转移的交换费以实现持卡人费率和商户扣率的结构性调整。

国家发展改革委、中国人民银行发布的《关于完善银行卡刷卡手续费定价机制的通知》(发改价格〔2016〕557号)对国家发展改革委发布的

《关于优化和调整银行卡刷卡手续费的通知》（发改价格〔2013〕66号）制定的商户费率进行了大幅调整。新一轮价格调整举措不同于以往，主要亮点是取消商户分类定价、推行借贷卡分类定价、执行交换费均摊、发卡与清算实施上限管理、收单环节遵循市场定价。新定价机制相较于以往方式在收单市场上更加灵活，为银行卡市场费率（商户扣率）基于交叉网络外部性调节提供了空间。

按照本章测算的结果，发卡市场和收单市场的交叉网络外部性均呈现阶梯形递减特征，这实际上为发卡银行和收单机构提价提供了依据。因此，有理由认为，或许是因为担心费率上升过快过高，管理层才对发卡银行向商户计征的服务费、清算组织向会员机构计征的网络服务费（交换费）按照交易金额实行上限管理，执行政府指导价或者实施单笔费用封顶管理。以借记卡为例，银行不区分商户类型计收不超过交易金额0.35%的发卡服务费、单笔收费金额不超过13元，清算组织收取的网络服务费不超过交易金额的0.065%。研究结论支持管理层取消商户分类定价，但考虑到发卡市场对收单市场产生的交叉网络外部性强度高于收单市场对发卡市场产生的交叉网络外部性强度，建议管理层在发卡市场针对个人账户和企业账户实施差别化的定价上限、对发卡银行和收单机构承担的交换费执行差别化分摊比率。后银联时代，管理层宜扫除制度藩篱，进一步推进发卡环节竞争、促进发卡银行针对个人用户推出力度更大的费率下调举措，例如推出货币转换费优惠等措施；鉴于发卡环节市场结构高度集中、收单环节竞争充分且将推行市场定价机制，建议管理层降低收单机构分摊的交换费占比。

综上所述，通过"扩规模、调结构、降费率"，打通流通环节的"堵点"和"痛点"，有利于加快全流通领域循环。

第二篇
支付市场的供给侧分析

第 5 章　支付平台市场势力对交易量的影响及其作用机制

本书以供给侧分析为衔接点。本章视角开始切入供给侧，考察支付平台市场势力产生的数量效应。[①] 市场势力对交易量的影响效应包含直接效应和间接效应，但后者常被忽视。支付平台的基础设施投资行为衔接起了其市场势力与交易量，是间接效应的重要来源。本章基于寡头支付平台的季度运行数据，分析基础设施投入作为中间变量在市场势力决定支付平台交易量过程中所产生的间接效应。

5.1　支付平台利用市场势力的典型案例与问题提出

以基础设施为杠杆撬动并改写行业竞争位序的案例在电信、电影、航空、银行卡支付、连锁零售等网络型产业中不胜枚举，其中尤以银行卡支付产业最具代表性、争议性和启发性。全球银行卡支付产业具备典型的寡头竞争特征，维萨、美国运通、万事达、发现卡、中国银联、日本 JCB 是清算服务环节的六大支付平台，平台之间旨在争夺交易量的渠道竞争从未停歇且有愈演愈烈之势。其中，格外引人关注的渠道冲突事件是维萨封杀银联风波。维萨平台 2010 年 5 月滥用其在国际支付清算环节长期以来拥有的市场优势地位，要求其全球会员收单机构在中国境外的 ATM、POS 终端受理维萨-银联标志的双币信用卡时，必须且只能经由维萨的网络通道清算交易，否则将重罚收单会员。不过，维萨利用其基础设施网络对中国银

[①] 基础工作见傅联英和钟林楠（2018），本章对其进行了补充和拓展。

联"坚壁清野"的行动反而倒逼中国银联在境外市场独立发展自己的收单会员、铺设海外支付网络。历时5年多的基础设施投资，原本弱势的中国银联于2015年首度逆势超越老牌银行卡巨头维萨，成为全球发卡量最大、交易量最大的国际化支付平台。颇为巧合的是，美国运通支付平台也曾依靠持续的基础设施投资实现了交易量逆势反超万事达平台的商业奇迹。

鉴于国内外特征事实，本章的研究问题及追问是，市场势力如何影响平台交易量？在市场势力决定交易量的过程中，平台基础设施投入是中性的吗？如果不是，它究竟起着何种作用？政策含义方面，随着国内支付市场全面放开，市场势力日趋弱化的本土支付平台在国内市场该如何应对交易量分流威胁？本章构建了一个独特的寡头支付平台面板数据集，分别运用调节效应模型和中介效应模型，实证考察基础设施投入在市场势力决定支付平台交易量过程中的潜在作用，以期更加全面地了解双边平台交易量的决定机制，为平台运营商和规制部门提供经验证据和政策建议。

5.2 市场势力决定交易量的单边逻辑与双边逻辑

既有文献如 Tan 和 Floros（2013）基于单边市场视角研究发现，平台市场势力增强会抑制交易量扩张；其背后逻辑在于，平台会利用其强大的市场势力榨取用户剩余或者拒绝必要的投资从而对需求产生负面影响。然而，正如 Rochet 和 Tirole（2006）、Wright（2004b）、Evans（2003）所言，银行卡支付平台具有双边市场特征，单边逻辑下的结论在双边市场中未必成立，甚至可能会对政策设计产生误导作用。因而，必须秉持双边市场逻辑来审视市场势力与交易量之间的关系。

在双边市场情境下，为数不多的理论研究探究了平台市场势力对交易量的影响机理。其中，Chakravorti 和 Roson（2006）分析指出，引入竞争削弱银行卡支付平台的市场势力有助于降低价格总水平从而提升交易量。然而，事实可能并非如此，决定双边平台交易量的是价格结构而非价格水平。程贵孙等（2006）、严晓珺（2009）阐明了具有市场势力的平台企业如何设计倾斜性价格结构以刺激平台交易，发现交叉补贴策略通过改变用户感知价值作用于平台交易量。骆品亮和殷华祥（2009）揭示了银行卡支付平台利用市场势力平衡双边市场需求的机理,平台凭借其市场势力相机调整交换费从而调节收单和发卡机构的成本收益关系,最终起到平衡双边市场需求的作用。李伟倩(2012)发现,持卡人的多方持有行为和银行卡产业的排他性规则铸就了全球三大卡组织的市场势力,但平台交易量的释放则是由交叉网络外部性增强引致的。戴菊贵和蒋天虹(2015)研究发现,交叉网络外部性增强会削弱垄断平台的市场势力从而使双边用户交易量增加。曲创和朱兴珍(2015)则指出,交叉网络外部性增强会强化平台市场势力但能推动双边用户数量增长,进而使潜在交易量增加。Hagiu 和 Halaburda(2014)进一步认为,平台市场势力增强有助于倒逼双边用户形成灵敏的价格预期,任何一边微小的价格下降都有助于双边用户的交易需求增加。

实证研究方面,双边市场相关文献基于结构式或者简化式计量模型检验了平台市场势力对交易量的影响。其中,Argentesi 和 Filistrucchi(2007)利用意大利报业平台的数据,建立结构式计量模型来估算市场势力的影响,发现平台市场势力增强将显著促进交易量提升。Song(2021)基于杂志行业数据进行并购模拟研究,发现市场势力增强将强化平台交叉补贴能力,由此提升双边需求量(广告阅读量/点击量)并改善社会福利。Fu 等(2012a)对中国银行卡市场"封转开"带来的市场势力强化效应及其后果进行了实证检验,研究发现,市场势力增强显著降低了银行卡支付平台交易量。

如果说既有文献重点考察了平台市场势力对交易量的直接影响,那么,后续理论研究则开始注意到其他中间变量(如平台基础设施投入)对该决定过程的潜在作用。杨煜等(2013)考察了基础设施投入对网络运营商市场势力和交易量的影响,研究发现,基础设施投入对全业务运营商市场势力的提升作用明显,对专业化运营商市场势力的提升作用则有限;尽管如此,基础设施投入作为一种防守型竞争手段依然有助于维持专业化运营商的市场需求。Economides 和 Hermalin(2012)、Krämer 和 Wiewiorra(2012)的研究均表明,具有价格歧视能力的非中立运营商会更多地进行网络投资、扩大网络容量以吸引更多用户交易,从而能够增加社会福利。Njoroge 等(2013)分析发现,非中立运营商凭借市场势力攫取剩余的行为会降低用户参与水平，但其网络基础设施投资行为却能够吸引更多用户加入平台。

现有理论预见提供的逻辑链条增进了人们对市场势力与平台交易量之间直接关系和间接关系的理解，然而，相关命题、论断或假说尚需综合性的凝练归纳和严密的实证检验。为数不多的研究试图推动实证工作（Argentesi and Filistrucchi, 2007; Song, 2021; Fu et al., 2012a），但存在以下欠完善之处。其一，决定机制方面讨论不足。现有研究将平台交易量的决定归因于市场势力时，只注意到了直接效应却忽略了中间变量引致的间接效应，片面理解平台交易量的决定机制可能会错误估计市场势力的作用。其二，内生性问题考虑不够。既有研究承袭了哈佛学派所信奉的"市场结构→市场行为→市场绩效"的单向决定逻辑，未考虑芝加哥学派所揭示的双向（反向）决定关系，对模型内生性、机制敏感性等问题缺乏必要处理。其三，研究对象的代表性不强。既有文献多数局限于纯垄断平台或者垄断竞争平台，缺乏常态化的寡头平台样本，难以准确地捕捉网络型产业寡头竞争的典型事实。

与既有研究不同，本章以典型的寡头支付平台为研究对象，在考虑了内生性问题的前提下，全面地分析基础设施投入作为中间变量在市场势力决定交易量过程中的直接效应和间接效应。平台是否拥有市场势力只是一种客观状态，实际上，能否有效地利用其市场势力激活交易量，会受到网络规模、终端节点、支付介质等方面基础设施投入的影响。从供给侧角度看，平台基础设施投入具有沉没成本的性质，容易构建起进入壁垒，有助于提高市场势力对交易量的影响力度与影响持久度；从需求侧角度看，平台基础设施是实现交叉网络外部性内部化的瓶颈因素，会影响交易服务可获性和需求方（交易量）规模经济效应的开启。因此，平台基础设施投入在市场势力与交易量之间并非中性的或者无涉的：一方面，平台基础设施投入可能与市场势力交互，共同决定交易量；另一方面，平台基础设施也可能是一种传导介质，市场势力经由基础设施投入作用于交易量。前一种情况下，基础设施投入发挥调节作用；后一种情况下，基础设施投入发挥中介作用。于是，遵循哈佛学派的"结构—行为—绩效"单向范式（后续稳健性分析中，会转而沿袭芝加哥学派的双向反馈决定范式），将平台的基础设施投资行为作为中间变量，基于中介效应模型与调节效应模型实证检验基础设施投入在市场势力决定平台交易量过程中的作用，判断其影响方式，以期更加全面而深入地理解平台交易量的决定机制、更为准确地估算直接效应和间接效应。

5.3 支付平台市场势力影响交易量的理论分析与研究假说

5.3.1 市场势力对平台交易量的直接影响

在传统的单边市场上，厂商市场势力主要体现在其对价格水平的控制上，经典的勒纳指数便是例证。双边市场中，平台型厂商的市场势力则集中表现为对价格结构的调控。Rochet 和 Tirole（2006）在定义双边市场时指出，在价格总水平一定的情况下，双边市场实现的交易量因价格结构或者相对价格水平而变化，即价格结构非中性说。按照价格结构非中性说，具有市场势力的双边平台通过调整（或者说操控）价格结构便能直接影响交易量。因此，平台市场势力的强弱将直接决定交易量高低。

具体到银行卡双边市场中，相较于弱势支付平台，拥有强市场势力的支付平台具有更高的自主性与更强的能力对刷卡费率和商户扣率进行调节（潘家栋、储昊东，2021），使费用在持卡人与特约商户中合理分配，更好地平衡双边用户需求以实现更高的联合交易量。特别地，为了增强持卡人刷卡意愿和商户受理动机，强势支付平台往往能够凭借市场势力设计"失之东隅，收之桑榆"（王学斌等，2006）的歧视性价格，将一边用户的费率设定在平均成本以下，将另一边用户的费率设置在平均成本以上，这种"跷跷板式"的交叉价格补贴方式能够有力地撬动平台的交易，被称为"颠倒原理"（Topsy-turvy Principle）或者"跷跷板原理"（Seesaw Principle）（Rochet and Tirole，2006）。因而推断，在如图 5-1（Ⅰ）所示的主效应关系中，市场势力正向影响平台交易量。

5.3.2 基础设施投入在市场势力决定平台交易量中的潜在作用

物理上，考虑到基础设施投入形成的网络经济效应，有理由认为，在

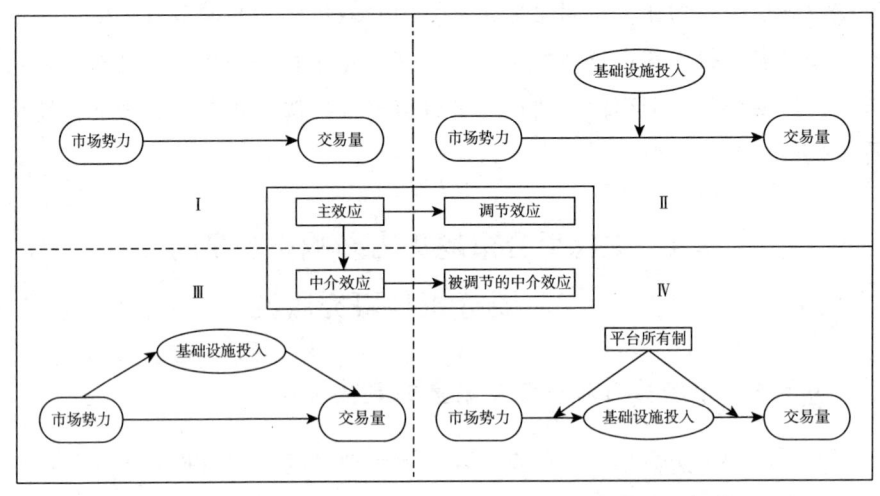

图 5-1　市场势力、基础设施投入与平台交易量关系假说

市场势力决定交易量的备择机制中，基础设施投入的作用绝非中性。如果市场势力对平台交易量的影响取决于基础设施投入强度，即基础设施投入的高低影响了市场势力和平台交易量之间关系的强弱，那么基础设施投入发挥着调节作用；倘若市场势力是通过基础设施投入间接地影响平台交易量，即基础设施投入作为"连通器"搭建起市场势力与平台交易量之间的因果链条，那么基础设施投入发挥了中介功能。于是，关于基础设施投入在市场势力决定平台交易量的过程中究竟有何潜在影响，理论上存在调节效应假说和中介效应假说两项备择假说。

按照调节效应假说，平台基础设施服务的可获性和经济性会强化市场势力决定交易量的固有机制。如前文所述，寡头支付平台能利用市场势力调整歧视性、倾斜式价格结构，拓展双边俘获型（Captive）用户基础、增加用户多样性，降低转换成本，增加交易机会和交易量。调节效应假说认为，平台基础设施投入在该决定过程中发挥调节交易速率和匹配效率的作用，如图 5-1（Ⅱ）所示。此外，依据交易费用理论和搜寻匹配理论，平台的基础设施越完备、网络规模越庞大，网络服务可获性就会越高，从而能有效地缓解负向自网络外部性造成的拥挤和过载问题，节约搜寻成本、提高交易效率。更为直观的表述是，如果将市场势力决定交易量的过程视为一种化学反应，基础设施则是该化学反应的"催化剂"或者"抑制剂"，

第 5 章　支付平台市场势力对交易量的影响及其作用机制　71

其完备性会加快或者减缓反应进度。倘若平台市场势力增强且基础设施完备，平台交易量自然增加；倘若平台市场势力减弱但基础设施投入保持扩张，只要基础设施投入力度超过市场势力弱化幅度，平台双边用户交易的频率和效率仍然能够得到提高，平台交易量依然有望攀升，反之则反是。

按照中介效应假说，平台市场势力通过基础设施投入影响交易量。支付平台凭借市场势力实施交叉补贴，将作为支付服务需求方的持卡人和商户吸引并维持在平台，但有效需求的释放（交易行为的发生）需要通过支付平台及其成员机构供给的 POS 机、ATM 终端、结算系统等基础设施载体加以实现。从这个意义上说，基础设施是实现交叉网络外部性内部化的"转换器"和"管道"（Norman，2008），如图 5-1（Ⅲ）所示。事实上，无论网络型平台的市场势力有多强，其基础设施投入都必须达到最低门槛，这样才有可能最大化平台交易量进而最大化收益（Trebing，1994）。按照网络经济基本理论，当双边用户基础积累到一定量级之后，平台基础设施容易成为瓶颈资源。如果持卡人和商户因基础设施瓶颈被分割为孤岛，则会阻滞市场势力所凝聚的正向交叉网络外部性转化为交易量。因此，随着网络型平台市场势力的持续增强，俘获型用户基础将越来越庞大、网络将越来越复杂，有必要投资基础设施并预留出更充足的基础设施产能以满足潜在的交易需求。一般而言，强势支付平台拥有更加雄厚的实力投资于基础设施，更能有效地突破瓶颈资源，实现"持卡人—基础设施—商户"的双向互动，推动交易量强劲增长。总而言之，基础设施投入是内嵌在市场势力与平台交易量之间因果关系链条上不可或缺的中间环节，发挥间接传导作用（中介效应）。

尽管调节效应假说与中介效应假说对基础设施投入的作用方式存在分歧，但是，两者均认为基础设施投入在市场势力决定平台交易量过程中发挥着重要的中间作用。随之而来的问题是，除却平台自身的市场势力，平台基础设施投资又会受到哪些关键因素的影响？特别地，Casadesus-Masanell 和 Llanes（2015）指出，封闭式支付平台的基础设施投资激励明显强于开放式支付平台。既然如此，支付平台的所有制类型（开放或者封闭）是否会进一步影响基础设施投入的中间作用？如果基础设施投入的中介效应会因所有制类型而呈现异质性，那么基础设施投入的中介效应就是一类被调节的中介效应，如图5-1（Ⅳ）所示。如果基础设施投入的调节效应会进一步通过平台所有制传导，那么基础设施投入的调节效应就是一类被中介的调节效应。

事实上，在不同的所有制安排下，支付平台的运行机制、投资模式、决策目标存在明显差别。首先，运行机制方面，封闭式支付平台是一类一体化网络组织，开放式支付平台则是一类非一体化网络组织（傅联英、骆品亮，2016b），前者避免了成员机构利用市场势力进行双重加价问题，后者则容易出现双重加价现象以及成员机构利用市场势力对抗平台市场势力的行为。其次，投资模式方面，开放式支付平台的所有权归属于会员机构，因而基础设施由成员机构共同投资建设，私有化的封闭式支付平台则由平台运营商自己投资建设或者购买第三方机构的基础设施服务。最后，在决策目标方面，开放式支付平台的最终决策目标就是实现交易量最大化，而封闭式支付平台的最终决策目标是追求垄断利润最大化，中间目标才是实现交易量最大化。可见，交易量最大化目标在开放式支付平台和封闭式支付平台的内部治理约束中具有不同的地位。考虑到机制、模式和目标三项差异，如果中介效应假说成立，那么平台所有制将对基础设施投入的中介效应产生调节作用。

5.4　研究设计与模型设定

5.4.1　独特的数据集与变量说明

考虑到数据可获性，本章选取了四家国际性支付平台——维萨、万事达、美国运通和发现卡作为研究对象。综合利用BankScope数据库、PaymentsSource数据库和各家平台发布的年报，匹配得到2006年第一季度至2013年第三季度的非平衡面板数据集。

1. 被解释变量

平台交易量（vol）。平台交易量是银行卡持卡人和商户双边有效需求的真实反映。不同于传统市场中厂商面临的单边需求量，作为双边市场的银行卡平台，其需求量的特殊之处在于它是一类联合需求且具有"鸡蛋相生"特征。持卡人和商户都是平台用户，两者必须同时对支付服务产生需要才能形成有效需求。

2. 核心解释变量

市场势力（pm）。市场势力是一种控制价格或者排除竞争的力量，勒纳指数是市场势力的一种技术性表达。然而，由于无法直接观测到边际成本，传统的勒纳指数只具有理论意义而没有操作意义（Aghion et al., 2005；曲创、刘重阳，2016）。因此，作为替代，参照 Novy-Marx 的做法，采用销售毛利率（价格高出平均成本的程度）作为市场势力的代理变量（Novy-Marx, 2013），刻画寡头支付平台对价格的控制能力。在国外反垄断实践中，墨西哥联邦政府的下设机构联邦经济竞争委员会（Comisión Federal de Competencia Económica）2012 年正是以销售毛利率为判别指标，判定电信运营商 Telcel 具有支配性市场势力。

3. 中间变量

中间变量有 2 个。①基础设施投入（fa）。支付平台 90% 以上的投入用于网络枢纽和终端设施建设，被列入固定资产。作为固定资产的物理网络和终端设施投资数据获取较为便捷且精确，是衡量平台基础设施投入力度的良好指标。②平台类型（$type$）。开放式支付平台由成员机构共有，成员机构共建共享基础设施；封闭式支付平台则为运营商私有，运营商独立投资基础设施或者购买基础设施服务。基于该项差异，设置二元虚拟变量刻画平台所有制类型，1 为开放式支付平台，0 为封闭式支付平台。

4. 控制变量

基准模型中，采用各家支付平台的市场份额（ms）控制支付产业的外部市场结构和竞争态势。稳健性检验中，进一步引入了支付平台其他业务收入、平台所有制类型控制平台的多元化经营战略和所有制差异，详见后文。

5.4.2 面向假说的回归模型设定

1. 主效应模型

主效应模型揭示了市场势力对支付平台交易量的直接影响，按照研究问题，建立如式（5.1）所示的回归方程：

$$\ln vol_{it} = a_i + b_1 \ln pm_{it} + b_2 \ln ms_{it} + u_{it} \tag{5.1}$$

其中，被解释变量 lnvol 是各支付平台取对数后的交易量，解释变量 lnpm 是取对数后的平台销售毛利率（市场势力），lnms 为取对数后的市场份额，u 为随机扰动项。

2. 调节效应模型

调节效应假说刻画了"市场势力对平台交易量的影响在不同情形下的异质性作用"，认为基础设施投入影响市场势力对支付平台交易量的影响强度或影响方向。为检验基础设施投入在市场势力决定平台交易量的过程中是否发挥了调节功能，本章建立以基础设施投入为调节变量的调节效应模型，包含式（5.1）、式（5.2）与式（5.3）。

$$\text{lnvol}_{it} = a_i^0 + c_1' \text{lnpm}_{it} + c_2' \text{lnfa}_{it} + c_3' \text{lnms}_{it} + u_{it} \tag{5.2}$$

$$\text{lnvol}_{it} = a_i^1 + c_1 m\_\text{lnpm}_{it} + c_2 m\_\text{lnfa}_{it} + c_3 PMFA_{it} + c_4 \text{lnms}_{it} + u_{it} \tag{5.3}$$

调节效应检验通过引入变量交互项来实现（温忠麟等，2005）。在进行估计前，调节效应模型要求对核心解释变量（市场势力）和中间变量（基础设施投入）进行中心化处理。其中，m_lnpm 是中心化后的市场势力，m_lnfa 为中心化后的基础设施投入，交互项 $PMFA$ 是中心化后的市场势力与中心化后的基础设施投入的乘积。若 c_1、c_2、c_3 均显著，则基础设施投入作为调节变量的调节效应显著。

3. 中介效应模型

中介效应假说阐释了"市场势力通过何种渠道影响平台交易量"，基础设施投入作为中介变量解释了市场势力（自变量）与支付平台交易量（因变量）之间为何相关或者如何相关。为检验基础设施投入是否在市场势力决定平台交易量的过程中发挥中介作用，本章建立以基础设施投入为中介变量的中介效应模型，包含式（5.1）、式（5.4）与式（5.5），各项变量的名称及其含义同上。

$$\text{lnfa}_{it} = a_i^3 + e_1 \text{lnpm}_{it} + e_2 \text{lnms}_{it} + u_{it} \tag{5.4}$$

$$\text{lnvol}_{it} = a_i^2 + d_1 \text{lnpm}_{it} + d_2 \text{lnfa}_{it} + d_3 \text{lnms}_{it} + u_{it} \tag{5.5}$$

与主效应模型以及调节效应模型不同的是，中介效应模型需要采用极大似然法对结构方程［式（5.4）和式（5.5）］进行估计。当 b_1、e_1、d_2

均显著时，中介效应显著。进一步地，若 d_1 不显著，则基础设施投入作为中介变量产生了完全中介效应；若 d_1 显著但小于 b_1，则基础设施投入作为中介变量产生了部分中介效应。

5.5 支付平台市场势力影响交易量的实证检验

5.5.1 初步分析：支付平台基础设施投资的经验事实

2008 年以前，美国运通一直坚持独立发卡、独立收单的封闭式经营模式，其网络设施和受理终端的规模长期滞后于维萨、万事达等竞争对手。尽管如此，由于美国运通的本土持卡人主要是"有钱有闲"的旅行娱乐消费者，此类缺乏需求价格弹性的尊享类顾客深受特约商户的青睐（傅联英、骆品亮，2016b），故运通支付平台在美国持卡人和商户两端均维持着强劲的市场势力。然而，受制于海外收单网络瓶颈，美国运通银行卡在美国本土以外的受理市场（特别是欧洲和亚洲）频遭商户拒绝，阻滞了交叉网络外部性转化为实际交易量。

为突破基础设施瓶颈，美国运通于 2008 年 11 月 10 日启动了平台开放战略，在世界范围内吸收、并购了众多的发卡机构和收单机构，纳入其全球基础设施网络体系。在发卡市场上，美国运通银行卡的境外发行采用多元化的国际发行策略，主要依靠各国商业银行、独立发卡机构、第三方发卡公司的分支机构和零售终端发行。与此同时，在收单市场上，美国运通创造性地提出了双重会员制规则，在全球 160 个国家与地区陆续签约了 148 家收单合作伙伴，形成了较为完善的 POS、ATM、NFC 闪付等受理渠道网络。

2010 年 11 月完成"平台开放"后，美国运通支付平台的全球交易量一跃超过万事达（见图 5-2），改变了国际支付市场位序格局。彼时，美国运通成为传统支付市场中位列维萨之后的世界第二大银行卡支付平台。

无独有偶，在境外曾备受基础设施网络掣肘的中国银联于 2012 年开始突围，在海外支付市场特别是在共建"一带一路"国家和地区拓展卡基受理网络等基础设施。截至 2016 年 3 月，中国银联的全球受理网络覆盖了境外 157 个国家和地区，全球特约受理商户超过 3400 万家，ATM 终端超 200

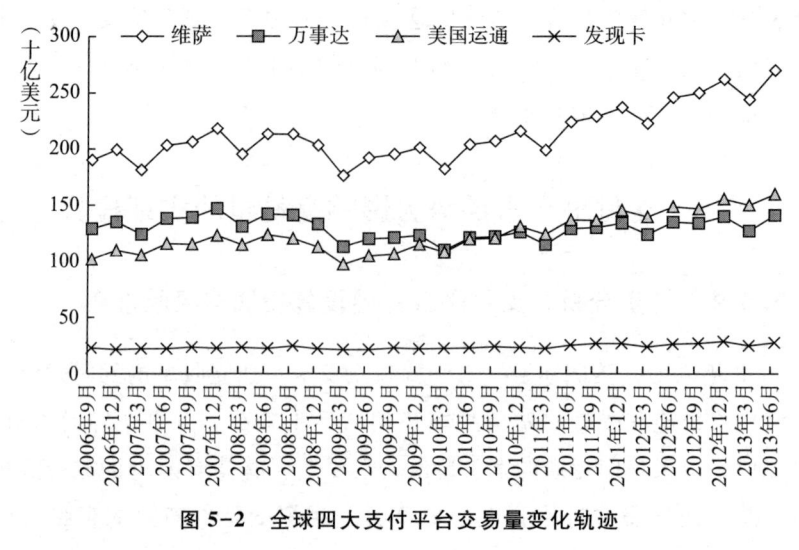

图 5-2　全球四大支付平台交易量变化轨迹

资料来源：BankScope 数据库。

万台。① 尽管在全球支付体系中尚缺乏足够强的定价权，但长期的基础设施投入产生了显著的成效，中国银联支付平台总交易量于 2015 年首次超越维萨平台，成为全球交易量最大的国际性银行卡支付组织。

美国运通支付平台和中国银联支付平台基础设施投资的历史轨迹及其成功经验说明，作为一项中间变量，基础设施投入在市场势力与平台交易量之间绝非中性的或者无涉的。至于基础设施投入在市场势力决定支付平台交易量过程中究竟起何种作用以及发挥了多大作用，则需要进一步基于式（5.1）至式（5.5）展开严密的计量检验。

5.5.2　计量分析：基础设施投入的潜在作用检验

模型设定与选择方面，主效应方程（5.1）的 Hausman 检验结果显示，卡方统计量为 8.85、伴随概率为 0.012，说明选择固定效应模型更为合理。调节效应方程（5.2）的 Hausman 检验结果显示，卡方统计量为 9.24、伴随概率为 0.0263，说明选择固定效应模型更为合理；调节效应方程（5.3）的 Hausman 检验结果显示，卡方统计量为 5.45、伴随概率为 0.2444，说明

---

① 《葛华勇：银联卡全球受理网络扩大到 157 个国家和地区》，银联国际网，https://www.unionpayintl.com/cn/mediaCenter/newsCenter/companyNews/3010029.shtml。

选择随机效应模型更为合理。需要指出的是，中介效应方程（5.4）与方程（5.5）需要通过结构方程模型方法（Structural Equation Model）进行估计。完整的中介效应检验除了包含方程（5.4）与方程（5.5）外，还需包含单独估计的主效应方程（5.1）。数据方面，修正的 Wald 截面异方差检验结果显示，卡方统计量为 1.74、伴随概率为 0.7830，不能拒绝所有个体同方差的原假设；Woodridge 面板数据序列自相关检验结果显示，F 统计量为 0.866、伴随概率为 0.4208，不能拒绝不存在序列自相关的原假设。

接下来，基于方程（5.1）至方程（5.5），对基础设施投入在市场势力决定交易量过程中的作用进行计量检验。对主效应方程（5.1）进行估计，估计结果如表 5-1 第二列所示。总体来看，面板数据模型拟合优度为 22.74%，拟合效果良好。系数方面，估计方程中核心解释变量市场势力的回归系数为 0.1043，且在 1% 的水平下显著。由于变量均采用对数形式，回归系数的经济意义就是弹性值。在控制了市场结构后，市场势力（lnpm）每提高 1%，将促进支付平台交易量（lnvol）增长 0.104%。由于弹性值小于 1，说明平台交易量对市场势力变动缺乏弹性。

表 5-1 市场势力影响平台交易量的基准模型回归结果

变量	主效应	调节效应		中介效应	
	方程（5.1）	方程（5.2）	方程（5.3）	方程（5.4）	方程（5.5）
	平台交易量（lnvol）	平台交易量（lnvol）	平台交易量（lnvol）	基础设施投入（lnfa）	平台交易量（lnvol）
市场势力（lnpm）	0.1043*** (0.0309)	0.0731** (0.0342)	0.0221 (0.0216)	0.6092*** (0.1438)	0.0243 (0.0214)
基础设施投入（lnfa）		0.0353* (0.0178)	0.0478*** (0.0174)		0.0291** (0.0142)
交互项（PMFA）			−0.0557* (0.0295)		
控制变量	控制	控制	控制	控制	控制

注：*、**、*** 分别表示在 10%、5%、1% 的水平下显著，括号中为稳健标准误，下表同。

当在主效应方程中加入基础设施投入变量（lnfa）之后，市场势力与平台交易量之间的关系和强度将发生何种变化？基础设施投入在其中是充当调节变量还是充当中介变量？如果是调节变量，还将进一步追问，它是不是被中介的调节变量？如果是中介变量，也将进一步追问，它是不是被调节的中介变量？

1. 基础设施投入是调节变量吗？不是

调节效应方程（5.2）和方程（5.3）的回归结果具体见表5-1中的第三列和第四列。由方程（5.2）的回归结果可以发现，将基础设施投入变量加入主效应方程（5.1）后，基础设施投入显著正向影响平台交易量，市场势力与平台交易量之间的关系依然显著为正，但强度有所下降。值得注意的是，方程（5.2）中，市场势力的回归系数与基础设施投入的回归系数之和约等于方程（5.1）中市场势力的回归系数。据此推测，较之方程（5.1），方程（5.2）中市场势力对平台交易量的正向影响之所以下降很可能是被平台基础设施投入分流或稀释了。

由方程（5.3）的回归结果可知，加入交互项 PMFA 后，基础设施投入对平台交易量的影响依然保持显著，交互项 PMFA 的偏回归系数在10%的水平下显著为负；但是，核心解释变量市场势力对平台交易量的影响不再显著。因而，可以基本判断，基础设施投入不是调节变量。

2. 基础设施投入是中介变量吗？是

中介效应方程（5.4）和方程（5.5）采用结构方程模型方法估计，回归结果见表5-1中的第五列和第六列。由方程（5.4）的回归结果可以知道，市场势力显著正向影响平台基础设施投入。将基础设施投入作为中间变量加入主效应方程（5.1）后，得到方程（5.5），由方程（5.5）的回归结果不难发现，核心解释变量市场势力对平台交易量的影响系数变得不再显著。按照中介效应原理，此种情形下，市场势力对平台交易量的影响被基础设施投入完全中介了。因此，基础设施投入是完全中介变量。

既然基础设施投入是一项完全中介变量，那么它的中介效应究竟有多强？在因果中介效应框架下，本章对市场势力影响平台交易量的总效应进行了分解，结果见表5-2。

表5-2 市场势力影响平台交易量的效应分解：基础设施投入作为中介变量

直接效应	间接效应（平均因果中介效应）	总效应
0.0243	0.0178*	0.0421**
(0.0219)	(0.0098)	(0.0204)

市场势力对支付平台交易量影响的总效应为 0.0421。其中，直接效应不显著，但间接效应即平均因果中介效应（Average Causal Mediation Effect，ACME）显著为正。市场势力通过基础设施投入对平台交易量产生的作用强度为 0.0178，该中介效应占总效应的比重达到 42.28%。Hair 等（2016）将中介效应效能（中介效应与总效应之比）分区的临界值设定为 0.2 和 0.8。其中，低于 0.2 为低效能中介效应，0.2~0.8 为中等效能中介效应，超过 0.8 则为高效能中介效应。按照高中低标准，基础设施投入的中介效应强度属于中等效能层级。总效应分解结果的经济意义在于：揭示了市场势力对平台交易量的间接影响方式，明确了其核心机制是基础设施投入而非其他竞争性机制（直接效应所指向的其他影响因素）。

3. 基础设施投入仅仅是中介变量吗？不是

如前文所述，开放式支付平台与封闭式支付平台在基础设施投资模式方面存在明显差异。那么，对于不同类型的支付平台，基础设施投入的中介效应是否会呈现出显著的所有制异质性？为了回答该问题，本章进一步考察了平台所有制类型差异如何影响基础设施投入的中介效应。加入所有制类型的虚拟变量 *type*（1 为开放式支付平台，0 为封闭式支付平台）及其与各变量的交互项，重新对中介效应方程进行回归，结果见表 5-3。

表 5-3 基础设施投入作为中介变量的所有制异质性

变量	主效应 方程（5.1）封闭式支付平台交易量 lnvol（*type*=0）	主效应 方程（5.1）开放式支付平台交易量 lnvol（*type*=1）	中介效应 方程（5.4）基础设施投入（ln*fa*）	中介效应 方程（5.5）平台交易量（lnvol）
封闭式支付平台市场势力（0*bn.type#c.*lnpm）	0.1304*** (0.0468)		0.0680 (0.0557)	0.0880*** (0.0293)
开放式支付平台市场势力（1.*type#c.*lnpm）		0.0947** (0.0398)	1.4635*** (0.2754)	0.0335 (0.0461)
封闭式支付平台基础设施投入（0*bn.type#c.*ln*fa*）				0.6229*** (0.0806)
开放式支付平台基础设施投入（1.*type#c.*ln*fa*）				0.0418** (0.0189)

续表

变量	主效应 方程（5.1）封闭式支付平台交易量 lnvol（type=0）	主效应 方程（5.1）开放式支付平台交易量 lnvol（type=1）	中介效应 方程（5.4）基础设施投入（lnfa）	中介效应 方程（5.5）平台交易量（lnvol）
封闭式支付平台市场份额（0bn.type#c.lnms）	1.0351*** (0.0284)		1.0946*** (0.0338)	0.3532*** (0.0899)
开放式支付平台市场份额（1.type#c.lnms）		0.9180*** (0.0553)	3.1902*** (0.3829)	0.7847*** (0.0791)
封闭式所有制（0bn.type）	1.0923*** (0.2170)		11.1526*** (0.2582)	−5.8550*** (0.9084)
开放式所有制（1.type）		1.5043*** (0.2398)	−1.3281 (1.6597)	1.5598*** (0.2233)

主效应方程（5.1）的分组回归结果表明，无论是开放式支付平台还是封闭式支付平台，市场势力均显著正向影响平台交易量。值得注意的是，中介效应在不同所有制平台中出现了明显分化。方程（5.5）估计结果显示，就开放式支付平台而言，核心解释变量市场势力变得不显著，表明基础设施投入的完全中介效应在开放式支付平台情境下仍然显著；就封闭式支付平台而言，核心解释变量市场势力虽然显著但是系数变小了，表明基础设施投入在封闭式支付平台场景下发挥的是部分中介效应。表5-3结果充分说明，基础设施投入的中介效应被平台所有制类型调节了。因此，更加准确地说，平台基础设施投入是一项被调节的中介变量。

表5-4给出了基础设施投入作为中介变量在两种所有制场景下的异质性作用及其效应分解。基础设施投入的完全中介效应仅仅在开放式支付平台场景下显著，其效应强度占总效应强度的比例高达64.63%，这说明开放型支付平台市场势力对其交易量的影响主要是通过基础设施投入间接实现。封闭式支付平台市场势力对其交易量产生的直接效应强于间接效应，直接效应解释了总效应的67.48%。

表 5-4　市场势力影响平台交易量的效应分解：被调节的中介变量

平台类型	直接效应	间接效应（平均因果中介效应）	总效应
封闭式支付平台 ($type=0$)	0.0880*** （0.0293）	0.0424 （0.0351）	0.1304*** （0.0450）
开放式支付平台 ($type=1$)	0.0335 （0.0461）	0.0612** （0.0300）	0.0947** （0.0386）

5.6　交易量扩容效应的进一步讨论

5.6.1　内生性矫正：采用 GMM 估计方法处理变量内生性问题

在中介效应分析中，可能存在两种潜在的内生性来源。理论上，芝加哥学派以及新产业组织理论均批评哈佛学派"结构—行为—绩效"范式中的线性、静态、单向因果链条，认为厂商行为（如基础设施投资）与市场绩效（如交易量）之间存在双向因果关系，此为互为因果引发的内生性问题。方法上，中介效应分析所依赖的序贯可忽略假设潜藏着内生性问题。序贯可忽略假设类似于因果推断中的非混淆假设，指的是潜在结果变量和潜在中介变量条件独立于处理变量、观测到的结果变量条件独立于观测到的中介变量（VanderWeele and Vansteelandt，2009）。当存在不可观测的遗漏变量导致方程（5.4）的随机干扰项和方程（5.5）的随机干扰项相关时，序贯可忽略假设就不成立了，内生性问题也就随之产生。尽管前文在估计中介效应方程时所采用的结构方程固定效应模型实际上已经初步考虑了内生性问题，但是可进一步采用 GMM 方法对中介效应方程进行估计，以进行稳健性检验，结果见表 5-5。

表 5-5　利用 GMM 方法估计中介效应模型的结果

变量	主效应	中介效应	
	方程（5.1）	方程（5.4）	方程（5.5）
	平台交易量 （$lnvol$）	基础设施投入 （$lnfa$）	平台交易量 （$lnvol$）
市场势力 （$lnpm$）	0.1043*** （0.0309）	0.7256*** （0.2086）	0.0295 （0.0275）

续表

变量	主效应	中介效应	
	方程（5.1）	方程（5.4）	方程（5.5）
	平台交易量（lnvol）	基础设施投入（lnfa）	平台交易量（lnvol）
基础设施投入（lnfa）			0.0479**
			(0.0189)
控制变量	控制	控制	控制

表 5-5 的回归结果显示，即便改用 GMM 方法估计模型，市场势力依然显著正向影响基础设施投入；将基础设施投入加入主效应方程后，市场势力对平台交易量的影响依然会变得不显著；回归系数与基准模型以及异质性分析中的开放式支付平台场景模型的系数相差不大。由此可知，基准模型的结果具有较强的稳健性，更加充分地验证了前文基准模型的论断，即基础设施投入在市场势力决定平台交易量的过程中充当完全中介变量。

5.6.2 敏感性分析：模型结果对序贯可忽略假设的依赖性

序贯可忽略假设在中介效应分析中至关重要，但无法基于数据判断其是否满足。自然要问，如果序贯可忽略假设不成立，中介效应结果是否依然成立抑或会如何变化。现有文献采用了一种妥协办法作为替代方法：利用中介变量回归方程扰动项与结果变量回归方程扰动项之间的相关系数 Rho 直观地刻画序贯可忽略假设是否成立，并根据因果中介效应强度和方向随 Rho 变化的轨迹判断中介效应的敏感性（Hair et al., 2016）。图 5-3 描绘了平均因果中介效应对序贯可忽略假设的依赖性。

图 5-3 中，水平虚线表示序贯可忽略假设成立（$Rho=0$）时相应的平均因果中介效应强度。灰色阴影内部的实曲线表示不满足序贯可忽略假设时，平均因果中介效应的变化轨迹。中介变量回归方程残差项与结果变量回归方程残差项相关系数 Rho 必须达到 0.2098，平均因果中介效应才会等于零；超出临界值 0.2098 后，平均因果中介效应的符号会发生变化。平均因果中介效应的敏感性分析存在一项不足，即未能提供具体的门槛值用以判断结果是否可以接受。Keele 等（2015）建议通过比较同类研究来评价

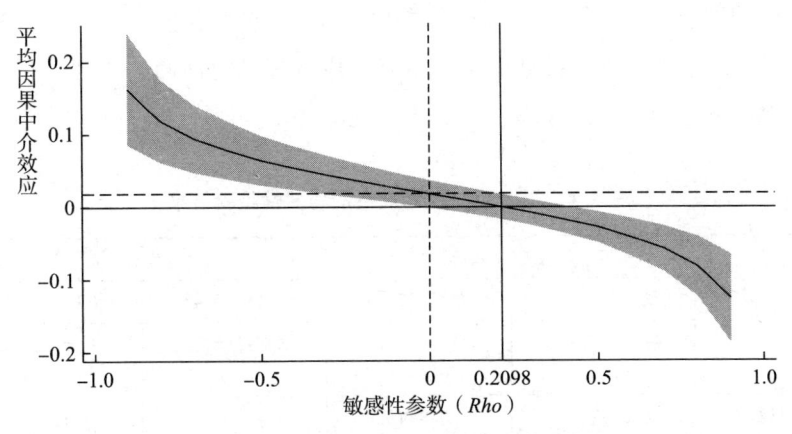

图 5-3 平均因果中介效应的敏感性

注：阴影部分表示 95% 的置信区间。

敏感性。Imai 等（2011）在分析平均因果中介效应敏感性时提供了两个案例，平均因果中介效应与零无差异时对应的临界 Rho 分别为 0.20 和 0.39。对比可知，本章结果是可以接受的且具有一定的稳健性。

5.6.3 稳健性检验：引入更多控制变量以及非线性形式

为了让模型更加饱满同时避免遗漏重要变量可能导致的模型设定偏误，根据相关经济理论和经验事实，尽可能引入更多的控制变量。首先，控制支付平台的多元化经营行为。全球四大银行卡支付平台中，维萨、万事达和发现卡是专业的支付清算商，美国运通则是集旅游服务、信息处理、信用卡、签账卡以及旅行支票等金融服务于一体的综合性支付平台。相关多元化经营赋予的范围经济优势通常会增强平台基础设施投资意愿，有助于提升平台交易量，非相关多元化经营及其潜在的范围不经济则很可能会抑制平台基础设施投资并降低其交易量。因此，引入除银行卡业务以外的其他业务收入（lnoor）作为控制变量表征平台的多元化经营战略。其次，控制市场竞争的非线性影响。前文遵循哈佛学派传统采用各家支付平台的市场份额刻画市场结构及其竞争态势，为了捕捉市场竞争的非线性影响，基于新奥地利学派的过程分析范式，加入市场份额的平方项（lnms-sqr）作为控制变量。最后，控制平台所有制类型。考虑到基础设施投入的中介效应在不同所有制情境下呈现出明显的异质性，本章在部分中介效应的稳健性检验中引入了平台所有制类型（$type$）加以控制。引入更多控制变量后，基于结构方程模型方法对中介效应方程进行回归，得到的估计结果见表5-6。

表5-6 引入更多控制变量的稳健性检验结果

变量	完全中介效应		部分中介效应	
	方程（5.4）	方程（5.5）	方程（5.4）	方程（5.5）
	基础设施投入（lnfa）	平台交易量（lnvol）	基础设施投入（lnfa）	平台交易量（lnvol）
市场势力（lnpm）	0.6837*** (0.1912)	0.0447 (0.0311)	0.8587*** (0.1812)	0.0697** (0.0327)
基础设施投入（lnfa）		0.0444*** (0.0160)		0.0308* (0.0169)
控制变量	控制	控制	控制	控制

注：主效应方程（5.1）结果与前文结果相同，此处省略。

表5-6结果显示，在控制了支付平台多元化经营行为、平台所有制类型以及市场竞争的非线性影响后，基础设施投入的完全中介效应以及在不同所有制类型情境下的部分中介效应依然显著，强度系数也与前文回归系数接近，彰显了基准模型回归结果的稳健性。

5.7 利用基础设施驱动交换环节大循环的路径

本章运用一个独特的寡头支付平台数据集，实证检验了支付平台市场势力、基础设施投入和交易量三者之间的关系。研究发现，支付平台市场势力增强能够显著促进交易量增加，但这种直接估计可能误估了市场势力的影响力度。进一步分析发现，支付平台市场势力决定交易量的过程受到其基础设施投入的影响，基础设施投入在其中作为中介变量而非调节变量发挥作用。支付平台市场势力通过基础设施投入对交易量产生间接作用；作为一项中介变量，基础设施投入解释了市场势力决定平台交易量总效应的42.28%。然而，基础设施投入不只是一个中介变量，还是一个受到支付平台所有制调节的中介变量，中介效应呈现出显著的异质性。基础设投入在开放式支付平台场景下依然是一个完全中介变量，在封闭式支付平台情境下则是一个部分中介变量。

在高水平对外开放的时代大势和战略背景下，需要推动支付市场改革创新以驱动交换环节大循环。本土支付平台应该重视基础设施投入发挥的中介作用，具体路径涉及四个方面。

从增量角度看，本土支付平台（中国银联）可以和成员机构共建共享基础设施，加大基础设施的投入力度。中国银联可以尝试为其成员机构提供基础设施投资补贴，激励其扩大交易终端网络的覆盖范围，提高网络服务的可获性，进而形成强大的网络经济效应以对抗国外支付平台的交易量窃取效应；进一步，强大的网络经济效应将会强化用户间的交叉网络外部性，有效降低持卡人的搜寻成本，吸引更多的消费者加入网络并锁定交易、增强用户黏性，最终实现平台交易量的持续增长。

从存量角度看，中国银联作为开放式支付平台需要以更加开放的姿态推进产业链各方的合作。特别是可以盘活第三方收单机构既有的、闲置的线上和线下基础设施，消化冗余网络资源。为此，中国银联必须摒弃收编第三方收单机构的垄断思维、果断舍弃备受诟病的直连模式，逐渐退出竞争性的银行卡收单环节；通过重新协定利润分配方案完善"价值网"治理契约，化对抗为合作，充分激活并利用好第三方收单市场的网络，借助其新型基础设施畅通交换环节大循环。

维持适度的市场势力促进交易量增加。双边市场情境下，就交易量最大化目标而言，支付平台的市场势力乃至垄断地位并不必然引致低效率后果。特别是在银行卡支付行业面临基础设施瓶颈时，适度的垄断势力反而有助于促进交易量增加。因此，规制当局需要根据支付平台市场势力的来源，有区别地驯服市场势力。一方面，破除依靠行政垄断占据战略性网络基础设施形成的市场势力，防止平台滥用市场势力拒绝交易以及从事排他性交易；另一方面，呵护在竞争过程中通过基础设施投入等形成的市场势力，维持平台市场势力与成员机构市场势力之间的必要平衡，前瞻性地防范平台市场势力失控引致的双重加价、拒绝交易行为，确保交易通道畅通。

在国际流通环节，本土支付平台需加快出海速度、优化海外业务布局，注意规避海外反垄断调查，持续完善国际受理网络、数字移动终端、高频便民场景等基础设施，全面提升技术创新能力、系统响应能力和服务竞争能力，为海外用户提供安全、可控、经济的支付方案，助力国内市场与国际市场联通。

第6章　支付平台开放战略对市场绩效的影响与作用机制

前一章提及维萨利用市场势力封杀中国银联，越来越偏离其开放平台的宗旨，那么支付平台的开放或封闭行为究竟会对市场绩效产生何种影响？本章建立起了一条"平台开放→全要素生产率→市场绩效"的传导路径，为理解支付平台"封转开"改革如何影响其市场绩效提供了逻辑机制，并进一步利用广义合成控制方法实证考察了美国运通支付平台"封转开"改革对其交易量和加成率的异质性影响。①

6.1　国内外支付平台"封转开"现象

平台经济的兴起创新了资源配置方式，同时也引发了平台应该选择开放式运行还是封闭式运行之争。平台封闭式运行模式的特点可以归纳为"集权控制并限制准入"，即平台运营商独家配置所有权、控制成员准入；平台开放式运行模式的特点则可以概括为"放权与赋能"，即平台运营商放弃绝对控制权、允许成员自由进出。以支付平台为例即可管窥封闭式运行模式与开放式运行模式的差异。封闭式支付平台（亦称公司制平台），平台即为所有者，发卡、收单和转接清算环节集中于平台自身，构成独立的闭环。开放式支付平台（亦称会员制平台），会员机构既是平台的所有者又是平台的服务对象，业务环节方面，平台只负责转接清算环节，既不发卡亦不收单，而是授权专业会员机构使用平台品牌从事发卡或收单

---

① 基础工作见傅联英和骆品亮（2022b），本章对其进行了补充和拓展。

业务。

鉴于平台竞争日趋演变为平台生态系统竞争，开放式运行模式备受业界青睐，平台开放成为继平台化之后的一股新的潮流。纵观支付平台运行模式的现实选择与历史转型便可见一斑。在平台开放的浪潮下，全球著名的维萨支付平台、万事达支付平台、日本JCB支付平台不约而同地持续夯实开放式运行构架与制度基础，尽管Discover支付平台（后与花旗的大莱支付平台合并）至今沿用成立伊始的封闭式运行模式，但中国银联支付平台、单一欧元支付平台、美国运通支付平台陆续完成了从封闭走向开放的战略转型（业界谓之"封转开"改革）。支付平台顺势而"开"的动因与结果引发了广泛的热议。本章重点关注后者，核心研究问题是：（支付）平台"封转开"会对市场绩效产生何种影响，作用机制如何？开放型产业生态圈建设的着力点应聚焦何处？

6.2 支付平台"封转开"的理论解释

平台究竟应该选择开放还是封闭的研究由来已久且历久弥新，但尚无定论。既有文献重点围绕平台开放或封闭的利弊得失、平台转型的路径方向与触发条件两个方面展开了一系列丰富的研究，本章内容与之密切相关。

第一支文献认为，封闭平台经济绩效优于开放平台经济绩效。其中，Parker和Van Alstyne（2005）揭示了平台开放的利弊，认为平台开放虽然有利于激励创新投资但完全（过度）开放或将严重侵蚀收入和利润。张晓明和夏大慰（2006）分析指出，若开放平台的学习成本足够低，则封闭平台与开放平台之间的双寡头竞争的均衡价格、市场份额和均衡利润均低于封闭平台之间的双寡头竞争。据此可推测，在低学习成本条件下，平台开放是一种劣策略，平台"封转开"的经济激励先天不足。Hagiu（2006）在双边市场分析框架下比较分析了封闭平台与开放平台的效率差异，发现封闭平台固有的价格机制有利于实现间接网络效应和直接竞争效应的内部化，从而使其产品多样性、用户采用率和总福利均高于开放平台。Economides和Katsamakas（2006a）分析指出，如果封闭平台的潜在市场容量

（价格等于零时对应的市场需求量）高于开放平台的潜在市场容量，封闭平台将在市场份额和利润层面优于开放平台；并且，平台替代性或转换成本越高，封闭平台的优势越明显。Belleflamme 和 Peitz（2010）研究表明，考虑到投资决策会影响间接网络外部性和接入价格，封闭平台会倾向于过度投资，开放平台则会投资不足。Landsman 和 Stremersch（2011）研究发现，允许用户多重归属（平台开放的一种形式）会对不同绩效指标产生异质性影响，虽能增加市场份额却会损害销售收入。Fu 等（2012a）基于中国支付市场"封转开"改革的准自然实验研究发现，支付市场从商业银行封闭式运行转向中国银联开放式运行显著地降低了市场交易量。Casadesus-Masanell 和 Llanes（2015）分析指出，封闭平台通过有偿接入能够完全内部化间接网络外部性，且封闭平台能从会员开发者的多重归属（在两个平台中注册）中获得收益，故缺乏主动开放的激励。Texier 和 Zeroukhi（2015）研究表明，封闭平台能通过限制兼容（封闭的一种方式）缓解价格竞争并实现市场份额扩张，从而增加平台利润。房林和李美萱（2023）研究发现，参与互联互通的平台比未参与的平台在用户规模和利润上更具有竞争优势，但平台利润随着开放程度提高而降低，而社会福利、用户效用会增加。

第二支文献认为，开放平台市场绩效优于封闭平台市场绩效。其中，Schiff（2003）研究了寡头竞争市场结构下的平台竞争绩效，发现开放平台的利润水平总是超过封闭平台的最高利润，由此揭示了寡头竞争市场中平台从封闭走向开放的经济激励。Boudreau（2010）认为，自由进入式平台开放有利于实现专业化分工的经济性、促进异质性知识溢出、增强技术集聚经济性。但是，放权式平台开放的经济效应不确定：一方面，放权式开放平台通常会产生过度多样化，不利于内部平行协作并且会损害创新绩效；另一方面，平台放弃控制权相当于做出了不与成员争利的可置信承诺，有利于建立信任和声誉。Llanes 和 De Elejalde（2013）分析发现，尽管封闭平台较之于开放平台具有更强的研发投资激励从而能够获得更高的市场份额，但开放平台的内部协作能降低研发成本从而增加利润。Manenti 和 Somma（2011）考察开放平台与封闭平台的费率竞争时指出，开放平台执行由成员机构联合制定的交换费，从而能够化解成员竞争对盈利水平的负面效应，在同等条件下优于封闭平台。魏如清等（2013）针对操作系统平台的研究表明，平台内的成员数量越多，开放平台较之于封闭平台的利润优势越明显。关于平台内部运营管理效率，陶锋和刘家麒（2013）的理论模型和计量结果均显示，开放平台（非营利平台）能够引致更强的投资激励效应和更高的效率；万兴和杨晶（2017）认为，开放平台（第三方平台）在用户基础、信息技术能力和异质性资源共享方面具有更高的效率。

第三支文献基于开放平台与封闭平台的市场绩效差异，界定了平台转型的适宜条件。其中，Kort 和 Zaccour（2011）研究发现，在主产品竞争力强、互补产品竞争力弱、用户反馈的质量提升效应强的条件下，平台开放的动机会增强。Llanes 和 De Elejalde（2013）的研究结果表明，平台内产品的互补性、差异化程度和研发投资的协作度是平台开放取得成功的关键因素。傅联英和骆品亮（2016b）基于平均价格效应、单位交易成本、平台内加价能力之间的关系，给出了支付平台转型的触发条件与路径方向。郭广珍等（2017）归纳指出，封闭平台具有成本优势，而开放平台则具有需求优势，平台运行模式的选择与转型取决于两种优势孰强孰弱。

比较分析可知，既有研究达成的一个基本共识是，平台的开放与封闭选择会使市场绩效产生明显差异，这为后续研究提供了依据。与此同时，综观平台开放的相关文献，可以发现以下欠完善之处。第一，几乎所有文献均以利润最大化为目标，基于单一利润指标评估平台开放的经济效应，对交易量（额）和用户基础等中间目标的关注严重不足。事实上，开放式支付平台较之于封闭式支付平台的一个重要区别在于，开放式支付平台需要兼顾联合需求（交易量）和平台利润双重目标。但是，既有文献尚未注意到平台开放对交易量与利润（率）的权衡效应和异质性影响。第二，鲜有文献深入探究平台开放对市场绩效的作用机制，制约了人们对其中传导渠道和关键路径的认知，限制了平台运营商和规制者的政策选择。第三，平台型产业具有典型的寡头市场结构，诸多文献基于不完全竞争理论构建数理模型对平台开放的市场绩效进行理论预测，或者采用数值模拟方法进行仿真分析，利用真实商业数据进行严谨计量分析的研究甚少，导致理论逻辑普遍缺乏确切的证据支持。第四，既有文献的研究对象涵盖操作系统平台、电商平台、社交平台、研发平台等，但对"封转开"决策中涉及独立定价还是联合定价、独家占有还是联合持股、合作还是非合作等复杂问题的支付平台却缺乏足够的关注，从而导致对"封转开"的绩效差异长期停留于理论猜测层面，经验证据不足。

尽管存在不足和薄弱之处，但既有文献依然提供了诸多有益洞见与启发。本章基于寡头市场数据，利用广义合成控制方法实证考察美国运通支付平台开放对其交易量和加成率的异质性影响。较之 Economides 和 Katsamakas（2006b）、Fu 等（2012a）、Schiff（2003）、Llanes 和 De Elejalde（2013）等现有研究，本章主要的边际贡献具体表现在以下三个方面：第一，研究问题方面，本章重点考察平台开放对其交易量和加成率的异质性影响及其传导机制，综合中间指标和最终指标，突破了既有研究单一绩效指标的局限，以全要素生产率为桥梁构建起了平台开放影响市场绩效的逻辑链条；第二，研究对象与材料方面，为检验理论预测结果，率先以银行卡支付平台为研究对象，得到独特的寡头支付平台运营数据，准确捕捉到了平台开放的时序特征和绩效动态；第三，研究方法方面，利用广义合成控制方法的反事实分析架构评估支付平台"封转开"对市场绩效的因果性影响，契合了数据特点并消除了内生性问题对估计结果的影响，采用因果中介效应分析方法检验平台开放影响市场绩效的作用机制及其敏感性和异质性，实现了证据链条与逻辑链条的有效衔接。

6.3 支付平台"封转开"的典型事实与机制分析

本部分通过介绍支付平台"封转开"的典型范例，试图构建起平台开放影响市场绩效的逻辑机制和传导路径。

6.3.1 美国运通"封转开"的背景与历程

美国运通的"封转开"改革一度被学界和业界视为所有制转型的标杆事件。美国运通凭借在旅游业积累的声誉和用户基础，自1958年发行第一张银行卡到1996年之前，始终采取自行发卡和自行收单的封闭式经营策略。彼时的美国运通自建系统，直接向商旅消费者发卡、直接开拓特约商户，乃至自制卡片和账单，几乎包办了银行卡支付业务的所有环节，俨然构造起了一套自循环的闭环系统以保持运通卡的尊贵性。然而，也正是因为其系统的封闭性，其适用范围远比维萨卡、万事达卡狭隘，只能在特定地区和特约终端上使用，极大地限制了消费场景。市场业绩方面的差距更是悬殊。20世纪80年代末，固守付账卡的美国运通平台的市场份额一度陷入颓势。维萨、万事达、美国运通三巨头中，美国运通卡的发卡量占比和特约商户占比均不到7%，90%的持卡人开始同时持有维萨和万事达的信用卡。

严峻的生存态势倒逼美国运通主动探索转型之路。1997年前后，美国运通首先在发卡环节尝试向商业银行和其他合格金融机构开放，允许合作伙伴发行运通卡。美国运通此后还试图动员维萨、万事达在美国本土的会员银行发行运通卡，无奈遭到后者的封杀，却更加坚定了美国运通的开放战略，加快其在美国本土以外市场（欧洲）的开放步伐。随后的几年里，美国运通陆续在海外30多个国家和地区大力推进联合战略，吸纳了40余家发卡银行、独立发卡机构等发行运通卡，极大地丰富了产品线，集聚了服务创新势能。在银行卡收单渠道方面，美国运通首创了双重会员制，签约了148家收单机构拓展商户，构筑起了较为通达的POS、ATM等受理终端，形成了初具规模的开放式支付生态（傅联英、骆品亮，2016b）。在大力拓展发卡市场和完善收单环节的同时，美国运通还进一步调整了其组织结构。美国运通专门成立的全球网络服务部，成为发卡会员与收单会员的集体议事机构。到2010年第四季度，美国运通宣布基本完成了"封转开"改革，自此成为一家开放式支付平台。随后的年份里，运通卡的交易量占有率一直领先于万事达卡，位列世界第二。

6.3.2 支付平台"封转开"影响市场绩效的机制分析

开放式支付平台与封闭式支付平台的运行模式差异或许能够在一定程度上解释美国运通的"封转开"行动本质与迅速崛起。结合文献和前述现实可知，封闭式支付平台与开放式支付平台在所有权配置、治理结构、利益协调机制、投资模式、创新激励方面存在明显差别（傅联英、骆品亮，2016b；傅联英、钟林楠，2018）。

支付平台的三方封闭模式本质上是一类"自给自足经济"，每家成员机构均集成了发卡功能与收单功能,这种"二合一"的运行方式既有助于形成范围经济,又有利于在交易闭环内形成需求侧规模经济;成员机构在卡组织授权的市场内独家经营并限制进入,能够规避竞争性卡组织的成员机构作为免费乘车者攫取利润(补贴)。卡基支付平台的四方开放模式本质上是一类"专业分工经济",发卡成员和收单成员分属不同的实体,每家成员机构在其专业分工环节(发卡或收单)均具有供给侧规模经济,在获得支付平台授权后能自由进入专业市场。因而,三方封闭模式转型为四方开放模式,本质上是从"自给自足经济"向"专业分工经济"转型。"自给自足"的三方封闭模式拥有需求侧规模经济,"专业分工"的四方开放模式拥有供给侧规模经济。乍看起来,难以明确判断两类模式孰优孰劣,不过,支付平台采用四方开放模式需要向专业成员机构分配收益,三方封闭模式则能将同类收益内部化。而且,相较于四方开放模式,三方封闭模式因其特有的范围经济性,降低成本的维度和方式更加丰富。在其他条件相同的情况下,支付平台采用三方封闭模式时的运营成本降幅空间预计会更大,加成率预计会更高。于是,本书推测,采用三方封闭模式的卡基支付平台若转型为四方开放模式加成率将降低。

按照 Van Alstyne 等(2016)的观点,从"管道经济"向"共享经济"转型的过程涉及三个关键方面:一是资源配置方式从控制转向整合,二是价值创造方式从内部优化转向外部互动,三是价值分配导向方面从以顾客为中心转向全产业生态圈。其中任何一方面都极力强调平台外部力量的重要性,可以这么说,平台的竞争优势乃至生死存亡均依赖能否更有效地利用外部创新资源进行创新。尽管如此,由于封闭式支付平台将外部资源视为"耗散力量"(Depletive,意为攫取平台价值),开放式支付平台将外部资源视为"黏连力量"(Accretive,意为增进平台价值),两类平台在利用外部资源的方式和深度上势必存在差距。相较于封闭式支付平台,开放式支付平台更加强调清除创新障碍以聚能、赋能和分工协作,充分吸纳、调动专业化成员机构的存量资源为平台所用,有利于实现用户规模和交易量的扩张;在增量基础设施投资、支付技术创新和服务创新方面有利于实现"众人拾柴"的激励效应。更有甚者认为,开放者永生,封闭者则一定会因自己营造的完美环境窒息而亡。

具体而言,开放式支付平台通过会员联合持股、品牌特许、委外分包、战略联盟、双重会员制等方式整合要素资源、网络渠道、营销能力等形成平台内集聚经济。一方面,提高了平台的对外开放水平,有效地破除了资源流动藩篱,在会员机构侧增强了竞争性组内网络外部性,促使会员机构加大对 ATM、POS 网络、金融 IC 卡、近场支付芯片、云储存介质、数字货币认证技术、信用层协议等基础设施终端的研发投入力度,提高合作共享程度,优化异质性剩余资源的配置,产生"竞优"效应;另一方面,要素集聚将强化并释放交叉网络外部性,打破封闭式支付平台固有的"内外分割"(需求侧社群与供给侧产业链分离),为形成和强化需求方规模经济提供了保障。此外,开放式支付平台突出"分权与赋能"的所有权配置,在技术和服务创新方面具有更高的效率,有助于摆脱"硅谷悖论"魔咒。① 在创新方向方面,开放式支付平台将创意转变为技术、产品、服务、场景的支付创新是"筛子式"的,突破了封闭式支付平台"漏斗式"创新过程在方向上的单一性,有利于以支付服务为核心实现跨界融合创新、形成多样化的衍生支付场景,产生范围经济效应乃至带来泛金融化。在创新补偿方面,开放式支付平台的成员机构通过协商集中制定平台交换费,该交换费调节了终端费率、降低了收益分享扭曲程度,能够在一定程度上补偿成员机构在发卡环节和收单环节的创新投入。在创新效率方面,开放式支付平台遵循"专业机构行专业之事"的分工原则,一方面充分发挥专业化的优势,提高平台生产率并加快知识溢出,产生学习效应;另一方面明确地规避了侵蚀成员机构利益之嫌,有利于建立充分的信任、树立良好的声誉(社会资本)、形成有效的激励,进而吸引更加优质的成员机构加入平台,产生选择效应。

基于逻辑演绎推测,支付平台从封闭转向开放可能会产生更强的规模经济效应和资源配置效应,使技术更加进步、技术效率提升更多,这些均属于全要素生产率的范畴。于是,本章初步建立起了"平台开放→全要素生产率→市场绩效"的传导渠道(见图6-1),为理解支付平台"封转开"

---

① 硅谷悖论由海尔集团董事局主席、首席执行官张瑞敏提出,大意是指创新型企业成为能够引领行业的优秀企业(成熟企业)后,其创新精神、创新动力逐渐消退殆尽。

改革究竟如何影响其市场绩效提供了一项待检验的逻辑机制。

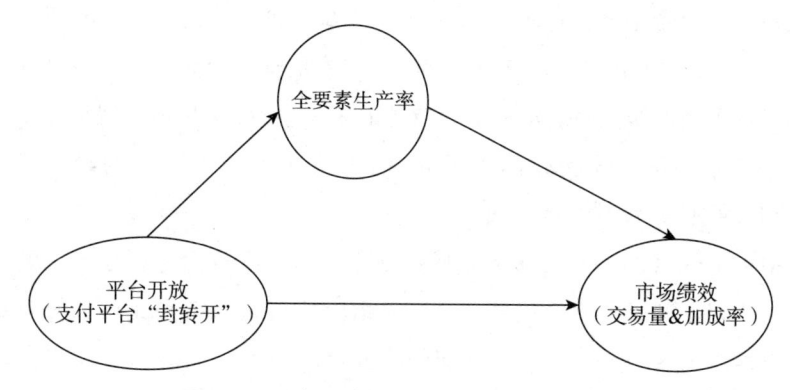

图 6-1　平台开放影响市场绩效的传导渠道

资料来源：笔者自绘。

最后，归纳并提出如下研究假设。

H1：支付平台"封转开"会导致"舍利逐量"效应。

H2：支付平台"封转开"通过影响全要素生产率进而作用于市场绩效。

6.4　检验"封转开"绩效的实证设计与数据说明

6.4.1　广义合成控制方法与模型设置

为准确有效地识别出支付平台开放对市场绩效的因果性效应，本章采用广义合成控制方法（Generalized Synthetic Control Method，GSCM）（Xu，2017）评估支付平台"封转开"对中间绩效（交易量）和终极绩效（加成率）的综合影响。首先，收集全球四大支付平台样本，用银行卡平台组织形式从封闭式转型为开放式来反映平台开放战略。然后，采用广义合成控制方法，通过比较支付平台"封转开"前后的交易量和加成率变化来探究平台开放对市场绩效的影响。基准模型设置如式（6.1）和式（6.2）所示：

$$\ln vol_{it} = \delta_{it} trans_{it} + X'_{it}\alpha + \lambda'_i f_t + u_{it} \tag{6.1}$$

$$pm_{it} = \varphi_{it} trans_{it} + X'_{it}\beta + \eta'_i f_t + \varepsilon_{it} \tag{6.2}$$

其中，*vol* 和 *pm* 分别表示交易量和加成率；*trans* 为表征支付平台开放的虚拟变量，若平台进行了"封转开"改革则进入处理组，*trans* 取 1，否则归入控制组，*trans* 取 0；δ 和 φ 为平台 i 在时间 t 的异质性处理效应；X' 为一组可观测的协变量，α 和 β 为待估的未知参数；f 为不可观测的共同因子，γ' 和 η' 为随个体变化的因子载荷；μ 和 ε 为不可观测的异质性冲击（随机扰动项），皆具有零均值。

Abadie 等（2010）提出的合成控制方法基于反事实分析框架，利用处理组个体和控制组个体的截面相关性，赋予控制组的结果变量和协变量总和为 1 的非负权重，最小化处理前的均方预测误差，构造出一个"合成的加权控制组"作为处理组个体的反事实对照，利用观测到的处理组结果变量值与反事实对照值之差估计平均处理效应。Xu（2017）在 Abadie 等（2010）的基础上进一步将合成控制方法推广至多个处理个体和多期处理情形，提出了广义合成控制方法（GSCM）。该方法采用拔靴法对平均处理效应进行不确定性估计，运用交叉检验的方法自动选取最优的共同因子个数，提高了估计效率，降低了过度拟合风险。特别地，GSCM 允许使用非平衡面板数据，适用于本章的数据特点。

6.4.2 变量及其度量

被解释变量为支付平台交易量 *vol* 和加成率 *pm*。按照 Fu 等（2012a）以及傅联英和骆品亮（2016b）的研究，开放式支付平台需要兼顾交易量与盈利水平双重决策目标，封闭式支付平台则以利润最大化为决策目标。考虑到交易量具有指数增长特征，对平台交易量进行取自然对数处理，记为 *lnvol*；由于勒纳指数无法直接获取，采用销售毛利率（价格高出平均成本的程度）度量平台加成率。那么，支付平台从封闭式转型为开放式，是否会以牺牲加成率为代价去换取交易量？

解释变量为 *trans*。美国运通于 20 世纪 90 年代末拉开了平台开放序幕，并于 2010 年第四季度完成了"封转开"改革。为此，模型中将广义合成控制方法中的 T_0 设置在 2010 年第四季度，在 2010 年第四季度及之后 *trans* 取值为 1，否则取值为 0。

控制变量（协变量）为 X。采用取自然对数后的固定资产投资 *lfa* 和权益资本占比 eta 控制企业规模和股权结构。

6.4.3 非平衡面板数据说明

本章实证分析所涉及的数据以 PaymentsSource 数据库和 BankScope 数据库为基础，并手动收集了维萨、万事达、美国运通和发现卡四大平台的年报数据。本章对基础数据缺失值进行补缺和插值处理，最终得到了 2006 年第一季度至 2013 年第三季度包含 105 个观测值的非平衡面板数据。该数据集涵盖支付平台的营业收入、服务费与佣金收入、其他业务收入、运营成本、间接费用、交易量、市场份额、加成率、息税前利润、权益资产占比、固定资产金额、雇员数量等运营指标。

需要说明的是，国际支付市场具有典型的寡头市场结构，目前主要由六家全球性支付平台提供支付清算服务。出于数据的可获性考虑，本章选择了其中四家平台作为分析样本，样本量占比和市场份额均在七成左右，具有较好的代表性。

6.5 支付平台"封转开"的市场绩效评估

基于前述理论推断和实证设计策略，本节基于一份独特的由四家支付平台数据构成的非平衡面板数据，利用 GSCM 识别支付平台"封转开"对市场绩效指标的综合影响。

6.5.1 基准模型结果分析

基准模型控制了平台的固定资产投资和权益资本占比，利用广义合成控制方法和全样本数据，评估支付平台"封转开"改革（$trans$）对交易量（vol）和加成率（pm）的平均处理效应，结果如表 6-1 所示。

表 6-1 基于广义合成控制方法的平台"封转开"效果估计

变量	模型（6.1）	模型（6.2）
	交易量（$lnvol$）	加成率（pm）
平均处理效应	0.1990***	-9.7310***
	(0.0141)	(2.9520)

续表

变量	模型（6.1）	模型（6.2）
	交易量（lnvol）	加成率（pm）
控制变量	控制	控制

注：基准模型为个体-时间双向固定形式，小括号内的标准误经过 1000 次 bootstrap 得到；*** 表示在 1%的水平下显著。

资料来源：估计结果是在 R 语言软件中利用广义合成控制软件包 gsynth（Xu，2017；Xu and Liu，2018）计算得到。

表 6-1 结果表明，美国运通的"封转开"改革对其市场绩效产生了结构性分化效应：众人拾柴（平台开放）引燃的火焰（市场绩效）未必高，需要区分不同绩效指标所呈现出的异质性，平台"封转开"改革显著提振了交易量却降低了加成率。该结果与预期完全一致，验证了假设 H1，原因在于目标差异。"赚了面子输了里子"（但并非不盈利）的结果恰恰充分说明了，"封转开"改革之后的美国运通彻底地摒弃了封闭式支付平台利润最大化的原始目标，切实有效地履行了其作为开放式支付平台的目标使命——促成交易而非完成交易。"封转开"改革对市场绩效影响的动态变化如图 6-2 所示。

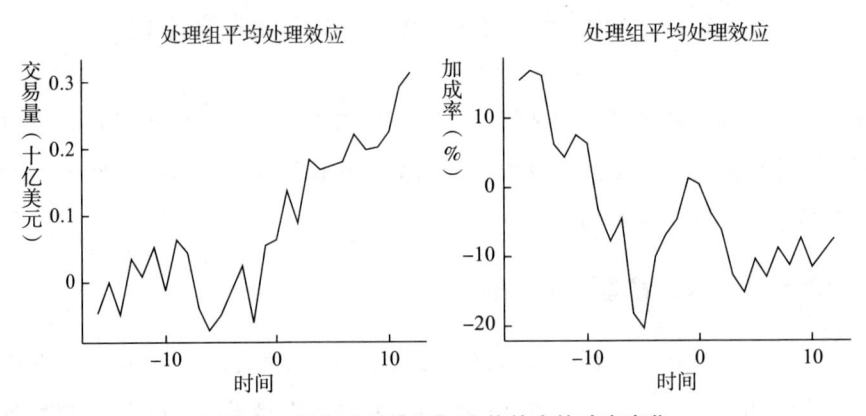

图 6-2 平台"封转开"改革效应的动态变化

资料来源：图片是在 R 语言软件中利用广义合成控制 gsynth（Xu，2017；Xu and Liu，2018）提供的命令估计并绘制得到。

图 6-2 进一步直观揭示了美国运通"封转开"改革效应在各期的动态变化轨迹。在"封转开"改革之前，平台交易量"俯卧撑式"波动特征明显，加成率"止降转升"趋势渐«；但在"封转开"改革之后，平台交易量强势上升状态形成了惯性动能，加成率则从高点跌入了"断崖式"下降

通道。值得一提的是，美国运通"封转开"改革增加了交易量的结论与 Fu 等（2012a）关于中国银行卡市场"封转开"改革降低了交易量的结论形成了鲜明对比。可从运行模式和行为策略两方面给出解释，①运行模式方面，中国银联和美国运通在收单环节的涉足度不同。美国运通遵循四方开放模式的分工框架，不会涉足成员机构的收单环节去攫取商户利润，有助于交易量扩容。中国银联的四方开放模式并非纯正的双边专业分工模式，而是在发卡环节实施专业分工，在收单环节部分地自给自足（纵向一体化）。中国银联通过其控股的银联商务间接涉足银行卡收单市场，在支付产业发展初期有利于市场培育；但长期而言，该方式有违平台中性原则，难免会产生激励扭曲效应，挫伤其他收单成员机构拓展商户端市场的积极性，不利于交易量扩容。②行为策略方面，中国银联和美国运通与其他平台间的互联互通程度不同。依照惯例，四方开放模式允许成员机构在多家开放式支付平台注册，变相地实现开放式支付平台之间的互联互通。美国运通从三方封闭式支付平台转变为四方开放式支付平台后，积极地通过多重注册的会员机构接入其他支付平台并引流，突破了平台内循环藩篱，有助于将其庞大的用户基础和交叉网络外部性变现为交易量。彼时的中国银联遭遇国际卡基支付巨头的通道封杀、交易封禁，会员机构只能在中国银联和国际支付巨头间"二选一"，引流渠道受阻。总之，中国银联四方开放模式的现实运行环境很大程度上偏离了标准的假设条件及惯例，导致中国银联和美国运通四方化转型对交易量的影响迥异。

6.5.2 安慰剂检验

为进一步验证基准模型结果的显著性，对模型进行两项安慰剂检验，结果如表6-2所示。

表6-2 安慰剂检验结果

变量	开放节点提前至2009年第四季度		假设开放平台"封转开"	
	模型（6.1）	模型（6.2）	模型（6.1）	模型（6.2）
	交易量（lnvol）	加成率（pm）	交易量（lnvol）	加成率（pm）
平均处理效应	−0.1025 (0.2932)	−5.52 (14.87)	0.1477 (0.0686)	6.551 (5.333)

续表

变量	开放节点提前至2009年第四季度		假设开放平台"封转开"	
	模型（6.1）	模型（6.2）	模型（6.1）	模型（6.2）
	交易量（lnvol）	加成率（pm）	交易量（lnvol）	加成率（pm）
控制变量	控制	控制	控制	控制

注：小括号内的标准误经过1000次bootstrap得到；控制变量在基准模型基础上额外加入了市场份额。

资料来源：估计结果是在R语言软件中利用广义合成控制软件包gsynth（Xu，2017；Xu and Liu，2018）计算得到。

一是构造虚假的平台开放节点进行安慰剂检验。将支付平台开放时间提前一年，以2009年第四季度作为虚假的开放节点，构建虚假时间虚拟变量；然后重新对模型（6.1）和模型（6.2）进行估计，估计结果如表6-2第2列和第3列所示。从中可以发现，无论是交易量还是加成率，平台"封转开"改革产生的平均处理效应均不显著，其中交易量的平均处理效应符号还发生了变化。表6-2结果与基准模型结果不一致，说明除真正的时间节点外，若改在其他年份实施"封转开"改革，均不会产生"以利润率换交易量"效应。这一结果验证了交易量跃升和加成率下降确实是由"封转开"改革导致的，基准模型结果相当稳健。

二是构造虚假处理组进行安慰剂检验。将其余三家未实施"封转开"改革的支付平台作为处理组，实施"封转开"改革的美国运通作为参照组，构造虚假处理组虚拟变量；然后重新对模型（6.1）和模型（6.2）分别进行估计，估计结果如表6-2第4列和第5列所示。从中可知，无论是交易量还是加成率，平台"封转开"改革产生的平均处理效应均不显著，其中对加成率的影响方向还发生了变化。表6-2结果与基准结果不一致，说明除真正的处理组个体（美国运通）外，均不会产生"以利润率换交易量"效应。这一结果充分说明基准模型发现的交易量跃升和加成率下降确实是由"封转开"改革引起的。

6.5.3 稳健性检验

接下来改用其他方法对基准模型结果的稳健性进行严格的检验。倾向得分匹配方法、双重差分方法以及匹配双重差分方法是项目评价中常用的方法。双重差分方法假设所有个体的时间趋势均相同，条件虽更严格但实际上是合成控制方法以及广义合成控制方法（GSCM）的特例。于是，改用倾向得分匹配方法和匹配双重差分方法评估支付平台"封转开"改革的经济效应，结果见表6-3。

表6-3 平台"封转开"改革效果的稳健性检验

变量	倾向得分匹配方法		匹配双重差分方法	
	模型（6.1）	模型（6.2）	模型（6.1）	模型（6.2）
	交易量（lnvol）	加成率（pm）	交易量（lnvol）	加成率（pm）
平均处理效应	0.7814** (0.3186) [2.45]	-25.4625*** (3.2923) [-7.73]	0.0431** (0.0081)	-6.1178* (2.4612)
控制变量	控制	控制	控制	控制

注：倾向得分匹配方法结果中，小括号内汇报的是标准误，中括号内汇报的是t统计量；由于倾向得分匹配方法未给出平均处理效应的显著性水平，本章根据t检验的临界值自行标出；匹配双重差分方法结果中，小括号内为平台层面的稳健标准误；*、**、***分别表示在10%、5%、1%的水平下显著。

资料来源：利用Stata 14计算得到。

表6-3给出的倾向得分匹配方法和匹配双重差分方法结果显示，美国运通"封转开"改革至少在10%的显著水平下提振了交易量同时降低了加成率，这与基准模型结果一致，说明基准模型结论具有很强的稳健性。

此外，双重差分方法和GSCM方法都要求处理组和参照组的设置满足平行趋势假设。为此，需要考察"封转开"改革前后，封闭式支付平台和开放式支付平台在市场绩效分布上是否存在显著差异。具体地，设置"封转开"改革前虚拟变量 *bef* 和"封转开"改革后虚拟变量 *post*，分别与"封转开"改革虚拟变量 *trans* 构成交互项 *transbef* 和 *transpost*。利用双重差分方法进行回归，得到表6-4所示的结果。

表6-4 平行趋势检验结果

变量	模型（6.1）	模型（6.2）
	交易量（lnvol）	加成率（lnpm）
transbef	0.0802 (0.0556)	-15.7449 (16.5986)

续表

变量	模型（6.1）	模型（6.2）
	交易量（lnvol）	加成率（lnpm）
transpost	0.0878*	-26.5167**
	(0.0462)	(13.5138)
控制变量	控制	控制

注：平行趋势检验的双重差分方法方程中额外控制了市场份额和营业收入，并加入了时间虚拟变量和个体虚拟变量；*、**分别表示在10%、5%的水平下显著，括号内为标准误。

资料来源：利用 Stata 14 计算得到。

从平行趋势检验结果可以看出，不管是交易量还是加成率作为被解释变量，transbef 的系数均不显著，但 transpost 的系数均显著。该结果说明，在"封转开"改革之前，作为处理组的美国运通支付平台和作为参照组的其他支付平台在市场绩效（交易量和加成率）分布上并不存在显著差异，"封转开"改革之后，美国运通支付平台的交易量显著上升、加成率显著下降，从而验证了处理组与参照组之间满足平行趋势假设，进一步证实了"封转开"改革与市场绩效之间的因果效应稳健。

6.6 支付平台"封转开"影响市场绩效的机制检验

前文计量分析结果显示，美国运通"封转开"改革因果性地引致了"以利润率换交易量"的权衡效应。安慰剂检验、平行趋势检验和其他实证方法的稳健性检验均验证了结果的显著性与结论的稳健性。然而，至此尚不清楚平台开放究竟是否通过全要素生产率渠道影响市场绩效。接下来，本章将在结构方程中利用中介效应模型方法开展微观机制分析与检验。

6.6.1 传导路径

检验全要素生产率作用机制，需要测算出支付平台全要素生产率。本章基于常用的 LP 方法（Petrin et al., 2004），以平台营业收入为产出（因变量）、雇员数量和权益资产比率为自由变量、间接管理费用为代理变量、固定资产投资金额为资本变量，估算得到各平台的全要素生产率（lntfp）。在此基础上，利用中介效应模型的结构方程方法（Wiggins, 2011）进行计量回归。主方程如式（6.1）和式（6.2）所示，以平台开放对交易量的影响为例，中介方程设定如式（6.3）和式（6.4）所示：

$$\ln tfp_{it} = \sigma_{it} trans_{it} + X'_{it}\tau + \kappa'_i f_t + \xi_{it} \tag{6.3}$$

$$\ln vol_{it} = \theta_{it} trans_{it} + \vartheta_{it} \ln tfp_{it} + X'_{it}\psi + \xi'_i f_t + \upsilon_{it} \tag{6.4}$$

其中，$\ln tfp$ 为平台的全要素生产率；平台开放对加成率（pm）的影响机制检验方程，只需要将式（6.4）中的 $\ln vol$ 改为 pm 即可，估计结果如表6-5所示。表6-5第（1）~（3）列结果显示，支付平台"封转开"所产生的规模经济、资源优配、创新激励效应提高了平台全要素生产率，全要素生产率的提高进一步激发了市场活力、降低了交易成本、提高了交易效率，从而提高了交易量。类似地，表6-5第（4）~（6）列结果显示，支付平台"封转开"提高了平台全要素生产率，全要素生产率的提高进一步提升了加成率。这表明，全要素生产率确实是平台开放影响市场绩效的因果链上的重要一环，验证了研究假设H2。值得进一步说明的是，由于第（3）列和第（6）列中的平台"封转开"虚拟变量回归系数依然显著，全要素生产率在支付平台"封转开"影响市场绩效的逻辑链条中发挥的是部分中介功能。

表6-5 平台开放效应的传导路径检验结果

变量	平台开放对交易量的影响机制			平台开放对加成率的影响机制		
	主方程	中介方程	中介方程	主方程	中介方程	中介方程
	(1)	(2)	(3)	(4)	(5)	(6)
	交易量 ($\ln vol$)	全要素生产率 ($\ln tfp$)	交易量 ($\ln vol$)	加成率 (pm)	全要素生产率 ($\ln tfp$)	加成率 (pm)
平台"封转开"（$trans$）	0.4758*** (0.1431)	0.6253*** (0.0657)	1.5510*** (0.3337)	-18.9937** (8.5718)	0.6253*** (0.0657)	-44.1904*** (16.1751)
全要素生产率（$\ln tfp$）			0.8372*** (0.1816)			37.6210* (22.7079)
控制变量	控制	控制	控制	控制	控制	控制

注：在平台开放对交易量的影响机制检验中额外控制了市场份额；**、***分别表示在5%、1%的水平下显著，括号内为标准误。

资料来源：在Stata 14中利用sem命令回归得到。

6.6.2 效应分解

为检验全要素生产率的作用程度，运用 KHB 方法（Karlson et al., 2012）对平台"封转开"影响交易量和加成率的总效应进行了结构性分解，结果见表 6-6。表 6-6 第（1）列结果表明，全要素生产率的正向作用（中介效应）远远超出了其他因素的负向作用（直接效应），彻底扭转了抑制性因子的作用，从而使得平台开放对交易量的净影响为正；表 6-6 第（2）列结果显示，全要素生产率的正向作用虽不及其他因素的负向作用，但至少抵消了部分负向影响，从而使平台开放对加成率的拖累效应不至于太强。至此，结构性分解的结果解释了支付平台开放对其市场绩效的异质性影响。

表 6-6 平台开放影响市场绩效的效应分解

效应	模型（6.1） 交易量（lnvol） （1）	模型（6.2） 加成率（pm） （2）
总效应	0.3728*** (0.0979)	-20.6671*** (2.5439)
直接效应	-0.1676 (0.2213)	-44.1904*** (8.8764)
中介效应	0.5404*** (0.2049)	23.5232** (10.3641)
控制变量	控制	控制

注：第（1）列在基准模型基础上额外控制了市场份额以刻画市场结构；**、*** 分别表示在 5%、1% 的水平下显著，括号内为标准误。

资料来源：在 Stata 14 中利用 khb 命令分解得到。

6.6.3 机制敏感性

根据 Imai 等（2011）、Imai 和 Yamamoto（2013）、Keele 等（2015）的研究，机制分析所揭示的因果中介效应依赖于序贯可忽略假设。该假设要求结果变量和中介变量条件独立于解释变量、结果变量条件独立于中介变量。但是，序贯可忽略假设成立与否无法利用数据进行统计检验，于是文献转而讨论平均中介效应如何随着中介方程残差与主效应方程残差的相关系数（Rho）而变化，由此确定机制对假设的敏感性（Imai 和 Yamamoto，2013）。平台开放经由全要素生产率渠道传导的因果效应对 Rho 的敏感性变化如图 6-3 所示。

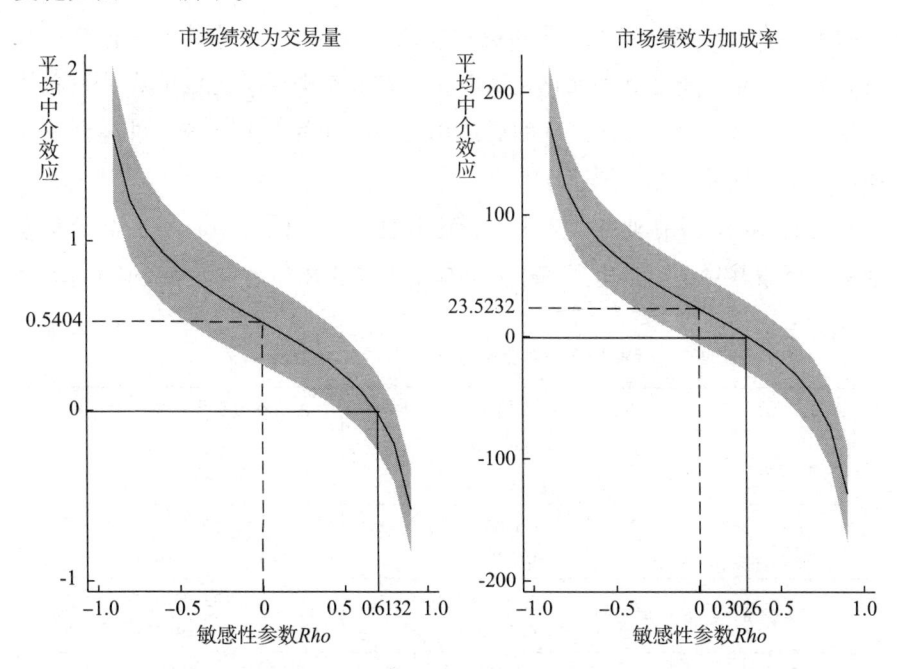

图 6-3 全要素生产率中介效应的敏感性

注：阴影内部曲线为平均中介效应变化轨迹，阴影为 95% 置信区间上下限；虚线连接的是序贯可忽略假设成立时（$Rho=0$）的平均中介效应，实线连接的是中介效应消失时对应的敏感性参数（序贯可忽略假设能够违反的最大程度）。

图 6-3 所示的敏感性分析结果表明，中介变量回归方程残差项与结果变量回归方程残差项相关系数 Rho 必须分别达到 0.6132 和 0.3026，平均中介效应才会等于零；高于临界值 0.6132 和 0.3026 后，平均中介效应的符号才会由正转负。对比 Imai 等（2011）在操作指南中给出的案例的经验参考值（0.20~0.39），本章所揭示的全要素生产率渠道在支付平台开放决定市场绩效过程中呈现出的因果中介效应具有较强的稳健性。

6.6.4 机制异质性

如前述文献指出的，一般化的平台开放或将引致产品与业务结构发生深刻变化，平台过度多样化和多样化不足均可能出现。基于支付平台两种模式的比较分析不难推断，集发卡业务、收单业务与转接清算业务于一体的封闭式支付平台一旦转型为"三方分立、纵向分离"的开放式支付平台，定价机制也将从"上下游通吃"的直接定价转变为交换费间接定价，导致平台自身功能、业务单元和盈利渠道"瘦身"。据此进一步推测，开放式支付平台追求业务多元化，虽能拓展利润来源，却会侵蚀成员利润从而损害交易量，全要素生产率的通道作用在不同的业务结构下可能会呈现强度乃至方向差异。

为此，利用其他业务收入占主营业务收入的比重（diversity）衡量业务结构，考察其对全要素生产率中介效应的调节作用，结果如表6-7所示。

表 6-7 被业务结构调节的中介效应

变量	交易量方程中的条件中介效应	加成率方程中的条件中介效应
低度调节	1.5241* (0.9070)	149.9547* (87.2923)
中度调节	0.5900* (0.3381)	169.5711** (81.5809)
高度调节	−0.0544 (0.2022)	182.7648** (89.9680)
控制变量	控制	控制

注：中度调节为业务结构的均值，低度（高度）调节为在均值的基础上减（加）一个标准差；考虑到业务结构的变化，模型额外纳入了主营业务成本与间接费用以控制成本结构；*、**分别表示在10%、5%的水平下显著，括号内为标准误。

资料来源：利用Preacher等（2007）提供的方法，在Stata 14中使用sem命令估计得到。

表6-7给出的条件中介效应结果显示，在平台开放决定市场绩效的过程中，全要素生产率的通道作用受到了平台业务结构的调节，验证了前述推测。具体而言，随着平台业务多元化程度的提高，全要素生产率在平台开放与交易量之间的通道作用（条件中介效应）趋于弱化，在平台开放与加成率之间的通道作用则趋于强化。如果将全要素生产率视为连通平台开放与市场绩效之间的"管道"，那么业务结构就是控制"管道"流量、流速乃至流向的"调节阀"。

6.7 借助支付平台"封转开"打通
交换环节大循环的启示

6.7.1 支付平台开放的作用

伴随着分工的日益深化，平台开放战略已成为继平台化战略之后企业面临的重要抉择。本章基于全球寡头支付平台的运营数据，利用广义合成控制方法实证考察了美国运通支付平台开放对其交易量和加成率的异质性影响。研究结果显示，众人拾柴（平台开放）未必能引高火焰（市场绩效），美国运通推行的"封转开"改革引致其平台交易量显著上升但加成率却显著下降，说明支付平台开放对市场绩效的影响存在结构性差异。机制分析结果表明，平台开放正是通过影响全要素生产率进而作用于市场绩效，全要素生产率释放的正向效能扭转了或者部分抵消了其他因子的负向冲击，解释了平台"舍利逐量"现象。

6.7.2 推进支付平台开放以打通交换环节大循环的思路

第一，支付平台的开放战略需要在交易量和加成率之间做出取舍。平台"封转开"意味着要以牺牲盈利（并不一定不盈利）为代价实现交易量扩张，故并非所有平台、任何阶段都适宜开放。相对而言，开放模式更适合于处于初创阶段、追求用户规模的新兴平台；对于肩负短期内实现超额盈利重任的平台（例如，谋求在主板市场上市的平台型企业）而言，封闭模式或许是更优的选择。同时，平台需要结合市场竞争、所有权配置与目标使命，明确自身究竟是对成员机构（股东）利润负责还是对运营商利润负责，进而确定目标究竟是交易量导向还是利润（率）导向，从而决定采用何种运行模式。尽管中国银联在国内市场早已迈过了初创阶段，但在支付市场全面开放以及流量为王的"后银联"时代，中国银联最重要的任务依然是坚守住交易量"蓄水池"不决口的底线，努力将每笔流量都转换为用户价值。

第二，开放式支付平台只有着力增强全要素生产率的中介效应方能有机会实现交易量和加成率的双丰收。平台"封转开"影响加成率的总效应分解结果显示，平台开放降低加成率的关键原因在于全要素生产率产生的中介效应强度不足。为保证能有适度的盈余满足平台基础设施等公共投资需要，开放式支付平台务必以更加开放的姿态吸收成员机构扩张规模、拥抱先进的金融支付科技促进技术进步、创新资源共享方式提高配置效率、改进内部治理模式和分配机制提升技术效率，竭力构建起和谐良好的支付生态圈以助力全要素生产率正向中介效应的稳步增强。此外，为强化全要素生产率在增加交易量方面的管道功能，开放式支付平台的业务结构需要牢牢坚持以支付为核心，丰富场景、明确边界，不宜盲目地求多求全、过度多元化。特别是对中国银联而言，在平台交易量面临分流威胁的情况下宜果断归核化，利用国内网络渠道优势建立起必要的护城河。

第三，监管机构需主导并推动中国支付市场进行"二次改革"，确保中国银联作为开放式支付平台在目标使命方面的纯粹性。仅从时间节点上看，2002年3月底完成的中国支付平台运行模式"封转开"改革走在了世界同行的前列。然而，这场并不算彻底的"封转开"改革所产生的后遗症也日益凸显，尤以中国银联利用其瓶颈资源（独家拥有资金转接与清算功能）在竞争性收单环节与会员争利的直连业务广为收单机构诟病，破坏了支付生态。主管机构中国人民银行宜联合中国支付清算协会敦促中国银联继续秉持以交易量最大化促成会员机构联合利润最大化的初心，彻底摒弃竞争性收单市场的直连业务，或者将直连事业部（银联商务）从中国银联剥离，使其成为独立核算的市场主体，确保中国银联支付平台系统内的公平竞争，提升平台声誉以集全员力量应对国际支付平台的竞争威胁，避免"墙倒众人推，树倒猢狲散"的悲剧。

第四，支付生态系统要在"高水平开放"中大显身手。支付机构要培养国际视野、形成国际化能力，抓住新一轮支付科技革命调整过程中孕育的新机遇，依托我国超大规模市场优势，吸引全球用户加入支付生态圈。支付平台要深度参与全球产业分工和合作，维护产业链供应链安全稳定；本土支付品牌要团结协作、互利合作，不断拓展国际"朋友圈"，提高国际市场开拓能力和国际市场风险防范能力。

第三篇
支付市场定价机制设计

第7章　支付市场价格结构形成机制的国际经验与动态趋势

本书以制度层分析为衔接点。前两篇分别基于需求侧和供给侧展开分析，本篇开始深入制度层。完善的定价机制是支付市场良性运行的制度基石，本章比较分析了代表性支付市场的顶层治理规则、价格结构形成机制、定价实践与价格监管制度。①

7.1　全球支付市场定价机制的顶层治理规则

支付平台治理规则涉及禁止额外收费规则、集中制定交换费原则、普惠原则、排他性发行规则以及双重会员制，各国在司法实践中的选择呈现出多样性。

禁止额外收费规则（No-surcharging Rule）具有双重内涵：一是指支付平台禁止特约商户对刷卡用户额外收取费用；二是禁止特约商户向现金或支票用户提供折扣。在反垄断执法中，美国、加拿大和中国的规制部门都积极贯彻禁止额外收费规则，澳大利亚、墨西哥和英国则允许特约商户额外收费。集中制定交换费原则（Collective Setting of Interchange Fees）本质上是一项单边的民主集中制，指的是支付平台与发卡机构协商制定从收单机构流向发卡机构的交换费，或者是支付平台与收单机构协商制定从发卡机构流向收单机构的交换费。由于集中制定交换费原则涉嫌合谋定价，澳大利亚和欧盟各国的反垄断规制机构均对该规则保持密切关注。普惠原则

---

① 基础工作见傅联英等（2021），本章对其进行了补充和拓展。

(Honor All Cards)指的是特约商户一旦受理某品牌的某一银行卡子类则必须一视同仁受理该品牌名下的其他银行卡子类。该规则虽有利于保障普遍服务供给，但也存在捆绑定价和反竞争嫌疑（Choi and Jeon，2021），澳大利亚和欧盟各国等的支付平台一直以来都遵循普惠原则，美国司法当局因大型零售商抗议而取消了普惠原则。排他性发行规则（Exclusionary Rule）由开放型支付平台倡导提出，明确禁止其会员发卡银行发行封闭型支付平台的银行卡品类。双重会员制（Dual Membership）是指开放型支付平台允许其会员发卡机构发行其他开放型支付平台的银行卡品类。例如，某一发卡银行可以同时是维萨平台与万事达平台的会员机构，但它不能归属于运通平台或大莱平台中的任何一家。

五项治理规则中，禁止额外收费规则、集中制定交换费原则、普惠原则主要在支付平台的定价环节产生约束力，排他性发行规则以及双重会员制则主要在平台和渠道接入环节产生约束作用。中国银行卡市场的治理规则吸收借鉴了禁止额外收费规则、普惠原则，创造性地发明了"双币卡"，融合了排他性发行规则以及双重会员制，尽可能地化解中国银联国际化进程中与国际支付平台之间潜在的渠道冲突。不同于西方国家集中制定交换费原则表现出来的单边性，由于中国银行卡市场的多数发卡银行同时也是收单银行，中国银行卡市场的集中制定交换费原则是一项在中国银联主导下协商的双边民主集中制，同时接受中国人民银行和国家发展改革委的双重监督规制以防范合谋定价。需要指出的是，维系支付市场运行的治理规则是一组制度而非单一制度，各项制度之间相互依存，对治理规则合理性和有效性的评价应该基于制度整体观。

7.2 发达国家支付市场定价法则与定价现状比较

本部分基于国别和平台两个维度，重点分析维萨、万事达、美国运通、发现卡等代表性支付平台在发达国家的定价模式、费率结构，概括定价实践的影响因素、特征事实与经验法则，追踪各平台定价机制改革与创新动态。

第一，美国支付市场的价格形成机制与定价实践。美国作为银行卡支

第 7 章　支付市场价格结构形成机制的国际经验与动态趋势　113

付的发源地，主要由维萨、万事达、美国运通和发现卡等六家平台支撑其市场交易，寡头竞争的市场结构非常明显。在交换费集中定价机制下，美国支付市场各平台按照银行卡品类、银行卡安全等级、持卡人类型（个人还是企业）、商户类型进行差异化定价。总体而言，贷记卡的交换费通常高于签名式借记卡的交换费，后者又高于密码式借记卡交换费，引导发卡银行积极发行贷记卡。其中，贷记卡的定价模式主要采用固定费用和变动费率结合的二部定价制，签名式借记卡也采用二部定价制但设定了封顶价，密码式借记卡的定价模式通常执行固定收费制。费率结构和水平变化轨迹方面，为鼓励贷记卡发行，美国支付市场中的贷记卡交换费逐年递增；借记卡交换费由于受到司法部的管制呈现出"稳中有降"的变动轨迹。

　　第二，欧盟支付市场的价格形成机制与定价实践。欧盟目前包括 27 个国家，主要由维萨国际、万事达和各国自己的支付平台提供支付服务。由于欧盟各国统一的支付市场尚未建立，价格形成机制呈现出多样性，集中制定交换费机制和多边协商谈判机制并行。在相应的价格形成机制下，欧盟各国按照银行卡品类、商户类型、账户等级、安全等级实施差异化定价。不同于美国支付市场贷记卡占据主体的特点，在整个欧盟支付市场占据主导地位的是借记卡。但是，借记卡的定价模式在欧盟内部呈现明显的国别差异，价格离散严重。作为国际性支付平台，维萨国际针对欧盟内部的借记卡跨国交易采用了固定费率制，万事达则采用了二部定价制。各国自身运营的区域性支付平台的定价模式多样，固定费率制、变动费率制、二部定价制均有国家采用。就费率水平而言，国际性支付平台制定的费率往往高于欧盟各国自身支付平台的费率。有趣的是，欧盟针对维萨国际与万事达在欧盟的定价策略实施了"选择性执法"，只对维萨国际的跨境支付费率进行了反垄断规制，敦促其采取有力措施切实降低费率。因此，受管制的维萨国际的费率（特别是交换费）在欧盟逐年下降，万事达的费率却呈现上升态势，两家国际性支付平台在欧盟的费率水平差异越来越大。

　　第三，澳大利亚支付市场的价格形成机制与定价实践。澳大利亚支付市场主要有维萨国际、万事达和本土的 BankCard 三家支付平台提供支付服务，呈现出三足鼎立的寡头竞争格局。澳大利亚联邦储备银行对银行卡定价机制的顶层治理规则进行了积极干预，取消了禁止额外收费规则，限制了普惠规则，设定了费率上限，价格形成机制和调节机制自成一体。各支付平台在充分考虑成本的基础上，按照银行卡品类、商户类型、风险高低和交易规模进行费率结构设计。定价模式方面，支付平台针对信用卡主要采用变动费率制，针对借记卡主要采用固定费率制。费率水平方面，尽管部分特约商户陆续针对信用卡持卡人额外收费，但澳大利亚支付市场的费率水平在监管机构严格的事前管控下整体呈现出不断下降的趋势。

对比分析美国、欧盟和澳大利亚的定价机制可以归纳出以下四个特征事实。其一，发达经济体的费率结构虽然差异较大，但费率水平的变化动向整体表现为下降趋势，主要原因在于支付平台竞争、司法或者政府规制、技术进步以及网络经济效应等外部因素的综合作用。其二，发达国家和地区基于多元维度设计的银行卡费率结构较为精细，银行卡品类、持卡人类型、商户类型、账户等级、安全等级、风险高低、运行成本等影响因素共同构成了银行卡支付服务定价的依据。其三，代表性支付市场与平台的定价模式改革从线性定价转向非线性定价，单一的固定费用或变动费率正越来越多地被二部定价取代。其四，发达经济体的支付市场均呈现出寡头竞争的市场结构，但其费率政策受到规制机构的密切关注，"市场定价+政府调节"成为代表性支付市场价格形成机制的通行选择。

7.3 中国支付市场的定价现状与主要问题分析

较之于国际支付市场，中国支付市场的制度背景和市场结构决定了其价格形成机制、费率结构、定价模式具有自身的独特之处。

7.3.1 中国支付市场定价机制的演进

中国银联成立之前，各家银行各自建立并运营自己的封闭式银行卡支付网络。中国银行卡市场按照《银行卡业务管理办法》（银发〔1999〕17号）协调发卡、收单和清算环节各方利益，决定持卡人费率、商户扣率和交换费。为避免市场过度竞争，中国人民银行针对商户扣率简单地采用1%和2%两档费率；交换费按照8∶1∶1在发卡银行、收单银行和清算机构（交换中心）之间分配。此后，为建立全国统一、公平竞争的收单市场，中国人民银行发布了《关于调整银行卡跨行交易收费及分配办法的通知》（银发〔2001〕144号），首次规定商户扣率实施封底定价（分业态，均不低于1%和2%），其分配采用固定发卡银行收益比例（0.8%和1.6%两类）的方式，清算机构（交换中心）按照固定比例（0.1%和0.2%两类）向收单银行收取费用。

随着各行各业利润率趋于发散以及持卡人跨行交易需求的膨胀，银行间拒绝交易或者排他性交易损害了持卡人和商户的利益。随后中国银联的成立实现了银行间互联互通，但也产生了收单环节收益倒挂和渠道冲突现象。为完善收单市场受理环境，中国人民银行批复《中国银联入网机构银行卡跨行交易收益分配办法》（银复〔2003〕126号），规定收取的商户扣率按照固定的比例在发卡银行（分业态，0.7%和1.4%）和中国银联（分业态，0.1%和0.2%）之间分配，同时也根据地区特点对特殊行业的费率实施了减免或者封顶等优惠措施。不同于此前的分配方案，此次分配办法只规定了收益在发卡银行和中国银联之间的分配，并未对收单机构的收益做出固定性的规定，更加突出了收单市场的竞争性。业界后来将该方案称为7∶1∶X分配方案，其中的X正是收单市场的分配比例。随着收单市场竞争加剧，收单环节收益率大幅下滑，加之中国银联旗下的银联商务涉足收单市场（口诛笔伐的直连模式），极大地挫伤了其他收单机构的受理积极性。更为糟糕的是，由于国内零售、餐饮等行业进入低毛利时代，商户利润率已经无力负担政府指导价下的高额商户扣率，引发了声势浩大的"罢刷"事件以及商户和收单行之间合谋"套码"现象。

为降低商户营商成本，国家发展改革委和中国人民银行发布了《关于完善银行卡刷卡手续费定价机制的通知》（发改价格〔2016〕557号）。值得注意的是，该定价机制调整方案首次由国家发展改革委介入，国家发展改革委和中国人民银行联合发文并监督执行。该方案针对发卡、收单、清算环节制定了降费率举措，与此前方案的不同之处主要体现在三个方面。首先，针对商户的发卡服务费不区分商户业态但区分银行卡品类封顶定价。区分借记卡和贷记卡，实施差异化定价，借记卡费率不高于交易额的0.35%，单笔交易13元封顶；贷记卡费率不高于交易额的0.45%，单笔交易费用不封顶。其次，中国银联网络服务费执行变动费率封顶定价，发卡银行和收单银行分别向中国银联支付的费率不超出交易额的 0.0325%，单笔交易 3.25 元封顶。最后，针对商户行业回报率存在的客观差异，鼓励清算协会、收单机构与特约商户等利益相关者遵循市场化方式协商定价，并对一些非营利性组织继续实行零费率优惠。

纵观中国银行卡市场定价机制的演进可知，我国当前的支付市场定价规则遵循的是市场定价与政府指导相结合的方式。这种定价方式充分融合了市场化形成机制和行政化调节机制的优势：一是坚持了市场在利益分配中的基础性地位；二是可以降低收单银行与发卡银行之间重复谈判的交易成本；三是有利于实施必要的监管，通过封顶制和分摊制等措施保障民生。中国支付市场经历了三次重要制度变革，一条清晰的主线是以收单环节为抓手突破固化的收益分配方式，始终贯彻的是放松规制、强化竞争思路，市场在费率形成中的作用日益彰显，发卡环节和清算环节的改革路径也由此日渐清晰。

7.3.2 中国支付市场的费率结构

平台内费率结构方面，中国银行卡市场支付服务的主体费率包括交换费、转接清算费、品牌服务费。其中，交换费属于发卡银行收取的服务费，通常由收单机构向发卡机构支付；转接清算费是中国银联针对资金结算和转账等业务分别向发卡银行和收单银行收取的网络服务费；品牌服务费是中国银联依据知识产权保护制度针对转接银联 62 标识卡向发卡银行和收单银行分别收取的服务费。在零售市场上，发卡机构向持卡人收取固定年费或者变动的交易费，收单机构向特约商户收取商户扣率，交换费在持卡人费率和商户扣率之间发挥调节作用。

平台间费率结构方面，跨平台支付服务涉及平台间交换费、平台转出费和平台额外费。其中，平台间交换费属于批发环节价格，是平台之间互联互通的接入费用；平台转出费是平台对本平台持卡人转接其他平台时收取的零售费用；平台额外费是对接入本平台的其他平台的持卡人收取的附加费。在定价实践中，平台间设计的费率结构往往是平台交换费、平台转出费和平台额外费构成的组合。在中国银行卡产业开放前，中国银联主导的境内银行卡 POS 支付市场并不存在平台间费率结构,只涉及平台内的 ATM 跨行交易服务价格结构。随着中国银行卡产业的全面开放以及中国银联的国际化,本土支付平台与国际支付平台间的费率结构设计显得尤为迫切。

7.3.3 中国支付市场的定价模式

1. 境内线上支付与线下支付的定价模式比较

中国银行卡市场按照业态(代码)执行了差异化的交换费定价政策,不同业态、不同卡种的定价模式也呈现明显差异。以境内的线上消费的交换费为例(见表 7-1),非营利性慈善及社会福利机构(8398)在各类支付场景下均实行零费率;水电煤气等公共事业部门(4900)、非营利性医疗机构(8062、8211、8220)借记卡以及信用卡还款交易(9498)通常执行固定收费制,其他业态机构普遍实施"变动费率+封底固定费用"的二部定价模式。

表 7-1 境内线上消费费率结构

MCC 代码	交换费		转接清算费		品牌服务费
	借记卡	贷记卡	借记卡	贷记卡	贷记卡
8398	0	0	0	0	0
4900	0.21 元		0.03 元		0
8062 8211 8220	0.21 元	0.5% 封底 0.07 元	0.03 元	0.05% 封底 0.01 元	0.02%
9498	1.5 元		0.3 元		0
其余	0.25% 封底 0.07 元	0.5% 封底 0.07 元	0.05% 封底 0.01 元		0.02%

注:MCC 代码表示商户所属业态类型,如零售、餐饮、超市等,下同。以上为节选,完整的费率参见资料来源。

资料来源:《解密:收单机构的刷卡手续费成本究竟是多少?》,http://www.fastipay.com/a/xinwenzixun/xingyexinwen/304.html。

此外,中国银联针对国内借记卡的品牌服务费暂免,贷记卡的品牌服务费除特殊业态免费外,其他统一执行 0.02%的抽成制且不再封顶。支付转接清算费综合采用了从量式固定收费制和从价收费封底制(类似于起步价加上变动费用，本质上是一类二部定价模式)，按照商户业态差异执行不同的收费模式。

境内线下消费定价模式见表7-2。除特殊业态外，线上和线下支付的品牌服务费均执行0.02%的抽成制且不再封顶。与线上消费定价稍微不同的是，线下支付贯彻的是向上"封顶"思维，线上支付呈现的则是向下"封底"思维，前者有利于中国银联的成员机构，后者则有利于中国银联支付平台自身。线下支付除了信用卡还款交易（9498）采用固定收费制，其他业态机构普遍实施纯变动费率定价模式或者变动费率封顶制定价模式。最明显的不同体现在水电煤气等公共事业部门（4900）服务上，境内线上支付不区分银行卡品类均实施固定收费制，但境内线下支付实施纯变动费率模式（贷记卡）与变动费率封顶制（借记卡）。就贷记卡交换费和转接清算费的变动费率部分而言，线下支付的费率低于线上支付。

表7-2 境内线下消费费率结构

MCC 代码	交换费		转接清算费	品牌服务费
	借记卡	贷记卡	贷记卡	贷记卡
4900 8062 8011 8021 8031 8041 8042 8049 8099 8211 8220 8351 8241 8398	0.35% 封顶13元	0.45%	0.0325% 封顶3.25元	0.02%
9498	1.5元		0.3元	0
其余	0.35% 封顶13元	0.45%	0.0325% 封顶3.25元	0.02%

资料来源：《解密：收单机构的刷卡手续费成本究竟是多少?》，http://www.fastipay.com/a/xinwenzixun/xingyexinwen/304.html。

2. 跨境线上支付与线下支付的定价模式比较

中国银联的跨境线下支付采用了纯变动费率定价模式，既不封顶也不封底。但是，不同于境内支付，跨境支付区分了银行卡的受理地区、账户等级，银行卡跨境支付还需要额外收取跨境交易服务费（主要是货币转换费)，具体见表7-3。同等条件下，账户等级越高，贷记卡交换费越高；同品类银行卡在美国受理时的交换费、转接清算费不高于东南亚国家或地区；贷记卡的交换费不低于借记卡。

表 7-3　跨境（境外）线下消费费率结构

业务要素		交换费		转接清算费		跨境交易服务费	品牌服务费
受理地区	账户等级	借记卡	贷记卡	借记卡	贷记卡	费率	贷记卡
中国香港、中国澳门、中国台湾、日本、韩国、泰国、新加坡	—	1.075%	1.1%	0.1%		0.3%	0.02%
	未知/普/金卡		1.1%				
	白金卡		1.85%				
	钻石卡		2%				
美国	—	0.385%	1.1%	0.035%	0.1%		
其他地区	—		1.1%		0.1%		

资料来源：《解密：收单机构的刷卡手续费成本究竟是多少？》，http://www.fastipay.com/a/xinwenzixun/xingyexinwen/304.html。

中国银联针对"内卡外用"的跨境线上支付采用了变动费率制模式，针对"外卡内用"的跨境线上支付则采用了固定费用制或者"变动费率+封底固定费用"的二部定价模式，两类跨境支付均不区分银行卡的等级，具体见表 7-4。除特殊业态外，跨境线上与跨境线下支付执行统一的品牌服务费，但是不同于跨境线下支付业务，中国银联的跨境线上支付业务不收取跨境交易服务费。

表 7-4　跨境（境外）线上消费费率结构

业务要素		交换费		转接清算费		品牌服务费
模式	MCC 代码	借记卡	贷记卡	借记卡	贷记卡	贷记卡
内卡外用	—	1.1%		0.1%		0.02%
外卡内用	8398	0	0	0	0	0
	4900	0.21 元		0.03 元		0
	8062 8211 8220	0.21 元	0.5% 封底 0.07 元	0.03 元	0.05% 封底 0.01 元	0.02%
	9498	1.5 元		0.03 元		0
	其余	0.25% 封底 0.07 元	0.5% 封底 0.07 元	0.05% 封底 0.01 元		0.02%

资料来源：《解密：收单机构的刷卡手续费成本究竟是多少？》，http://www.fastipay.com/a/xinwenzixun/xingyexinwen/304.html。

综合比较境内与境外、线上与线下支付定价，可以归纳出中国银行卡市场定价模式的三个特点。

第一，区分商户类型实施差异化定价。当前的定价政策针对用户所处的业态制定规范的 MCC 代码设定费率级差，符合国际银行卡支付定价的通行规则。理论基础在于，不同业态的商户具有不同的需求价格弹性和支付意愿，如果执行统一定价会导致高需求价格弹性的商户为低需求价格弹性的商户承担过高的费率，从而引致高需求价格弹性的商户拒绝受理银行卡。

第二，区分银行卡品类实施差异化定价。长期以来，我国银行卡市场上借记卡与贷记卡在定价模式上完全相同，只在费率水平上存在高低差异。考虑到贷记卡支付特有的违约风险和用付分离特点，当前的定价政策开始对借记卡和贷记卡实施不同的定价模式，体现了不同的成本补偿原则。例如，"外卡内用"的跨境线上消费场景，借记卡交换费采用固定收费制，贷记卡则采用"变动费率+封底固定费用"的二部定价制。

第三，非线性定价方式日益常用。纯固定定价和纯变动费率定价未能兼顾效率和成本，均难以对持卡人和商户产生相应的激励，封底的二部定价或封顶定价这种非线性定价方式有利于调和矛盾并提高效率。

7.3.4　中国支付市场定价机制存在的问题

中国支付市场起步晚，中国银联起初虽获维萨和万事达等支付平台指导，但在支付生态圈营造、制度建设、业务创新等方面一度摸着石头过河地探索（方若男、骆品亮，2022），运作经验、业务流程和治理结构较之于老牌支付平台略显落后，导致在定价机制方面尚存在五个亟待解决的问题。

第一，线性定价模式缺乏效率，非线性定价模式较为单一。支付市场的纯变动费率制和纯固定费率制难以兼顾供给侧和需求侧的利益。例如，纯变动费率制有利于激励银行发行与收单，但高企的商户费率却成为商户难以承受的"死亡费率"，激化银行与商户之间的矛盾，商户"罢刷"事件和"择日刷卡"现象便是例证。非线性定价的二部定价制存在向上黏性问题，能上不能下，银行供给侧旱涝保收，不符合基本的激励原理。递减型的阶梯定价方式迟迟未能引入，制约了银行卡市场的交易规模扩大和交易效率提升。

第二，费率结构和费率水平未能充分反映成本变动规律，调整明显滞后。随着技术的进步和网络经济效应的发挥，银行卡支付（尤其是线上支付业务）的边际成本逐步下降乃至趋近于零。1999~2018 年，尽管相关业务的费率结构先后完成了 3 次调整，但调整的速度滞后、力度疲软、密度稀疏，说明中国支付市场价格的传导机制并不顺畅，调节机制尚不完善。

第三，基于 MCC 代码分类定价的方式略显粗糙，滋生了不合理的套利行为。现行的定价方式根据商户业态（MCC 代码）实施差别定价，该方式建立在行业分类的基础上，将商户分为五大类九小类，共计 47 个 MCC 代码。显然，这种粗糙、简单的分类方式虽然节约了菜单成本，但难以细致地匹配国民经济中商户涉及的成千上万种分类，无法考虑各行业面临的需求价格弹性、交易规模、市场结构等重要因素，不利于银行卡受理市场的发展。更为重要的问题是，粗糙的商户分类方式人为地为商户留下了制度套利空间，加剧了收单市场的恶性竞争。例如，收单银行为了吸引标准类商户而罔顾既定分类，为标准类商户套用低费率的减免类，这种"逐底竞争"或多或少侵害了中国银联的利益。

第四，费率结构设计存在"重平台内轻平台间、重零售轻批发"弊端，针对新兴支付工具的费率政策缺位。中国银行卡市场的垄断结构直到近期才被打破，中国银联在此之前只需设计平台内的银行间交换费并间接调节平台内的零售价格，对平台间批发环节的接入费等鲜有考虑。伴随着新兴支付工具的兴起和国际支付平台的进入，中国银行卡市场已迈入"后银联"的全局竞争时代，这将同时影响银行卡市场的零售环节与批发环节，产生联动效应。中国银联必须赋予零售和批发同等重要的地位，精心设计平台内和平台间的零售与批发费率，以从容应对支付平台竞争。

第五，平台内部交换费的集中定价机制对商业银行有利，对独立的第三方收单机构不利，造成竞争过程不公平。在中国银联现行的运行体制中，绝大多数商业银行兼具发卡功能与收单功能，能够在业务上实现交叉补贴。商业银行作为中国银联的股东，参与交换费的集中制定，一方面涉嫌合谋定价，另一方面会激励其提高交换费并利用发卡业务补贴收单业务进而使独立的第三方收单机构处于不利的竞争地位。

五类问题既涉及国际支付平台共有的普遍问题，也包含中国银行卡市场独特的制度环境引致的特有问题，既涉及久而未决的老问题，也包含史无前例的新问题。普遍问题与特有问题、新问题与老问题交织在一起，定价机制改革进入深水区，最大限度地考验中国银联和监管机构的智慧与决心。

7.4 中国支付市场的价格监管框架

支付市场的零售环节上存在大量的发卡银行和收单银行，市场竞争较为充分，价格形成机制的市场化程度较高。特别地，在 7∶1∶X 的分配模式下，收单环节的收益并不固定且无下限，市场竞争尤为激烈，套码、切机、套现和跳码等频现，放大了支付市场风险，严重损害了支付产业利益，甚至触及规制政策的红线。因此，零售环节的监管重点是反不正当竞争。支付市场批发环节进入门槛高，市场结构趋向于寡头竞争乃至垄断，且支付平台所有权属于会员机构，价格（特别是交换费）形成过程中存在合谋和滥用市场势力嫌疑。因此，批发环节的监管重点是垄断定价行为。

中国银联垄断地位的形成固然有市场准入因素的作用，但考虑到支付平台的网络经济特征，中国银联的垄断地位实际上具有自然垄断属性。同时，必须明确的是，此前被广为诟病的中国银联的垄断地位，其实只存在于清算环节。随着中国支付市场的全面开放，中国银联在清算环节的独家垄断地位正在逐步瓦解，市场势力日渐弱化。退一步讲，拥有市场势力（垄断）本身并无罪，利用市场势力实施垄断定价行为（如价格歧视）也不一定降低效率，滥用市场势力实施有损效率和福利的垄断定价行为才是最大的恶，需要政府规制部门加以监管。中国支付市场的价格监管依据主要是国家发展改革委和中国人民银行发布的《关于完善银行卡刷卡手续费定价机制的通知》（发改价格〔2016〕557号）和2008年8月1日开始实施的《中华人民共和国反垄断法》（主席令第六十八号）。

《关于完善银行卡刷卡手续费定价机制的通知》在平台内批发环节坚持自然垄断行业价格天花板管制思维和分类监管思路。不同于以往监管方案推行封底费率，新版的监管方案大范围推行封顶费率，分银行卡品类定价，目的在于通过削减双边支付费率降低流通成本，重点保障民生、改善营商环境。此外，新版监管方案在发卡服务环节和清算服务环节强化了政府部门的间接调节作用，调节方案设计更为精细。其中，在发卡服务环节按照银行卡品类实施了非对称性价格规制。由于借记卡更为普及和惠及民生，新版监管方案规定借记卡变动费率不高于 0.35%、单笔固定费用不高于 13 元，贷记卡变动费率不高于 0.45%，借记卡的价格天花板低于贷记卡价格天花板。在清算服务环节，新版监管方案针对发卡银行和收单银行支付的费用实施了对称性价格规制，规定发卡银行和收单银行支付的变动费率不超过交易额的 0.0325%，单笔交易不高于 3.25 元。在平台零售市场的收单环节，不同于以前的监管方案依照商户类型进行价格歧视，新版监管方案允许收单银行在 POS 支付领域按照银行卡品类实施歧视性定价，充分发挥市场机制在竞争性领域资源配置中的决定性作用。同时，新版监管方案明确要求各级价格主管单位对银行卡 POS 机刷卡支付各环节的费率政策实施情况依法进行监管，坚决查处恶性费率竞争等扰乱市场秩序的定价行为。

当然，新版监管方案也不完美。首先，新版监管方案并未对价格制定程序、定价基准和价格帽的参考依据等做出指导和说明，定价机制并不透明。其次，新版监管方案放弃了在发卡环节和清算环节基于商户类型实施差异化定价的惯例，虽然简化了价格菜单但未能反映成本、需求、竞争和风险等因素，并不符合公平与效率原则。最后，新版监管方案只适用于境内发卡银行的银行卡在境内发起的支付业务，与中国支付市场的开放进程不匹配。尽管我国支付市场自 2015 年起针对外资扩大开放，但新版监管方案并未对国际支付平台与本土支付平台间的接入办法、接入费率和费率规制做出前瞻性的安排。新版监管方案存在的三大问题有待产业各方和监管部门在实践中加以解决。

7.5 创新定价机制以加速双循环的思路

定价机制是支付市场良性运行的制度基石和底层保障。中国支付市场从无到有、从小到大、从弱到强，在交易规模和用户基础方面已领先于国际老牌支付平台，所有的成效均离不开产业各方的开拓进取，更离不开规制部门深耕中国国情特色的顶层设计。但是，作为产业先行者，其所面临的困难和存在的问题也是绝无仅有的。中国支付市场存在的问题不容忽视，普遍问题与特有问题、新问题与老问题交织在一起，定价机制改革进入深水区，最大限度地考验中国银联和决策机构的智慧与决心。

面对国内国际双循环相互促进的新发展格局需要，如何创新支付市场定价机制以加速双循环？本章尝试性地提出如下两条思路。①治理规则方面，中国支付市场可借鉴、吸收国际通行的禁止额外收费规则和普惠原则，创造性地开发利用"双币卡"，融合排他性发行以及双重会员制，秉持集中制定交换费原则，坚持价格形成与调节的民主集中制。②定价机制方面，鉴于全球支付市场费率水平整体呈现出下降趋势、费率结构日趋精细，国内支付定价模式可从线性定价转向非线性定价，推行"市场定价+政府调节"的价格结构形成机制。中国支付市场经历了三次重要制度变革，未来改革创新的主线是以收单环节为抓手突破固化的收益分配方式，始终秉持放松规制、强化竞争、市场定价的原则，改革价格结构形成机制；在发卡和清算环节则坚持上限管理的思路，基于银行卡品类实施差异化、非线性定价，创新价格结构调节机制。

上述两条思路，旨在从机制层面探索性地清除国内国际双循环的制度性藩篱。中国支付市场的产业各方和监管部门，需要联合推动定价机制创新，以独辟蹊径、创造性地解决"堵点""痛点"，加速驱动双循环，为提升全球金融支付产业的效率和效能贡献中国智慧和中国方案。

第8章 开放型支付平台与封闭型支付平台的定价策略比较

支付平台的价格形成机制及定价策略依运行模式而异。本章通过构建双边定价模型，基于利润差异研究支付平台封闭式运行与开放式运行的定价模式选择及转型策略。[①]

8.1 开放型支付平台与封闭型支付平台的定价模式差异

随着平台型企业的兴起与成长，其究竟是选择封闭式运行还是开放式运行一直是产业界与学术界讨论的热点话题（Economides and Katsamakas, 2006a, 2006b; Eisenmann et al., 2009; Llanes and De Elejalde, 2013; Casadesus-Masanell and Llanes, 2015; 贺力平、赵鹞, 2021）。平台开放与封闭战略之争源于计算机操作系统，泛指一类关于在平台内部是否引入独立合作方（如硬件生产商、内容提供商、软件开发者等）的决策，当前在操作系统、社交网络、门户网站、搜索引擎、网络游戏、电子商务等领域也引发了持续的热议。一般来说，如果引入了独立合作方，则该类平台为开放型平台；如果未引入独立合作方，则该类平台为封闭型平台。

具体到银行卡支付产业，封闭型支付平台直接连通消费者和商户，一方面直接向消费者发放银行卡，另一方面直接受理商户交易请求，构建起三方参与的支付闭环；开放型支付平台自身既不发行也不受理银行卡，而是引入独立发卡机构（商业银行或者金融数据公司）面向消费者发行银行

[①] 基础工作见傅联英和骆品亮（2016b），本章对其进行了补充和拓展。

卡、招揽收单机构（商业银行或者诸如拉卡拉等第三方收单公司）受理商户交易请求，将发卡机构、持卡人、收单机构和商户四方连接在一起促成交易。因而，从组织形式的外部表现来看，如果说封闭型支付平台是一类一体化网络组织，那么开放型支付平台则是一类非一体化网络组织。

然而，支付平台的治理结构有别于操作系统等平台型企业，其开放与封闭之争更加贴近核心利益，即在独立合作方之间是否引入交换费机制（Rysman and Wright, 2015）。开放型支付平台将所有权配置给平台成员机构，其标志性特征是引入交换费调节发卡机构和收单机构的成本，从而间接平衡终端费率结构；封闭型支付平台则独享所有权，不设置交换费，而是直接调控终端费率。所有权配置和定价方式方面的差异进一步决定了两类平台决策目标截然不同：开放型支付平台致力于成员机构联合利润最大化，封闭型支付平台则追求自身垄断利润最大化。就支付平台运行模式的现实选择而言，美国大莱支付平台、美国发现卡支付平台、日本 JCB 支付平台至今沿用封闭型组织形式，而中国银行卡支付平台、欧洲单一欧元支付平台、美国运通支付平台则先后完成了从封闭走向开放的转型（谓之"封转开"）。伴随着运行模式的变革，平台定价模式和定价策略也发生了分化。

技术上，"开放胜过封闭"（Open Beats Closed）定律一直为业界广为信奉。然而，开放型支付平台的运行绩效是否必然优于封闭型支付平台？随之而来的一系列追问是，哪些关键因素决定了两类平台的定价模式和利润差异？支付平台"封转开"或"开转封"的作用机理和触发机制如何刻画？国外支付平台的运作经验能为中国线上线下支付商提供哪些有益借鉴？

8.2 平台运行与定价模型比较分析

双边市场理论为回答本章研究问题提供了有益的分析思路和技术准备。迄今为止，关于封闭平台与开放平台的相关研究主要集中在平台运行模式比较、平台竞争绩效判断、平台化转型模式选择三个方面。

8.2.1 平台运行模式比较

开放型支付平台与封闭型支付平台具有联合需求、倾斜定价和交叉网络效应三项共性特征（傅联英、骆品亮，2013），但也存在明显的差别。陈宏民和胥莉（2007）基于功能视角，从利益协调、创新激励、风险分担三个维度比较分析了两类支付平台的差别；Duthie（2012）指出开放型支付平台在资本、技能和需求方面具有规模经济优势；Didaskalou（2012）则指出封闭型支付平台在运行成本、数据分析和投资激励方面具有优势；Casadesus-Masanell 和 Llanes（2015）也发现，给定双边用户数量，封闭型平台的投资激励强于开放型平台。功能差异、优劣势比较是分析两类平台竞争绩效差距的基础。

8.2.2 平台竞争绩效判断

现有文献围绕同类平台的竞争策略及其竞争绩效已取得诸多成果（Schmalensee，2002；Schiff，2003；Rochet and Tirole，2006；Armstrong，2006；Wright，2012；纪汉霖、王小芳，2007，2014；高洁等，2014），在产业界引入双（多）重会员制和开放接入惯例后，研究重心转向了不同组织形式的异类平台竞争。其中，张晓明和夏大慰（2006）、Hagiu（2006）基于社会有效标准的研究发现，异类平台竞争未必能改善社会福利；尚秀芬和陈宏民（2009）则基于私人有效标准指出，网络外部性增强会扩大两类平台的利润差距；魏如清等（2013）基于操作系统平台的研究发现，平台内合作企业的数量越多，开放型平台的利润优势越明显；Llanes 和 De Elejalde（2013）针对技术共享平台的研究发现，两类平台竞争的结果要么是两类平台共存要么是开放型平台独存，且平台内投资的公共品属性导致均衡结果是次优的；Manenti 和 Somma（2011）研究开放型支付平台与封闭型支付平台的价格竞争时发现，开放型支付平台可以通过联合制定交换费来消除平台内竞争对利润的影响，因此两类支付平台共存时，利润差异主要受平台间差异化程度和平台内网络外部性强度的影响；傅联英（2011c）在 Manenti 和 Somma（2011）的基础上进一步研究指出，两类平台的共存区间具有天然的脆弱性，需要适时转型。

8.2.3 平台化转型模式选择

文献重点回答了非平台型企业"选择何种平台化模式"问题。Tåg（2009）认为平台开放势必加剧竞争，因而封闭平台是平台化转型的首选模式。Llanes 和 De Elejalde（2013）分析了平台投资公有化程度对企业平台化模式选择的影响，发现公有化程度足够低时，企业选择开放型模式；若公有化程度足够高，则两类模式都是合意的选择。骆品亮和傅联英（2014）重点考察了单位分销成本和产品零售价格对企业组织形式选择的影响，发现分销成本上升、零售价格下降会迫使企业从一体化组织转变为平台型组织，反之则会强化企业"去平台化"动机。Fu 等（2012a）运用双重差分模型（倍差法）对 2002 年中国银行卡市场组织形式"封转开"转型绩效进行了实证检验，结果表明"封转开"改革降低了银行卡市场运行绩效。

既有研究在开放平台和封闭平台运行绩效差异及其成因方面取得了一定的成果，但也存在明显的不足。不难发现，现有文献往往将平台组织形式视为外生给定的制度变量，既无法解释现实中平台组织形式的多样性与选择的灵活性，也难以解释美国、中国和欧洲等的支付平台组织形式的历史变迁，陷入"双重解释盲区"。

为了揭示支付平台组织形式选择与转变的基本规律，本章基于双边市场理论构建平台定价模型，重点分析开放型支付平台与封闭型支付平台的利润差异及其决定因素。为了刻画两类平台的本质差异，在本章的模型中，封闭型支付平台直接设定两端费率以最大化平台垄断利润，而开放型支付平台的两端费率由各端的竞争状况（取决于平台内部的开放度）决定，且开放型支付平台在谋求联合利润最大化时，可以通过设定交换费来调节两端成员机构的成本进而影响终端费率。

在其他文献重点讨论非平台型企业"是否需要平台化"和"选择何种平台化模式"的基础上，本章进一步回答了平台化完成之后，平台型企业在封闭与开放间"何时转型"的问题。与相近文献 Manenti 和 Somma（2011）的主要区别有以下两个。①在研究问题方面，Manenti 和 Somma（2011）运用 Hotelling 模型研究开放型支付平台与封闭型支付平台共存情形下的产业绩效；与之不同的是，本章重点研究开放型支付平台或封闭型支付平台独家运营下的利润水平，为判断垄断性支付平台是否由封闭走向开放提供理论依据。②在技术方法方面，Manenti 和 Somma（2011）的平台竞争模型中，开放型支付平台可以通过策略性地设定交换费来调节收单行或发卡行的成本，从而削弱竞争对手（封闭型支付平台）的竞争力；而本章模型中的交换费面向中间合作商且由开放型支付平台基于联合利润最大化目标独立确定，从而隔离了或者说消除了交换费的策略性效应。此外，Manenti 和 Somma（2011）的模型中只考虑佣金制收费模式，而本章还考察了会员制收费模式和二部定价制模式，更加贴近国内外主流支付市场普遍按照单笔交易额百分比收费（抽成制，Per-Transaction Payment）或者固定/会员制收费（Lump-Sum Payment）的商业实践，进一步增强了理论模型的完整性，丰富了理论启示。

8.3　会员费情形下的费率结构与单向转型

8.3.1　成本结构和需求函数假设

1. 平台内成本结构

支付平台两端用户的潜在规模为 1 且均匀分布，记加入平台的用户 1（持卡人）数量（比率）为 n_1 且 $0<n_1<1$，用户 2（商户）数量（比率）为 n_2 且 $0<n_2<1$，平台的总成本函数如式（8.1）所示：

$$C(n_1,n_2) = f_1 n_1 + f_2 n_2 \tag{8.1}$$

其中，$f_i(i=1,2)$ 为平台开发及维护单个用户 $i(i=1,2)$ 的成本，记 $f=f_1+f_2$。由于违约风险主要集中在发卡环节，风险管控成本较高，因此假设 $f_1>f_2$。为简化分析，在会员费情形下假设平台交易的边际成本为 0。

2. 平台的需求结构

记 m_i 为垄断平台向用户 $i(i=1,2)$ 收取的会员费，参照 Economides 和 Katsamakas（2006b）的研究，设定支付平台两端的需求函数如式（8.2）所示：

$$\begin{cases} n_1 = 1 - bm_1 - dm_2 \\ n_2 = 1 - dm_1 - bm_2 \end{cases} \quad (8.2)$$

其中，b 和 d 分别表示用户需求的自价格效应和交叉价格效应，且满足 $0<d<b<1$。为方便起见，定义 $A \equiv \dfrac{b+d}{2}$ 为需求的平均价格效应，指的是双边用户支付的价格各变动一个单位引起某边用户需求量反方向变动的平均值的绝对数。

若将交叉网络外部性记为 $\beta \equiv \dfrac{\partial n_i}{\partial n_{-i}} = \dfrac{d}{b}$，则平均价格效应的绝对值可以改写成 $A = \dfrac{b+d}{2} = \dfrac{1}{2}b\left(1+\dfrac{d}{b}\right) = \dfrac{1}{2}b\left(1+\dfrac{\partial n_i}{\partial n_{-i}}\right) = \dfrac{1}{2}b(1+\beta)$，刻画了平均价格效应与交叉网络外部性、自身价格之间的关系。

由式（8.2）可以直观地发现，平均价格效应通过直接作用于双边用户需求量（用户基础）影响支付平台运行绩效（交易量和利润水平）。然而，进一步分析可以发现，平均价格效应的释放受到交叉网络外部性与自身价格的综合影响。交叉网络外部性对需求量的作用是正向的，自身价格变动对需求量的作用是负向的，从而平均价格效应对需求量的作用是负向的。

8.3.2 封闭型支付平台价格结构

垄断性封闭型支付平台（记为 C）的利润函数如式（8.3）所示：

$$\begin{aligned} \pi_C &= (m_1^C - f_1)n_1 + (m_2^C - f_2)n_2 \\ &= (m_1^C - f_1)(1 - bm_1^C - dm_2^C) + (m_2^C - f_2)(1 - bm_2^C - dm_1^C) \end{aligned} \quad (8.3)$$

由一阶条件等于 0，可以解得封闭型支付平台双边最优会员费（m_1^{C*}，m_2^{C*}），如式（8.4）所示：

$$\begin{cases} m_1^{C*} = \dfrac{1}{2}\left(f_1 + \dfrac{1}{2A}\right) \\ m_2^{C*} = \dfrac{1}{2}\left(f_2 + \dfrac{1}{2A}\right) \end{cases} \quad (8.4)$$

将式（8.4）代入式（8.3），得到封闭型支付平台的垄断利润，如式（8.5）所示：

$$\pi_C^* = \frac{(1-fA)^2}{4A} \tag{8.5}$$

8.3.3 开放型支付平台费率结构

参照 Schmalensee（2002）、Manenti 和 Somma（2011）的研究，记收单机构向发卡机构支付的交换费为 a，则发卡机构的单位维护成本为 $f_I = f_1 - a$，收单机构的单位维护成本为 $f_A = f_2 + a$。若每个用户只注册交易一次，则开放型支付平台（记为 O）的发卡机构与收单机构的加成定价模式如式（8.6）所示：

$$\begin{cases} m_1^O = (1+\lambda)f_I = (1+\lambda)(f_1 - a) \\ m_2^O = (1+\eta)f_A = (1+\eta)(f_2 + a) \end{cases} \tag{8.6}$$

其中，λ 和 η 为会员机构在双边市场的加价能力，用以刻画会员在平台内的竞争强度。特别地，假设双边市场竞争程度对称，令加价能力 $\tau = \lambda = \eta$ 且 $0 < \tau < 1$。

开放型支付平台的联合利润函数如式（8.7）所示：

$$\pi_O = \pi_1 + \pi_2 = (m_1^O - f_I)n_1 + (m_2^O - f_A)n_2 \tag{8.7}$$

由一阶条件等于 0，解得开放型支付平台的最优交换费如式（8.8）所示：

$$a^* = \frac{f_1 - f_2}{2} \tag{8.8}$$

将式（8.8）代入式（8.6），可以求解得到开放型支付平台双边最优会员费 (m_1^{O*}, m_2^{O*})，如式（8.9）所示：

$$m_1^{O*} = m_2^{O*} = \frac{1}{2}(1+\tau)f \tag{8.9}$$

将式（8.9）代入式（8.7），得到开放型支付平台的联合利润，如式（8.10）所示：

$$\pi_0^* = [1 - (1 + \tau)fA]\tau f \qquad (8.10)$$

8.3.4　开放型支付平台与封闭型支付平台利润比较

由式（8.5）和式（8.10），得到开放型支付平台与封闭型支付平台的利润之比为：

$$H = \frac{\pi_o^*}{\pi_c^*} = \frac{4\tau fA[1 - (1 + \tau)fA]}{(1 - fA)^2}$$

命题 1：在会员费定价模式下 $H \leqslant 1$，即封闭型支付平台的利润不会低于开放型支付平台的利润。

证明：对 H 简单变形后得到 $H = 4\tau\left[\dfrac{fA}{1 - fA} - \tau\left(\dfrac{fA}{1 - fA}\right)^2\right]$，记 $G\left(\dfrac{fA}{1 - fA}\right) = \dfrac{fA}{1 - fA} - \tau\left(\dfrac{fA}{1 - fA}\right)^2$，则其最大值为 $G_{\text{Max}} = \dfrac{1}{4\tau}$。因此，$H \leqslant 4\tau G_{\text{Max}} = 1$，当且仅当 $\dfrac{fA}{1 - fA} = \dfrac{1}{2\tau}$ 时取等号，证毕。

命题 1 的含义为：会员费定价模式下，选择开放型平台模式是一个弱劣策略。直观的解释是：由于事前设定的会员费并不直接影响实际交易量，所以封闭型支付平台总是可以凭借其垄断势力设置合适的会员费将双边用户的消费者剩余转化为平台利润，而开放型支付平台的内部竞争将对联合利润产生影响，因此封闭型支付平台的利润不会低于开放型支付平台。当且仅当平台内部处于适度竞争（达到最优加成率）时，开放型支付平台无须采用交换费去间接协调双边用户需求（等价于将交换费设定为零），开放型支付平台的联合利润才等于封闭型支付平台的垄断利润。

命题 1 的管理启示在于，会员费定价模式下，支付平台转型的路径（如果发生的话）是单向的，即只存在开放型运行模式向封闭型运行模式转型（开转封）的情形，封闭型支付平台缺乏动机转型为开放型支付平台。

8.4 交易费情形下的费率结构与双向转型

8.4.1 成本结构与需求函数假设

1. 平台内成本结构

假设双边服务的单位成本为 $c=c_1+c_2$ 且 $0<c<1$，其中 c_i 为每笔交易中服务用户 $i(i=1,2)$ 的成本。由于银行卡违约风险集中在发卡环节，假设 $c_1>c_2$。于是，平台内总成本函数可以写成式（8.11）：

$$C(n_1,n_2) = cn_1n_2 \tag{8.11}$$

2. 平台的需求函数

记 p_i 为支付平台向用户 $i(i=1,2)$ 收取的每笔交易费用，继续参照 Economides 和 Katsamakas（2006b）的研究，设定支付平台两端的需求函数：

$$\begin{cases} n_1 = 1 - bp_1 - dp_2 \\ n_2 = 1 - dp_1 - bp_2 \end{cases} \tag{8.12}$$

其中，相关参数的经济意义、取值约束同前文规定。

8.4.2 封闭型支付平台定价策略

记封闭型支付平台向两端用户收取的每笔交易手续费分别为 p_1^C 和 p_2^C，且费率总水平为 $p^C=p_1^C+p_2^C$，则平台利润如式（8.13）所示：

$$\begin{aligned}\pi_C &= (p_1^C - c_1 + p_2^C - c_2)n_1n_2 \\ &= (p_1^C - c_1 + p_2^C - c_2)(1 - bp_1^C - dp_2^C)(1 - bp_2^C - dp_1^C)\end{aligned} \tag{8.13}$$

根据封闭型支付平台利润最大化条件，可求出最优价格结构（p_1^{C*}，p_2^{C*}）：

$$p_1^{C*} = p_2^{C*} = \frac{1}{3}\left(c + \frac{1}{2A}\right) \tag{8.14}$$

进一步，得到封闭型支付平台的垄断利润：

$$\pi_C^* = \frac{4(1-cA)^3}{27A} \tag{8.15}$$

8.4.3 开放型支付平台定价策略

开放型支付平台利用交换费（a）调节成员机构的成本，其中，发卡机构的单位交易成本为 $c_I=c_1-a$，收单机构的单位交易成本为 $c_A=c_2+a$。发卡机构与收单机构分别向持卡人和商户收取的交易手续费（p_1^o，p_2^o）取决于平台内竞争程度，不妨假设会员机构采用如式（8.16）所示的加成定价模式[①]：

$$\begin{cases} p_1^o = (1+\lambda)c_I = (1+\lambda)(c_1-a) \\ p_2^o = (1+\eta)c_A = (1+\eta)(c_2+a) \end{cases} \tag{8.16}$$

与前文类似，考虑双边竞争对称情形（$\tau=\lambda=\eta$），开放型支付平台的联合利润函数如式（8.17）所示：

$$\begin{aligned}\pi_O &= \pi_1 + \pi_2 = (p_1^o - c_I)n_1n_2 + (p_2^o - c_A)n_1n_2 \\ &= [\lambda c_1 + \eta c_2 - (\lambda - \eta)a] \times [1 - b(1+\lambda)(c_1-a) - d(1+\eta)(c_2+a)] \times \\ &\quad [1 - b(1+\eta)(c_2+a) - d(1+\lambda)(c_1-a)] \end{aligned} \tag{8.17}$$

根据联合利润最大化的一阶条件，计算得到最优交换费：

$$a^* = \frac{1}{2}(c_1 - c_2) \tag{8.18}$$

将式（8.18）代入式（8.16），得到开放型支付平台的双边最优费率结构：

$$p_1^{o*} = p_2^{o*} = \frac{1}{2}(1+\tau)c \tag{8.19}$$

将式（8.19）代入式（8.17），计算得到开放型支付平台的联合利润：

$$\pi_O^* = \tau c[1-(1+\tau)cA]^2 \tag{8.20}$$

[①] 诸如 Armstrong（2006）、Manenti 和 Somma（2011）等的经典文献也采用此种定价模式。

8.4.4 开放型支付平台与封闭型支付平台利润比较

综合式（8.15）和式（8.20），记开放型支付平台与封闭型支付平台的利润之比为：

$$F = \frac{\pi_O^*}{\pi_C^*} = \frac{27\tau cA[1-(1+\tau)cA]^2}{4(1-cA)^3}$$

平均价格效应 A 对两类平台利润之比 F 的影响可以用图 8-1 刻画。其中，当平均价格效应达到特定值时，两类支付平台利润无差异；低于该值时，封闭型支付平台具有比较优势，高于该值时，开放型支付平台占有比较优势。

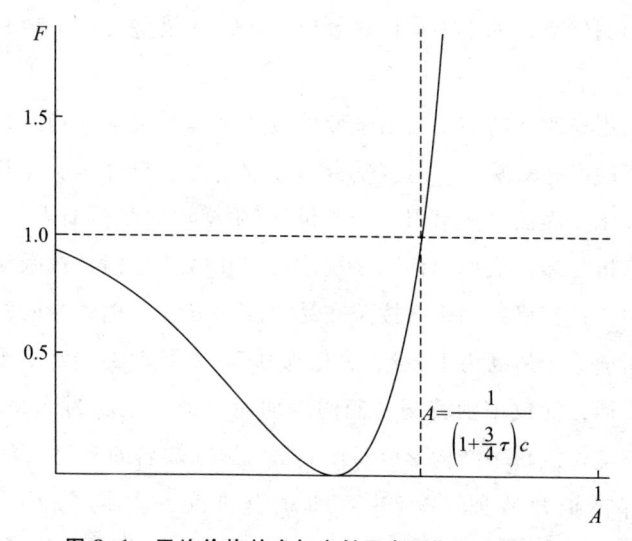

图 8-1　平均价格效应与支付平台利润之比的关系

命题 2（充分条件）：若平台内加价能力、单笔交易处理成本、平均价格效应三者满足 $0 < A < \dfrac{1}{\left(1+\dfrac{3}{4}\tau\right)c}$，则 $\pi_O^* < \pi_C^*$ 成立；若平台内加价能力、单笔交易处理成本、平均价格效应三者满足 $\dfrac{1}{\left(1+\dfrac{3}{4}\tau\right)c} < A < 1$，则

$\pi_O^* > \pi_C^*$ 成立；当 $A = \dfrac{1}{\left(1 + \dfrac{3}{4}\tau\right)c}$ 时，$\pi_O^* = \pi_C^*$。

命题2刻画了两类支付平台各自的占优区间。可以基于Rochet和Tirole（2006）的正向交叉网络效应和Hagiu（2006）、Mankiw和Whinston（1986）的负向竞争效应简单解释命题2。对于开放型支付平台，成员机构的竞争导致终端价格下降，一方面，终端价格下降对成员机构的利润产生影响（此即负向竞争效应）；另一方面，终端价格下降可以通过平均价格效应作用于一端用户数，并对另一端用户数（从而对交易量）产生正向作用（此即正向交叉网络效应）。如果平均价格效应足够强，其释放出的正向交叉网络效应足以抵消负向竞争效应对联合利润的影响，开放型支付平台就具有利润优势；如果平均价格效应太弱，开放型支付平台利润就处于劣势。

以下应用命题2的主要结果来分析支付宝现行费率结构对其未来开放或封闭战略的潜在影响。支付宝平台的开放是为了与合作伙伴共同谋求联合利润最大化，因而当前采用"零预付费+阶梯化的交易抽成"收费方式。但是，计算机终端抽成率和移动终端抽成率在区间分档、费率水平上有所差别。其中，计算机终端费率按照交易额区间分为五档，抽成率随着交易额的增加而递减，最高为1.2%，最低为0.7%；移动终端费率按照交易额区间分为四档，抽成率随着交易额的增加而递减，最高为2.5%，最低为2.0%。[1] 与支付宝费率结构形成对比的是，国际知名的支付平台PayPal面向合作伙伴或商户收取2.9%~3.9%的基准交易手续费（中国商户为4.4%）。[2] 苹果移动支付Apple Pay承诺进入中国后的前两年不向银行收取刷卡手续费，两年后的抽成比约为0.075%（世界其他地区为0.15%）。[3] 不难发现，支付宝平台收取的抽成比率只是处于中等水平，比上不足比下有余。当然，也正因为如此，支付宝平台未来在运行模式（组织形式）选择方面会更加灵活，在封闭与开放之间可进可退。

---

[1] "商家费率管理"，支付宝开放平台，https://opendocs.alipay.com/p-helpcenter/00zx9k。
[2] "商家费用菜单"，PayPal网站，https://www.paypal.com/c2/webapps/mpp/merchant-fees。
[3] 《Apple Pay中国手续费抽成多少?》，金掌柜网站，https://www.unionwebpay.com/newsDetail-1122.html。

按照命题 2 可以推断，倘若支付宝向 PayPal 看齐而提高费率，平均价格效应将增强但继续处于开放型运行模式占优区间，支付宝平台深度开放的动机或将进一步被强化；反之，如果支付宝以 Apple Pay 为基准去降低费率，平均价格效应将减弱从而逐步落入封闭型运行模式占优区间，此时支付宝"开转封"的动机将被激活。

8.4.5 比较静态分析

由式（8.15）、式（8.20）和利润之比 F 可知，两类支付平台利润差距一方面取决于平台交易成本和内部加价能力，另一方面则依赖于需求方的平均价格效应。那么，这些因素究竟以何种方式影响支付平台利润差距呢？比较静态分析结果表明：

$$\begin{cases} \dfrac{\partial \pi_o^*}{\partial A} > 0, \dfrac{\partial \pi_c^*}{\partial A} < 0, \dfrac{\partial F}{\partial A} > 0 \\[2mm] \dfrac{\partial \pi_o^*}{\partial \tau} > 0, \dfrac{\partial \pi_c^*}{\partial \tau} = 0, \dfrac{\partial F}{\partial \tau} > 0 \\[2mm] \dfrac{\partial \pi_o^*}{\partial c} > 0, \dfrac{\partial \pi_c^*}{\partial c} < 0, \dfrac{\partial F}{\partial c} > 0 \end{cases}$$

交易费情形下，支付平台双向转型（"封转开"与"开转封"）的决定机制，如推论 1 所述。

推论 1：平均价格效应增强、平台内加价能力提高、单位交易成本上升会增强开放型支付平台相对于封闭型支付平台的利润优势，推进支付平台"封转开"；反之则抑制"封转开"。

值得指出的是，单位交易成本对两类平台利润差距的影响是反直观的，可以从价格效应和数量（交易量）效应两方面加以解释。就价格效应而言，开放型支付平台成员采用如式（8.19）所示的成本加成定价模式，双边费率总水平随成本而调整且其调整幅度大于成本变动幅度，故单笔联合利润随着成本的上升而增加；由式（8.14）可知，封闭型支付平台双边费率总水平虽随成本而调整但其调整幅度小于成本变动幅度，故单笔垄断利润随成本上升而下降。就数量效应而言，根据式（8.12）、式（8.14）和式（8.19），单位交易成本的上升会降低两类平台交易量，但当单位交易成本处于高位时，该负向冲击对开放型支付平台交易量的影响小于对封闭型支付平台交易量的影响。综合价格效应和数量效应，开放型支付平台较之封闭型支付平台的利润优势随着单位交易成本的提高而增强。

8.5 二部定价情形下的费率结构与单向转型

8.5.1 成本结构与需求函数假设

1. 两类平台的平台内成本结构

平台双边服务的单位变动成本和固定维护成本如前所述，则封闭型支付平台的总成本函数如式（8.21）所示：

$$TC_C(n_1, n_2) = cn_1n_2 + f_1n_1 + f_2n_2 \tag{8.21}$$

开放型支付平台的总成本函数如式（8.22）所示：

$$TC_O(n_1, n_2) = cn_1n_2 + (f_1 - a)n_1 + (f_2 + a)n_2 \tag{8.22}$$

2. 两类平台的需求函数

在二部定价框架下，记 p_i^j 为支付平台 $j(j = C, O)$ 向用户 $i(i = 1, 2)$ 收取的每笔交易费用，m_i^j 为固定费用，则支付平台两端的需求函数如式（8.23）所示：

$$\begin{cases} n_1 = 1 - b(p_1^j + m_1^j) - d(p_2^j + m_2^j) \\ n_2 = 1 - d(p_1^j + m_1^j) - b(p_2^j + m_2^j) \end{cases} \tag{8.23}$$

其中，相关参数的经济意义、取值约束同前文规定。此外，为方便起见，假设固定费用和变动费用对用户需求的边际影响是对称的。

8.5.2 封闭型支付平台定价策略

封闭型支付平台利润如式（8.24）所示：

$$\pi_C = (p_1^C - c_1 + p_2^C - c_2)n_1n_2 + (m_1^C - f_1)n_1 + (m_2^C - f_2)n_2 \tag{8.24}$$

根据利润最大化条件，求出最优价格结构：

第8章 开放型支付平台与封闭型支付平台的定价策略比较

$$\begin{cases} p_1^{C*} = \dfrac{1}{2A} - f_1, m_1^{C*} = f_1 \\ p_2^{C*} = \dfrac{1}{2A} - f_2, m_2^{C*} = f_2 \end{cases} \quad (8.25)$$

进一步得到封闭型支付平台的垄断利润：

$$\pi_C^* = 0 \quad (8.26)$$

8.5.3 开放型支付平台定价策略

与前文类似，平台会员机构单笔交易收费采用如式（8.16）所示的加成定价方法，考虑双边竞争对称情形（$\lambda = \eta = \tau$），开放型支付平台的联合利润如式（8.27）所示：

$$\pi_O = \pi_1 + \pi_2 = (p_1^O - c_I)n_1n_2 + (m_1^O - f_1)n_1 + (p_2^O - c_A)n_1n_2 + (m_2^O - f_2)n_2 \quad (8.27)$$

根据联合利润最大化的一阶条件，计算得到最优交换费：

$$a^* = \dfrac{c_1 - c_2}{2} + \dfrac{f_1 - f_2}{2(1 + \tau)} \quad (8.28)$$

于是，可以得到开放型支付平台会员机构在终端市场的最优二部定价合同：

$$\begin{cases} p_1^{O*} = \dfrac{1}{2}[(1+\tau)c - (f_1 - f_2)], m_1^{O*} = \dfrac{1 + (1 - 2\tau cA)[f_1 - f_2 - (1+\tau)c]A - 2(f_1 + \tau c)A}{4A(1 - \tau cA)} \\ p_2^{O*} = \dfrac{1}{2}[(1+\tau)c + (f_1 - f_2)], m_2^{O*} = \dfrac{1 + (1 - 2\tau cA)[f_2 - f_1 - (1+\tau)c]A - 2(f_2 + \tau c)A}{4A(1 - \tau cA)} \end{cases} \quad (8.29)$$

将式（8.28）、式（8.29）代入式（8.27），最终计算得到开放型支付平台的联合利润：

$$\pi_O^* = \dfrac{\{1 - [f + (1+\tau)c]A\}^2}{4A(1 - \tau cA)} \quad (8.30)$$

8.5.4 开放型支付平台与封闭型支付平台利润比较

根据前述参数约束，综合比较式（8.26）和式（8.30），易知：

$$\pi_o^* \geqslant \pi_c^*$$

于是，不难得到命题3。

命题3：在二部定价模式下，开放型支付平台的利润不会低于封闭型支付平台的利润。

命题3的经济含义为：二部定价模式下，选择开放型平台模式是一项占优策略。根据式（8.25）和式（8.29），可以基于价格结构对成本结构的影响，给出一种直观的解释：开放型平台模式制定的变动费用既弥补了变动成本也弥补了部分固定维护成本，而封闭型平台模式设定的变动费用未能弥补两项成本；另外，封闭型平台模式制定的固定费用随维护成本变化而同方向变动，开放型平台模式设置的固定费用则随维护成本变化而反方向变动。可以设想，在成本高企的情况下，开放型平台模式一方面可以降低固定费用（如会员费）吸引更多用户从而扩张交易需求，另一方面又能够通过优化变动费用弥补变动成本和部分固定维护费用。较之于封闭型平台模式，开放型平台模式彰显出更强的运营优势，故其利润水平不会低于封闭型平台模式的利润水平。

命题3的管理启示在于，二部定价模式下，按照利润基准，支付平台的转型路径是单向的，即封闭型运行模式有足够的动机转型为开放型运行模式（封转开），原本采用开放型运行模式的支付平台将倾向于全面开放、深化开放。

微信支付平台的开放战略在一定程度上印证了命题3的管理启示。2013年9月，微信支付推出伊始即宣布了其采用有限开放型运行模式（限制在九大高级接口），但针对合作伙伴的费率政策并未公开。直到2014年3月5日，微信支付才首次公布了面向所有合作伙伴的统一的二部定价政策：预付费（接入保证金）2万元，费率0.6%。[①] 至此，微信支付接口才开始向银行、航空、旅游、电子商务等20多个行业的合作伙伴全面开放，以共建联合利润最大化的支付生态圈。与支付宝平台复杂的阶梯化抽成费率相比，微信支付平台统一的二部定价放弃了价格歧视机会，费率结构也

---

① 《微信支付接口全面开放：接入保证金2万元 费率0.6%》，第一财经网，https://www.yicai.com/news/3540299.html。

略显粗糙。然而，微信支付在该定价模式下继续推进开放战略的方向却非常明确。可以预计，为避免"一刀切"费率带来的合作伙伴利益失衡，微信支付或将针对不同行业合作伙伴设计差异化的费率结构，但是不管具体费率几何，只要微信支付坚持采用二部定价模式，其选择的纵深化开放方向将是不可逆的。

8.6 有向定价模型的应用分析

8.6.1 美国运通支付平台"封转开"的动机与影响

美国运通公司于1958年涉足银行卡支付业务，在其后的半个世纪里一直作为一家封闭型支付平台按照交易额抽成收费，业务范围主要局限在美国本土，交易量和市场份额一直屈居于万事达之后。2008年11月10日，美联储批准美国运通公司的"封转开"计划，标志着其正式转型为会员银行控股的开放型组织。那么，美国运通支付平台开放的动机是什么？"封转开"的影响如何？接下来，结合推论1和美国运通发展历程中的经验事实对其"封转开"动机展开分析。

平台内加价能力日益增强是美国运通"封转开"的第一股推力。美国运通在发卡市场中的核心持卡人是高端的事业有成的旅行娱乐类消费者，深受收单市场特约商户的青睐，显示出强劲的交叉网络外部性，提升了其加价能力。全球银行与金融机构分析库（BankScope）提供的数据表明，转型前的2001年第一季度到2008年第一季度，美国运通公司销售加成率（加价能力）从7.5%左右一路攀升至21%左右。美国运通公司销售加成率的持续剧增将侵蚀其合作伙伴（此时并非会员机构）的盈利空间，推动合作伙伴向平台寻求会员（股东）身份，旨在追求平台自身利润最大化的封闭型组织形式因此难以为继，追求联合利润最大化的开放型组织形式呼之欲出。根据推论1，平台过高的加价能力会影响合作伙伴利润分成从而降低现有组织形式（封闭型）的利润，增强备择组织形式（开放型）的吸引力，从而推动美国运通平台进行"封转开"变革。

单位交易成本高企是美国运通"封转开"的第二股推力。与维萨和万事达等竞争对手单笔0.001~0.004美元的成本相比，美国运通在"封转开"之前，单笔业务处理成本长期处于高位并保持高企趋势。全球银行与金融机构分析库的季度数据显示，2006~2008年，美国运通单笔业务成本最低为1.8美元（2007年第四季度），最高为2.1美元（2008年第四季度），远高于行业内市场领导者的平均成本。根据推论1，单位交易成本提高将降低现有组织形式（封闭型）的运行绩效，增强备择组织形式（开放型）的比较优势，从而推动美国运通进行"封转开"改革。

完成"封转开"改革后，美国运通支付平台依靠会员机构的力量于2010年末首次在交易量和市场份额上双双超过万事达，取得并至今保持其全美第二大银行卡支付平台的市场地位。更为重要的是，美国运通公司后续年份的盈利水平对"封转开"改革做出了及时有效的响应。撇开2008年当年利润合并的干扰，2009年第二季度起，美国运通公司税前利润开始持续增长，并于2010年第二季度一举超越了2007年第二季度创造的历史高度。

8.6.2 中国卡基支付平台"封转开"改革的低效率成因

具体到中国情境，2002年3月中国银行卡市场80多家金融机构放弃原有的封闭型支付网络，发起设立了开放型支付组织——中国银联；发起人以及后续加入的金融支付企业成为中国银联的会员机构，通过交易抽成盈利。然而，Fu等（2012a）认为中国银行卡支付清算市场"封转开"改革及其直连模式强化了垄断，降低了市场运行绩效。基于命题2和推论1，结合当时国内银行卡支付清算市场的事实，探索中国卡基支付平台"封转开"改革低效率的潜在成因。

一方面，平台内部过度竞争弱化了开放型组织形式的优势。虽然中国银联主导的银行卡支付清算市场具有行政垄断（曲创、朱兴珍，2015）和自然垄断（傅联英，2011a）双重特征，但是中国银联内部（特别是收单市场）处于过度竞争状态。在支付流程内，发卡环节有408家银行竞争持卡人，收单环节活跃着484家合格成员机构（265家非金融收单机构和219家银行收单机构），收单机构间"套码""切机""直连"等违规竞争乱象频现。平台内部过度竞争的结果就是负向竞争效应占主导，销售毛利率（加成率）微薄。根据傅联英（2013a）提供的数据，银行卡收单毛利率长期维持在 1.3%～1.5%，个别收单机构毛利率仅为 0.85%。收单市场陷入了"追求规模效应—恶性竞争—违规经营—拉低整体费率—更加迫切地追求规模效应—恶性竞争"的循环中。依据命题 2 和推论 1，支付平台生态圈内部需要的是适度竞争，内部过度竞争（表现为极低的毛利率）势必会降低中国银联的运行绩效。

另一方面，会员机构单位交易成本趋降导致开放型支付平台的比较优势难以彰显。数据显示，会员银行银联卡（特别是借记卡）支付交易的单笔成本随着技术的进步已显著下降，全流程交易成本占支付本金的比例仅为 0.34%～0.67%。随着会员机构在资本、技能和需求方面的规模经济性日渐突出，单位成本还在不断下降。这样的话，中国银联作为中心缔约人在协调会员机构分担成本方面的功能不可避免地开始弱化，以至于中国银联的会员机构（特别是兼具发卡和收单功能的商业银行）有绕过中国银联支付平台私下完成交易的动机（傅联英，2013a）。根据推论 1，单位交易成本的下降反而会制约开放型组织形式（中国银联）发挥其比较优势。

综上所述，国内特征事实及其交互作用可以部分解释为何中国支付市场组织形式"封转开"改革后，中国银联支付平台运行绩效不升反降。那么，如何采取有效措施提升中国银联乃至整个支付市场的运行绩效呢？

8.7 优化定价策略以助推国内国际双循环

国内国际双循环需要借助支付市场形成要素资金的流通闭环，定价策略事关双循环效率。美国运通支付平台和中国银联支付平台"封转开"的表现形式都是在批发市场引入交换费间接调节会员机构定价行为。然而，两者转型的效果却存在显著差异，固然有市场成熟度差异、监管政策差别等外部原因，但定价策略和运作经验差距绝对不容小视。比较分析运作经验这类非系统性因素，对提升中国支付平台的运行绩效以促进双循环高效运行，具有明确的管理启示和实践意义。

第一，明确功能定位，保持竞争中性和超然独立。平台开放的核心要求是，在与会员机构共创价值的同时共享价值。美国运通、维萨等开放型支付平台的魅力在于平台转接清算方的超然独立性，坚守不与会员机构发生利益纠葛的底线。作为平台转接清算方的中国银联，利用旗下收单机构与商户建立的"直连模式"，是一种半封闭结构，违背了开放型支付平台的宗旨，侵蚀了收单市场其他主体特别是第三方收单机构的核心利益。无论是在国内市场还是在国际市场，中国银联都必须明确地将其全部功能和业务范围限定在支付链条的最后一环——转接清算环节，不涉足竞争性发卡环节或收单环节，致力于联合利润最大化，提升自身作为平台整合者的价值，支持会员机构和其他商务应用接入，坚守开放型支付平台超然的独立性。

第二，规范平台内部竞争，营造良好的支付生态圈。银行卡支付服务行业跨度虽广但产业链条短，会员机构不可避免地存在业务雷同、客户重合等直接竞争关系，需要有统一的规则、标准来规范内部竞争。收单市场过度竞争是我国支付市场的痼疾，并未因金融支付牌照的发放和清算协会的组建而治愈，需要在完善运行制度的基础上鼓励良性竞争。万事达、美国运通、维萨等开放型支付平台素有"轻资产、强关系、重制度"传统，交换费集中设定规则、双重会员制、董事会集中管理等完善的制度安排保障了平台有序运行和内部良性竞争。中国银联应该以更加开放的姿态推进会员制制度建设，吸纳合格的非银行类独立收单机构成为其股东，以使其获得会员机构身份，协同改善银行卡受理环境，终结收单市场野蛮竞争格局，防范银联平台"被旁路"（Bypass）的风险。与此同时，完善银联平台内部运行制度，通过账户身份规则、业务流程规则和定价机制遏制收单机构（特别是第三方收单机构）恶性价格竞争再现；统一标准、提升品牌，加快推进"网上银联平台"、"移动银联平台"和"跨境银联平台"建设进程，推进银行卡支付渠道多样化，线上线下互补实现收单机构间差异化竞争，逐步建成和谐的支付生态圈。

第三，推动定价机制改革，形成差异化费率水平。尽管国内支付清算服务市场化运行序幕业已开启，但是支付平台费率市场化改革尚未完成。国家发展改革委直接制定并调整支付清算批发价格和零售价格，中国银联目前并不具备充分的自主定价权，其服务收费受制于政府指导价。市场化的运行模式与僵硬化的定价机制构成了中国支付市场的主要矛盾，直接定价方式虽然节约了谈判成本却损失了费率结构弹性，严重挫伤了支付平台会员机构努力的积极性。相较于政府指导定价方法，美国运通、维萨等开放型支付平台在清算环节采用的交换费集中制定方式兼顾了会员机构利益诉求、产品行业差异和成本结构差别，设计精细的价格阶梯，成员机构基于差异化交换费设计差异化终端费率。交换费集中制定方式被证明是一种富有效率的价格决定机制，为国外各大开放型支付平台所采用。为顺应金融市场化潮流、提升支付平台运行效率，政府职能部门有必要推动定价机制改革，让银联平台内部会员机构基于固定成本差距、变动成本差异商定交换费。

第四，调整优化费率结构，助力形成比较优势。作为一种具有系统重要性的功能型金融基础设施，支付平台的运行模式相较于其他双边平台"独具一格"，但其开放与封闭战略选择依然遵循成本-收益比较基准。在二部定价模式下，开放型组织形式相较于封闭型组织形式具有明显的利润优势，"开放胜过封闭"定律成立。然而，在会员费定价模式下，开放型组织形式难有优势，"开放胜过封闭"定律并不成立。在交易费定价模式下，如果平均价格效应足够弱，那么封闭型支付平台占优，"开转封"为上策；如果平均价格效应足够强，那么开放型支付平台占优，"封转开"乃上策；当平均价格效应等于某特殊值时，两类平台利润无差异，两类组织形式皆可作为目标模式，既定模式下平台转型的内部动力消失。就平台运行绩效差异的决定机制而言，平均价格效应增强、加价能力提高、单位成本上升都将增强开放型支付平台的比较优势；反之则反是。费率结构的策略性优化将有助于支付平台在"高水平开放"中大显身手，在"促进双循环"中贡献力量。

第9章 跨行交易的独立定价与联合定价策略

支付平台的价格形成机制及定价策略也因支付场景和定价权配置而异，本章构建博弈模型研究单向接入与双向接入下跨行交易的定价机理，比较独立定价与联合定价下跨行交易手续费的差异。①

9.1 跨行交易定价存在的问题与研究现状

9.1.1 跨行交易定价的扭曲效应

中国银联的成立实现了银行间 ATM 网络互联互通。与此同时，国内广电运通、神州数码、银创控股等 ATM 独立运营商的崛起全面提升了跨行交易效率。但是，ATM 市场费率形成机制不透明、费率名目繁多、重复扣费、扣费过高、合谋提价等乱象接踵而至，限制了持卡人 ATM 跨行交易行为，严重制约了卡基支付的普及。跨行交易费率虽几经调整，却一直为各界诟病，其根源在于 ATM 跨行交易定价机制扭曲导致效率损失。

ATM 网络定价是产业组织理论中的一个重要研究领域，对全球范围内的 ATM 费率结构市场化改革或去规制化（Deregulation）产生了深远影响。典型的 ATM 跨行交易费率结构包含 ATM 运营机构网络交换费（Interchange Fees）、发卡行跨行手续费（Foreign Fees）和受理行额外费（Surcharges）。需要特别指出的是，额外费是指受理银行或者非银行金融机构、

---

① 基础工作见傅联英和骆品亮（2016a），本章对其进行了补充和拓展。

ATM独立运营商直接向他行持卡人收取的费用，它对ATM运营商的定价行为与持卡人的交易选择具有重要影响。一方面，额外收费容易导致持卡人偏爱大型ATM网络，强化ATM运营机构的网络投资动机；另一方面，额外费的引入增加了ATM运营机构的定价工具与定价组合，一定程度上可以替代传统的交换费。鉴于我国ATM网络交易中不存在额外费，本章研究的跨行交易定价只包括跨行手续费和网络交换费。

9.1.2 跨行交易定价的研究现状

Salop（1990）率先研究ATM网络定价的内生决定问题，关于ATM网络跨行交易定价的后续研究主要集中在费率结构的决定机制及其影响因素、不同费率的功能差异与相互关系、定价策略的福利效应与定价规制三个方面。

第一，费率结构的决定机制及其影响因素。ATM费率结构的决定包括集中定价与独立定价、直接定价与间接定价等方式。在允许额外收费的直接定价机制下，McAndrews（1991）重点讨论了ATM网络规模、边际成本、网络交换费对额外费与跨行手续费的影响。其研究发现，交换费并不影响持卡人跨行交易的总成本（手续费+额外费），但能够调节总成本的分配；边际成本负向、交换费正向影响ATM手续费；ATM网络数量和边际成本正向、交换费负向影响ATM额外费。因此，大型ATM运营商制定更高的额外费和更低的跨行手续费。Massoud和Bernhardt（2002）则集中探讨了用户归属与ATM网络规模对额外费的影响，结果表明，为使频繁跨网交易的外网用户转网，ATM受理行将针对外网用户设计更高的额外费，并且大型ATM受理行额外费高于小型ATM受理行额外费，该结论与McAndrews（2002）的研究一致。Croft和Spencer（2003）进一步分析了持卡人基础对ATM运营商定价策略的影响，其核心发现为，持卡人基础庞大的ATM运营商从额外费中获益少而从手续费中获益多，故偏好无额外费；持卡人基础较小的非银行ATM运营商则相反，偏好额外收费。在间接定价机制下，国内学者骆品亮和殷华祥（2009）指出，用户净效用与运营成本差额决定了交换费水平；寇宗来（2009）则发现，银行差异化程度、交换费等因素会通过影响运营机构市场力量从而间接地决定跨行交易费率结构；

傅联英（2011b）侧重于分析现金流约束与受理成本对费率结构的影响方式；胡金露和朱卫平（2012）重点考察了用户基础和交通成本在费率形成中的作用；纪汉霖和张永庆（2009）强调了银行 ATM 规模差异对手续费的影响。

第二，不同费率的功能差异与相互关系。Prager（2001）、Massoud 和 Bernhardt（2002）、Massoud 等（2006）研究发现，额外费具备"挖墙脚"功能：ATM 运营商往往对外网用户制定异常高的额外费以使频繁跨网交易的外网用户转网。Hannan 等（2003）、胥莉等（2009）指出交换费通常被用来作为一种提高竞争对手成本的策略性排他性工具，而 Donze 和 Dubec（2006）认为交换费弱化了 ATM 网络运营商之间的竞争，实际上是一种策略性合谋工具。尽管王学斌和寇宗来（2006）指出交换费对银行体系而言是利润中性的，但孙武军等（2012）的研究结果表明交换费有助于银行间利益转移。就额外费与交换费之间的关系而言，Salop（1990）认为交换费纯粹多余，利用额外费替代交换费完全可以实现同样的利益配置效果；McAndrews（2002）发现额外费的收取伴随着交换费的下降，验证了额外费与交换费之间的替代效应；Donze 和 Dubec（2009）甚至发现交换费所具备的合谋功能会因额外收费而消失：额外收费使得交换费呈现中性特征，既不影响 ATM 网络规模，也不影响价格水平，更不影响银行利润。

第三，定价策略的福利效应与定价规制。Massoud 和 Bernhardt（2002）发现，纯额外收费模式下 ATM 受理行入不敷出是常态，而禁止额外收费则会降低受理行利润甚至损害持卡人福利，规制政策由此陷入两难境地。Donze 和 Dubec（2009）对 ATM 定价策略进行比较研究时得到了不同的结论，银行对持卡人收取 ATM 跨行交易额外费的直接定价方式增加了持卡人福利却降低了银行利润。类似地，Chioveanu 等（2009）指出额外费带来的持卡人服务可获性提升与福利增加效应可以弥补费率提高的负面效应，额外费与社会福利之间呈现 N 形关系。Ferrari（2010）认为运营商"手续费+额外费"定价策略会导致其 ATM 网络投入不足，手续费的存在使消费者福利减少以及网络服务的可获性降低，额外费则恰恰相反。Noone（2012）在评价澳大利亚 ATM 定价模式改革时发现，额外费与手续费显著减少了持卡人跨行交易次数与交易量。在规制方面，Balto 和 McAndrews（1998）、骆品亮和殷华祥（2009）认为实施集中定价制有利于提升ATM网络定价效率与增加社会福利；Donze和Dubec（2010）则指出基于平均成本对银行间交换费实施规制的政策先天不足，势必弱化银行布放ATM的动机，在行内免费而跨行收费的情形下导致本行持卡人利益受损；邱甲贤等（2021a）研究指出，若政府对新兴支付工具定价进行规制，在共同定价策略下会有效提升市场效率，使社会福利最大。

考虑到中国ATM市场现行"交换费+手续费"费率结构以及无额外费的现实，本章将交换费与手续费同时纳入博弈模型，研究禁止额外收费约束下的ATM跨行交易定价问题。与本章关系较为密切的研究主要有McAndrews（2002）、Massoud和Bernhardt（2002）、Croft和Spencer（2003）、Donze和Dubec（2006，2011）的研究。本章与既有研究的主要区别有以下两个。

第一，比较研究ATM运营商独立决策与联合决策情形下交换费与手续费组合的内生决定机制。Donze和Dubec（2011）、Massoud和Bernhardt（2002）仅仅考察额外费的决定机制，忽略了交换费和跨行手续费的策略性效应及其对额外费的替代；McAndrews（2002）虽考察了"额外费+手续费"的内生决定机制却将交换费视为外生变量；Donze和Dubec（2006）虽将网间交换费内生化却忽略了终端网络使用费（手续费或额外费），极大地限制了模型的泛化能力与结论的稳健。交换费与手续费组合是一组策略性变量，深入研究其内生决定机制及其在不同定价机制约束下的功能效应具有较强的理论意义。

第二，明确区分银行与独立运营商（Independent ATM Deployers，IAD）间的单向接入和银行与银行间的双向接入，将模型拓展至用户规模非对称和ATM网络规模非对称的情形。McAndrews（2002）、Massoud和Bernhardt（2002）的研究局限于银行间双向接入，未涉及银行与非银行金融机构间的单向接入。随着ATM市场主体日趋多元化，独立运营商与银行在接入模式、决策变量与治理规则方面存在诸多差异，对两类接入定价决策进行比较研究具有现实意义。尽管Croft和Spencer（2003）的研究已涉及银行与IAD之间的跨网定价问题，但其赋予两者同等的持卡人基础，考察的是用户基础对称情形下的ATM定价决策。事实上，由于IAD并不从事发卡业务，IAD 通常无持卡人基础。本章关于银行持卡人规模非对称和 ATM 网络规模非对称下定价决策的比较，是对 Croft 和 Spencer（2003）研究的拓展。

9.2 单向接入定价模型

9.2.1 基本假设

考虑开户行和独立运营商（IAD）的单向接入模型，如图 9-1 所示，并提出以下假设。

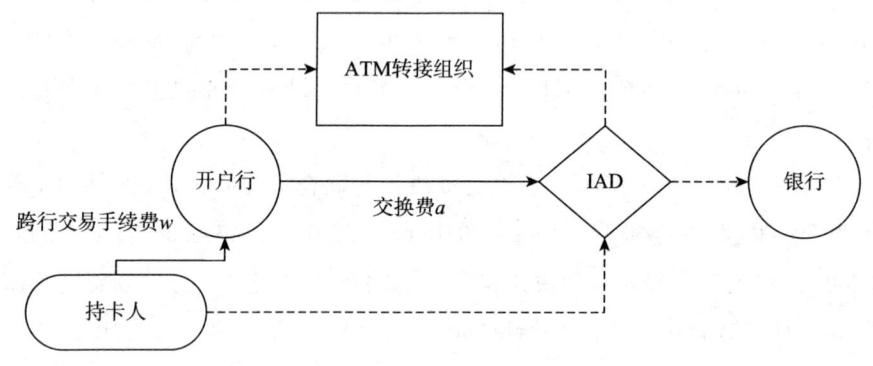

图 9-1 银行单向接入 IAD

假设 1：总量为 1 的消费者均匀分布于周长为 1 的圆周上，他们均持有开户行（银行 A）的银行卡，在特定时间段内均需要取款一次；持卡人的交通成本是线性的，记为 tx，其中 t 为单位交通成本，x 为赶路距离。

假设 2：银行 A 的 ATM 终端位于圆周的 0 点，IAD 的 ATM 终端位于圆周的 1/2 处。

假设 3：若持卡人在银行 A 的 ATM 取款，免收任何费用；若持卡人在 IAD 的 ATM 终端取款，需向银行 A 交纳跨行交易手续费 w_A，而银行 A 向 IAD 支付交换费 a_{IAD}。

假设 4：银行 A 和 IAD 为持卡人提供每笔取款服务的边际成本分别为 c_A 和 c_{IAD}。

9.2.2 独立定价情形

在独立定价下，IAD 首先确定交换费 a_{IAD}，然后银行 A 确定跨行交易

手续费 w_A，最后持卡人决定在银行 A 还是 IAD 的 ATM 取款。以下采用回溯法求解均衡价格组合 (a_{IAD}^*, w_A^*)。

首先，考虑位于圆周 x 处的边际持卡人，其在银行 A 和 IAD 的 ATM 取款的无差异条件如式（9.1）所示：

$$t\bar{x} = t\left(\frac{1}{2} - \bar{x}\right) + w_A \tag{9.1}$$

容易求得 $\bar{x} = \frac{1}{4} + \frac{w_A}{2t}$。于是，持卡人对 A 的取款需求为 $N_A = 2\bar{x} = \frac{1}{2} + \frac{w_A}{t}$，对 IAD 的取款需求为 $N_{IAD} = \frac{1}{2} - \frac{w_A}{t}$。

其次，根据持卡人的取款需求，写出银行 A 的利润函数：

$$\pi_A(w_A) = (w_A - a_{IAD})N_{IAD} + (0 - c_A)N_A \tag{9.2}$$

根据一阶条件，得到跨行交易手续费 w_A 关于交换费 a_{IAD} 的反应函数：

$$w_A = \frac{1}{4}[t - 2(c_A - a_{IAD})] \tag{9.3}$$

式（9.3）说明：当 IAD 提高交换费时，银行将相应提高跨行交易手续费以转嫁跨行交易成本；但是，当银行提供 ATM 取款服务的边际成本上升时，银行将策略性调低跨行交易手续费以鼓励持卡人更多地使用 IAD 的 ATM 网络。

最后，IAD 的利润函数如式（9.4）所示：

$$\pi_{IAD}(a_{IAD}) = (a_{IAD} - c_{IAD})N_{IAD} \tag{9.4}$$

将式（9.3）代入式（9.4），由一阶条件可以求得均衡的交换费：

$$a_{IAD}^* = \frac{t}{4} + \frac{c_A + c_{IAD}}{2} \tag{9.5}$$

将式（9.5）代入式（9.3），求得对应的跨行交易手续费：

$$w_A^* = \frac{3t}{8} - \frac{c_A - c_{IAD}}{4} \tag{9.6}$$

进一步计算得到银行 A 和 IAD 的利润：

$$\pi_A^* = \frac{4(c_A - c_{IAD})^2 + t[t - 4(15c_A + c_{IAD})]}{64t}, \pi_{IAD}^* = \frac{[2(c_A - c_{IAD}) + t]^2}{32t} \quad (9.7)$$

由此，得到以下刻画交换费和跨行交易手续费形成机理的命题 1。

命题 1： 在独立定价决策下，IAD 将以自身和开户行的平均取款成本为基础，并以持卡人的交通成本的一定比例作为加价项（在线性交通成本下，加价比例为 25%），向开户行收取跨行交换费；而开户行在制定跨行交易手续费时，除考虑持卡人的交通成本外，还将 IAD 的部分成本优势作为减项，以此来鼓励持卡人向具有成本优势的 IAD 取款。

9.2.3 联合定价情形

考虑一种私人最优的联合定价情形：银行 A 和 IAD 基于联合利润最大化目标确定交换费 a_{IAD}，然后银行 A 确定跨行交易手续费 w_A，最后持卡人决定在银行 A 还是 IAD 的 ATM 取款。

和独立定价情形类似，可以采用回溯法求解均衡价格组合（a_{IAD}^{**}，w_A^{**}）。不同的是，联合定价确定的交换费应最大化联合利润：

$$\Pi_{A+IAD} = (w_A - a_{IAD})\left(\frac{1}{2} - \frac{w_A}{t}\right) - c_A\left(\frac{1}{2} + \frac{w_A}{t}\right) + (a_{IAD} - c_{IAD})\left(\frac{1}{2} - \frac{w_A}{t}\right) \quad (9.8)$$

注意到，给定交换费 a_{IAD}，银行 A 的反应函数仍为式 (9.3)。于是，将式 (9.3) 代入式 (9.8)，由一阶条件，得到联合定价情形下的均衡交换费：

$$a_{IAD}^{**} = c_{IAD} \quad (9.9)$$

式 (9.9) 表明，联合决策下的最优交换费遵循边际成本定价原则，这符合社会有效的网络接入定价准则。该结论与 Croft 和 Spencer (2003) 关于"交换费的边际成本定价原则能够保证联合利润最大化"的结论一致。根据式 (9.5) 和式 (9.9)，有：

$$a_{IAD}^* - a_{IAD}^{**} = \frac{1}{4}[2(c_A - c_{IAD}) + t] \geq 0 \Leftrightarrow c_{IAD} \leq c_A + \frac{t}{2}$$

也就是说，在下列两种情形下，联合定价可以降低交换费：IAD 具有成本优势；或者 IAD 虽然处于成本劣势，但其成本劣势并不显著。

另外，均衡的跨行交易手续费如式（9.10）所示：

$$w_A^{**} = \frac{t}{4} - \frac{c_A - c_{IAD}}{2} < w_A^* \qquad (9.10)$$

最后，经计算得到联合利润水平：

$$\Pi_{A+IAD}^{**} = \frac{4(c_A - c_{IAD})^2 + t[t - 4(3c_A + c_{IAD})]}{16t} \qquad (9.11)$$

由式（9.7）和式（9.11）可得联合定价下产业利润的增量：

$$\Pi_{A+IAD}^{**} - (\pi_A^* + \pi_{IAD}^*) = \frac{[2(c_A - c_{IAD}) + t]^2}{64t} \qquad (9.12)$$

综上，提出命题 2。

命题 2：在联合定价决策下，IAD 向开户行以边际成本收取交换费；联合定价可以降低跨行交易手续费；联合定价所增加的产业利润随着 IAD 成本优势的提高而增加，随着持卡人交通成本的增加而减少。

9.2.4 福利最大化定价情形

社会福利包括银行 A 与 IAD 的利润、持卡人向银行 A 取款的净剩余、持卡人向 IAD 取款的净剩余：

$$W = \Pi_{A+IAD} + c.s._{IAD} + c.s._A - (T_A + T_{IAD}) \qquad (9.13)$$

其中，Π_{A+IAD} 如式（9.8）所示，$c.s._{IAD} = 2t\left(\frac{1}{2} - \frac{w_A}{t}\right)^2$，$c.s._A = 2t\left(\frac{1}{4} + \frac{w_A}{t}\right)\left(\frac{1}{2} + \frac{w_A}{t}\right)$，$T_{IAD} = t\left(\frac{1}{4} - \frac{w_A}{2t}\right)^2$，$T_A = t\left(\frac{1}{4} + \frac{w_A}{2t}\right)^2$。持卡人向银行 A 和 IAD 取款的消费者剩余如图 9-2 所示。

首先，由利润最大化条件可以得到银行对 IAD 的反应函数：

$$w_A = \frac{1}{4}[t - 2(c_A - a_{IAD})] \qquad (9.14)$$

进而求解得到社会福利最大化情形下的交换费：

$$a_{IAD}^{***} = \frac{1}{10}(14c_A - 4c_{IAD} - 5t) \qquad (9.15)$$

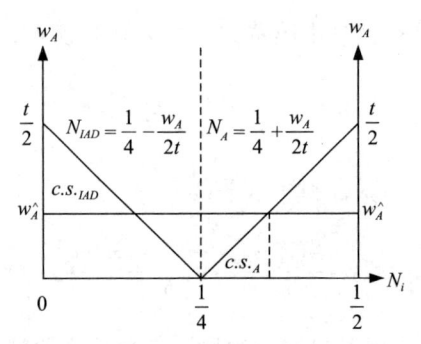

图 9-2 单向接入情形下的消费者剩余

式（9.15）揭示了成本因素在社会最优交换费形成中的激励与补偿功能：若银行的服务成本较高、IAD 服务成本较低，社会计划者就需上调交换费以激励 IAD 布放更多 ATM 终端；若持卡人到达 IAD 布放的 ATM 终端所花费的交通成本（搜寻成本）较高，作为一种补偿，社会计划者就需调低 IAD 收取的交换费。

其次，将式（9.15）代入反应函数得到社会最优的跨行交易手续费：

$$w_A^{***} = \frac{1}{5}(c_A - c_{IAD}) \tag{9.16}$$

式（9.16）表明，就社会福利最大化而言，跨行取款并非总是免费的，但也无须对发卡行的成本进行完全补偿。

最后，将式（9.15）和式（9.16）代入式（9.13），得到社会福利总水平：

$$W = \frac{25t^2 - 4(c_A - c_{IAD})^2 - 20(c_A + c_{IAD})t}{40t} \tag{9.17}$$

9.2.5 独立定价与联合定价比较分析

比较社会福利最大化的价格结构与独立定价、联合定价情形下的价格结构，可以得到费率结构差异之间的关系：

$$\begin{cases} w_A^* - w_A^{***} = \frac{3}{8}t - \frac{9}{20}(c_A - c_{IAD}) = \frac{1}{2}(a_{IAD}^* - a_{IAD}^{***}) \\ w_A^{**} - w_A^{***} = \frac{1}{4}t - \frac{7}{10}(c_A - c_{IAD}) = \frac{1}{2}(a_{IAD}^{**} - a_{IAD}^{***}) \end{cases} \tag{9.18}$$

就影响因素而言，社会最优的费率结构与私人最优的费率结构差异取决于交通成本高低与服务成本差距大小。具体地，如式（9.19）所示的一组充分条件：

$$\begin{cases} \dfrac{t}{c_A-c_{IAD}} < \dfrac{6}{5} & \Rightarrow \quad a^{**} < a^* < a^{***}, w^{**} < w^* < w^{***} \\ \dfrac{6}{5} < \dfrac{t}{c_A-c_{IAD}} < \dfrac{14}{5} & \Rightarrow \quad a^{**} < a^{***} < a^*, w^{**} < w^{***} < w^* \\ \dfrac{t}{c_A-c_{IAD}} > \dfrac{14}{5} & \Rightarrow \quad a^{***} < a^{**} < a^*, w^{***} < w^{**} < w^* \end{cases} \quad (9.19)$$

式（9.19）表明，较之独立定价，私人最优的联合定价和社会最优的联合定价皆能降低交换费与跨行交易手续费。

9.3 双向接入定价模型

9.3.1 基本假设

考虑银行 A 和银行 B 之间的 ATM 双向接入（Two-way Access）模型，如图 9-3 所示，并提出以下假设。

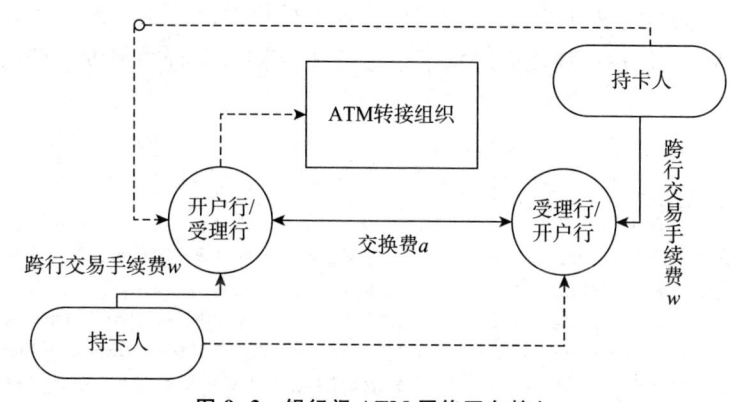

图 9-3 银行间 ATM 网络双向接入

假设 1：总量为 1 的持卡人沿着周长为 1 的圆周均匀分布，其中银行 A 的持卡人比例为 D_A，银行 B 的持卡人比例为 D_B（$D_A + D_B = 1$，为分析银行持卡人规模差异对定价决策的影响，这里不妨假设 $D_A > D_B$)①；持卡人在特定时间段内需要取款一次，其交通成本是线性的，记为 tx，其中 t 为单位交通成本，x 为赶路距离。

假设2：银行 A 在圆周上均匀地布设 m 台 ATM 终端，银行 B 在圆周上均匀地布设 n 台 ATM 终端②；不妨规定银行 A 的 ATM 网络规模大于银行 B 的 ATM 网络规模，即 $m > n$。

假设3：若持卡人在其开户银行的 ATM 取款，免收任何费用；若在其他银行的 ATM 取款，需向开户银行缴纳跨行交易手续费 w_i ($i = A, B$)，同时开户银行向受理银行支付交换费 a_i ($i = A, B$)。

假设4：银行 A 和银行 B 为持卡人提供取款服务的边际成本分别为 c_A 和 c_B，其中 $c_A \leq c_B$。

9.3.2 独立定价情形

在独立定价下，博弈时序为：首先，两家银行独立确定交换费 a_i ($i = A, B$)；其次，给定 a_i，银行 j 确定其跨行交易手续费 w_j ($j \neq i$)；最后，每个银行的持卡人都决定选择同行取款或跨行取款。

与上一节类似，首先分析两家银行的 ATM 面临的取款需求。以大银行（银行 A）为例，其取款需求来自两方面：银行 A 的持卡人向银行 A 的 ATM 机取款的需求（$N_{A \to A}$），以及银行 B 的储户向银行 A 的 ATM 机取款的需求（$N_{B \to A}$）。在线性交通成本下，银行 A 的持卡人行内取款与跨行取款

---

① 国内发行的银行卡，特别是借记卡，往往不是持卡人自主选择的结果，而是作为工资账户由企事业单位选定。因而，外生给定持卡人用户基础具有一定的现实合理性，McAndrews（2002）也有类似的假设。在此情形下，不存在 ATM 网络运营商价格策略的市场窃取效应（Business Stealing Effect）以及潜在的市场扩张效应（Market Expansion Effect）。

② ATM 网络规模非对称情形下，ATM 终端机具的分布方式主要有两类：一是"两部分布法"，即部分圆周空间内大银行 ATM 与小银行 ATM 交错分布，剩余空间则由大银行 ATM 独占；二是"均匀分布法"，即大银行 ATM 均匀分布于圆周，小银行 ATM 也均匀分布于圆周并且均匀地切割大银行 ATM 圆周。"两部分布法"的一个显著缺陷是，小银行持卡人若落入大银行 ATM 独占区域则只能跨行（取款）交易。事实不然，独占区域并不保障独占交易，小银行持卡人依然可以向两边搜索距离其最近的本行 ATM。"均匀分布法"在保证类似独占区域存在的同时克服了该缺陷，采用"均匀分布法"刻画大小银行 ATM 终端的分布结构。

的无差异条件①为：

$$w_A + t\left(\frac{1}{n} - \bar{x}\right) = t\frac{1}{4m}$$

容易求得，$\bar{x} = \frac{w_A}{t} + \frac{1}{n} - \frac{1}{4m}$。因此，银行 A 的持卡人行内取款与跨行取款需求如式（9.20）所示：

$$\begin{cases} N_{A \to A} = D_A \bar{x} = D_A\left(\frac{1}{n} - \frac{1}{4m} + \frac{w_A}{t}\right) \\ N_{A \to B} = D_A\left(\frac{1}{n} - \bar{x}\right) = D_A\left(\frac{1}{4m} - \frac{w_A}{t}\right) \end{cases} \quad (9.20)$$

同理，在线性交通成本下，银行 B 的持卡人行内取款与跨行取款的无差异条件为：

$$w_B + t\frac{1}{4m} = t\bar{x}$$

求得，$\bar{x} = \frac{w_B}{t} + \frac{1}{4m}$。银行 B 的持卡人行内取款与跨行取款需求如式（9.21）所示：

$$\begin{cases} N_{B \to B} = D_B \bar{x} = D_B\left(\frac{1}{4m} + \frac{w_B}{t}\right) \\ N_{B \to A} = D_B\left(\frac{1}{n} - \bar{x}\right) = D_B\left(\frac{1}{n} - \frac{1}{4m} - \frac{w_B}{t}\right) \end{cases} \quad (9.21)$$

根据持卡人的取款需求，可以写出两家银行的利润函数：

$$\begin{cases} \pi_A(w_A, a_A) = n(w_A - a_B)N_{A \to B} + m(0 - c_A)N_{A \to A} + n(a_A - c_A)N_{B \to A} \\ \pi_B(w_B, a_B) = n(w_B - a_A)N_{B \to A} + n(0 - c_B)N_{B \to B} + n(a_B - c_B)N_{A \to B} \end{cases} \quad (9.22)$$

由利润最大化的一阶条件，可以得到跨行交易手续费关于交换费的反应函数：

---

① 采用"均匀分布法"刻画大小银行 ATM 终端的分布方式需要计算"最小期望距离"。根据傅联英（2011a）给出的算法，在小银行切割大银行 ATM 圆周所形成的独占区域内，距离大银行持卡人最近的大银行 ATM 的期望距离为 1/（4×大银行 ATM 数量）。

$$\begin{cases} w_A = \dfrac{4m(na_B - mc_A) + nt}{8mn} \\ w_B = \dfrac{4mn(a_A - c_B) + (4m - n)t}{8mn} \end{cases} \quad (9.23)$$

将式（9.23）代入式（9.22），求解出均衡时的交换费与跨行交易手续费：

$$\begin{cases} a_A^* = \dfrac{c_A + c_B}{2} + \dfrac{(4m - n)t}{8mn}, w_A^* = \dfrac{1}{16}\left[\dfrac{4(nc_B - mc_A)}{n} + \dfrac{3t}{m}\right] \\ a_B^* = \dfrac{mc_A + nc_B}{2n} + \dfrac{t}{8m}, w_B^* = \dfrac{1}{16}\left[4(c_A - c_B) - \dfrac{3t}{m} + \dfrac{12t}{n}\right] \end{cases} \quad (9.24)$$

根据式（9.24）可以比较大银行费率结构与小银行费率结构之间的差异并界定其影响因素。

首先，比较大银行交换费与小银行交换费。令 $Ca = Cb = C$，由于 $m > n$，容易证明：

$$a_A^* - a_B^* = \dfrac{1}{4mn}[2m(t - cm) - n(t - 2cm)] > 0, \text{即 } a_A^* > a_B^*$$

这就意味着，独立定价情形下，相较于小银行，大银行会制定更高的交换费。

其次，比较大银行跨行交易手续费与小银行跨行交易手续费。由式（9.24）可以基于两个视角得到两组充要条件：

$$w_A^* > w_B^* \Leftrightarrow \begin{cases} c_B > \dfrac{m + n}{2n}c_A + \dfrac{3t(2m - n)}{4mn} \quad \text{单笔成本角度} \\[6pt] \underbrace{nc_B - mc_A}_{\text{行内交易总成本差距}} + \underbrace{nc_B - nc_A}_{\text{跨行交易总成本差距}} > \overbrace{\dfrac{3t}{2}\left(1 + \underbrace{\dfrac{m - n}{m}}_{\text{大银行ATM独占区域比率}}\right)}^{\text{加成交通成本}} \quad \text{总量成本角度} \end{cases}$$

两组充要条件表明，独立定价情形下，若小银行单笔服务成本足够高，或者若大银行与小银行的行内交易总成本差距与跨行交易总成本差距之和超出加成交通成本，则大银行相较于小银行会制定更高的跨行手续费。

由式（9.20）、式（9.21）、式（9.22）、式（9.24）可计算得到均衡

时两家银行的利润,形式烦琐,从略备索。

最后,以命题3表述双向接入条件下独立决策的交换费与跨行交易手续费基本特征。

命题3:①独立决策下,代理银行将以自身和开户行的平均取款成本为基础,并以持卡人的交通成本的一定比例作为加价项,向开户行收取跨行交换费;②开户行在制定跨行交易手续费时,除考虑持卡人的交通成本外,还将其与代理行的成本差作为调节项。一般地,大银行制定的跨行交易交换费、手续费更高,即 $a_A^* \geq a_B^*$,$w_A^* \geq w_B^*$。

值得注意的是,命题3所揭示的大银行跨行交易手续费与小银行跨行交易手续费的差异与McAndrews(2002)的结论不尽相同,主要原因在于两者的定价模式迥异。McAndrews(2002)考察"额外费+手续费"组合的内生决定机制(交换费外生),发现大银行相较于小银行收取更低的跨行交易手续费。在McAndrews(2002)的费率结构中,内生决定的额外费和手续费分别作用于他行持卡人和本行持卡人,大银行能够利用其ATM网络规模优势提高额外费以交叉补贴本行持卡人支付的跨行交易手续费,故大银行收取的跨行交易手续费相对较低。本章研究的是"交换费+手续费"组合的内生决定,其中的交换费发生在银行间而非直接作用于持卡人,两种费率之间不具有McAndrews(2002)提到的交叉补贴效应。

9.3.3 联合定价情形

银行 A 和银行 B 联合确定交换费 $a_{A \leftrightarrow B}$ 以最大化联合利润,如式(9.25)所示:

$$\Pi_{A+B}(a_{A \leftrightarrow B}) = n(w_A - a_{A \leftrightarrow B})N_{A \to B} + m(0 - c_A)N_{A \to A} + n(a_{A \leftrightarrow B} - c_A)N_{B \to A} + n(w_B - a_{A \leftrightarrow B})N_{B \to A} + n(0 - c_B)N_{B \to B} + n(a_{A \leftrightarrow B} - c_B)N_{A \to B}$$

(9.25)

将式(9.23)的跨行交易手续费反应函数(其中 $a_A = a_B = a_{A \leftrightarrow B}$)代入式(9.25),由联合利润最大化时的一阶条件,求解得到交换费:

$$a_{A \leftrightarrow B}^{**} = D_B c_A + D_A c_B \tag{9.26}$$

式(9.26)表明,在联合定价下,交换费等于加权边际服务成本——

两家银行向所有持卡人提供跨行交易服务的平均成本。① 特别地，当 $c_A = c_B = c$ 时，$a_{A \leftrightarrow B}^{**} = c$，与单向接入情形下的联合定价原理一致。

将式（9.26）代入式（9.23），得到联合定价情形下的跨行交易手续费：

$$\begin{cases} w_A^{**} = \dfrac{1}{8}\left[4(D_B c_A + D_A c_B) - \dfrac{4mc_A}{n} + \dfrac{t}{m} \right] \\ w_B^{**} = \dfrac{1}{8mn}[4mnD_B(c_A - c_B) + (4m - n)t] \end{cases} \quad (9.27)$$

接下来，可以比较大银行跨行交易手续费与小银行跨行交易手续费的差异，将两者作差得到价差：

$$w_A^{**} - w_B^{**} = \dfrac{1}{4mn}[2m(nc_B - mc_A) - (2m - n)t] \quad (9.28)$$

类似地，可以基于两个视角得到两组充要条件：

$$w_A^{**} > w_B^{**} \Leftrightarrow \begin{cases} c_B > \dfrac{m}{n}c_A + \dfrac{(2m-n)t}{2mn} & \text{单笔成本角度} \\ \underbrace{nc_B - mc_A}_{\text{行内交易总成本差距}} > \underbrace{t\left(1 - \dfrac{n}{2m}\right)}_{\text{交通成本调整系数}} & \text{总量成本角度} \end{cases}$$

充要条件表明，联合定价情形下，若小银行单笔服务成本足够高，或者若大银行与小银行的行内交易总成本差距超出调整后的交通成本，则大银行相较于小银行会制定更高的跨行交易手续费。

9.3.4 福利最大化定价情形

考虑银行 A 和银行 B 基于社会福利最大化目标联合确定费率结构。社会福利包括银行 A 和银行 B 的联合利润、银行 A 的持卡人行内取款净剩余与跨行取款净剩余、银行 B 的持卡人行内取款净剩余与跨行取款净剩余，容易写出社会福利函数：

$$W = \prod_{A+B} + c.s._{A \to A} + c.s._{A \to B} + c.s._{B \to B} + c.s._{B \to A} - (T_{A \to A} + T_{A \to B} + T_{B \to B} + T_{B \to A}) \quad (9.29)$$

---

① 可以视为一种变形的 Ramsey 定价，即基于平均成本的定价。

其中，消费者剩余为：

$$c.s._{A\to A} = mw_A D_A\left(\frac{w_A}{t} + \frac{1}{n} - \frac{1}{4m}\right)$$

$$c.s._{A\to B} = tnD_A\left(\frac{1}{4m} - \frac{w_A}{t}\right)^2$$

$$c.s._{B\to B} = nw_B D_B\left(\frac{w_B}{t} + \frac{1}{4m}\right)$$

$$c.s._{B\to A} = tnD_B\left(\frac{1}{n} - \frac{1}{4m} - \frac{w_B}{t}\right)^2$$

持卡人行内与行间交通成本分别为：

$$T_{A\to A} = tm\left(\frac{w_A}{t} + \frac{1}{n} - \frac{1}{4m}\right)^2$$

$$T_{A\to B} = tn\left(\frac{1}{4m} - \frac{w_A}{t}\right)^2$$

$$T_{B\to B} = tn\left(\frac{w_B}{t} + \frac{1}{4m}\right)^2$$

$$T_{B\to A} = tn\left(\frac{1}{n} - \frac{1}{4m} - \frac{w_B}{t}\right)^2$$

采用回溯法求解得到社会福利最大化情形下的银行间交换费：

$$a_{A\leftrightarrow B}^{***} = \frac{2D_A(2m^2 t + 6mn^2 c_B - n^2 t) + 4m(m^2 + mn + n^2)D_B c_A - m(8m - n)t}{4mn(mD_B + nD_A + 2n)}$$

(9.30)

进一步可以得到两家银行的跨行交易手续费：

$$\begin{cases} w_A^{***} = \dfrac{12mnD_A(nc_B - mc_A) - 4mnD_B(m - n)c_A - [4m^2 - n(m + n)](1 + D_B)t}{8mn(mD_B + nD_A + 2n)} \\ w_B^{***} = \dfrac{4mD_B[(m^2 + mn + n^2)c_A - (mn + 2n^2)c_B] - [4m^2 - (8 + 5D_A)mn + (2 + 3D_A)n^2]t}{8mn(mD_B + nD_A + 2n)} \end{cases}$$

(9.31)

基于式（9.31）可以比较社会最优的大银行跨行交易手续费与小银行跨行交易手续费差异，作差得到式（9.32）：

$$w_A^{***} - w_B^{***} = \frac{1}{4mn}[2m(nc_B - mc_A) - (2m - n)t] = w_A^{**} - w_B^{**} \quad (9.32)$$

由式（9.32）可知，联合定价情形下，社会最优的大小银行跨行交易手续费差异与私人最优的大小银行跨行交易手续费差异完全相同。

9.3.5 独立定价与联合定价比较分析

首先，比较独立定价情形下大银行交换费与联合定价情形下交换费之间的差异。由式（9.24）和式（9.26）得到式（9.33）：

$$a_{A\leftrightarrow B}^{**} - a_A^* = \frac{1}{2n}\left[n(D_A - D_B)(c_B - c_A) - \frac{(4m-n)t}{4m}\right] = \frac{1}{2n}\left[\Delta C_1 - \frac{(4m-n)t}{4m}\right] \quad (9.33)$$

其中，$\Delta C_1 = n(D_A - D_B)(c_B - c_A)$，为两家银行相互接入下取款交易总成本的增加值。由 $m>n$，$D_A>D_B$ 且 $D_A+D_B=1$，可得：

$$\begin{cases} c_A = c_B = c & \Rightarrow a_{A\leftrightarrow B}^{**} < a_A^* \\ c_A < c_B, t > \dfrac{4m\Delta C_1}{4m-n} & \Rightarrow a_{A\leftrightarrow B}^{**} < a_A^* \\ c_A < c_B, t < \dfrac{4m\Delta C_1}{4m-n} & \Rightarrow a_{A\leftrightarrow B}^{**} > a_A^* \\ c_A < c_B, t = \dfrac{4m\Delta C_1}{4m-n} & \Rightarrow a_{A\leftrightarrow B}^{**} = a_A^* \end{cases} \quad (9.34)$$

同理可以比较独立定价情形下小银行交换费与联合定价情形下交换费之间的差异，作差得到式（9.35）：

$$\begin{aligned} a_{A\leftrightarrow B}^{**} - a_B^* &= \left(D_A - \frac{1}{2}\right)c_B + \left(D_B - \frac{m}{2n}\right)c_A - \frac{t}{8m} \\ &= \frac{1}{2n}\left[\underbrace{2n(D_A c_B + D_B c_A)}_{\text{跨行交易总成本}} - \underbrace{(nc_B + mc_A)}_{\text{行内交易总成本}} - \frac{tn}{4m}\right] \\ &= \frac{1}{2n}\left[\underbrace{n(D_A c_B + D_B c_A) - nc_B}_{\text{小银行跨行交易的成本变化}} + \underbrace{n(D_A c_B + D_B c_A) - mc_A}_{\text{大银行跨行交易的成本变化}} - \frac{tn}{4m}\right] \\ &= \frac{1}{2n}\left(\Delta C_2 - \frac{tn}{4m}\right) \end{aligned} \quad (9.35)$$

其中，$\Delta C_2 = 2n(D_A c_B + D_B c_A) - (nc_B + mc_A)$，为两家银行相互接入下取款交易总成本的变化。由 $m>n$，$D_A>D_B$ 且 $D_A+D_B=1$，不难得到式（9.36）：

第 9 章　跨行交易的独立定价与联合定价策略　　163

$$\begin{cases} c_A = c_B = c & \Rightarrow a_{A\leftrightarrow B}^{**} < a_B^* \\ c_A < c_B, t > \dfrac{4m\Delta C_2}{n} & \Rightarrow a_{A\leftrightarrow B}^{**} < a_B^* \\ c_A < c_B, t < \dfrac{4m\Delta C_2}{n} & \Rightarrow a_{A\leftrightarrow B}^{**} > a_B^* \\ c_A < c_B, t = \dfrac{4m\Delta C_2}{n} & \Rightarrow a_{A\leftrightarrow B}^{**} = a_B^* \end{cases} \quad (9.36)$$

在式（9.24）、式（9.27）、式（9.33）和式（9.35）的基础上，得到式（9.37）：

$$\begin{cases} w_A^{**} - w_A^* = \dfrac{1}{4n}\left[\Delta C_2 - \dfrac{tn}{4m}\right] = \dfrac{1}{2}(a_{A\leftrightarrow B}^{**} - a_B^*) \\ w_B^{**} - w_B^* = \dfrac{1}{4n}\left[\Delta C_1 - \dfrac{(4m-n)t}{4m}\right] = \dfrac{1}{2}(a_{A\leftrightarrow B}^{**} - a_A^*) \end{cases} \quad (9.37)$$

由式（9.37）可知，大小银行跨行交易手续费差距与大小银行交换费差距具有相同的性质，这一点实际上从式（9.23）给出的反应函数中也可以看出。综合式（9.34）、式（9.36）和式（9.37）发现，当持卡人交通成本足够高时，联合定价能够降低交换费，进而降低跨行交易手续费。

接下来，比较社会最优的联合定价费率结构与私人最优的独立定价费率结构。与私人最优的联合定价和私人最优的独立定价比较类似，可以给出界定交换费大小关系的一组充分条件：

$$\begin{cases} t > \dfrac{12m[n^2(D_A - D_B)c_B + (m^2 D_B - n^2 D_A)c_A] - 4m(m-n)(nc_B + mc_A)D_B}{n(5m+n)D_A + 12m^2 D_B + m(8m+5n)} \Rightarrow \begin{cases} a_{A\leftrightarrow B}^{***} < a_A^* \\ w_A^{***} < w_A^* \end{cases} \\ t > \dfrac{4mc_B(m-n)(mD_B - 3nD_A)}{n(5n-m)D_A + 8m^2 D_B + (8m^2 - mn + 2n^2)} \Rightarrow \begin{cases} a_{A\leftrightarrow B}^{***} < a_B^* \\ w_B^{***} < w_B^* \end{cases} \end{cases}$$

$$(9.38)$$

式（9.38）表明，当持卡人交通成本足够高时，社会最优的联合定价能够降低银行间交换费和跨行交易手续费。

最后，比较联合定价情形下的产业利润与独立定价情形下的产业利润。由于两种情形下的利润表达式异常烦琐，此处从略。但是，可以确定的是联合定价产业利润高于独立定价产业利润。

综上，得到命题4。

命题4： 在联合决策下，银行之间按向所有持卡人提供跨行取款服务的平均成本来制定交换费；当银行间成本差距足够大时，大银行制定较高的跨行交易手续费；当持卡人交通成本足够高时，联合定价可以降低交换费，进而可以降低跨行交易手续费。

9.4 跨行交易定价模型的应用分析

9.4.1 用户绕道交易与银行提价现象

我国银行同行异地或跨行同城ATM取款手续费为0.5%~1%（最高100元），导致许多储户绕道第三方支付机构进行转账以规避手续费。

在持卡人不堪重负的同时，2010年7月还爆发了"银行卡收费门"事件，国内四大商业银行相继发布"同城跨行手续费由2元上调至4元标准"的提价计划。四大行给出的解释是：根据《中国银联入网机构银行卡跨行交易收益分配办法》（2004年版）规定，发卡行为每笔跨行取款承担的成本为3.6元（其中向代理行支付3.0元的交换费，向银联支付0.6元的网络连接费），在现行每笔跨行交易收取2元手续费的条件下实际上"倒贴"1.6元。此举引起舆论哗然，在《新华每日电讯》等媒体的一阵"合谋论""店大欺客""违反合同法"的指责声中，四大行暂缓提价计划。有趣的是，在大银行酝酿提价的过程中，小银行（如光大、兴业等股份制银行）并未急切跟进，甚至背道而驰，推出诸如同城跨行转账、短信通知等免费服务项目。

9.4.2 银行提价的原因分析

1. 为何绕道转账手续费优惠

国内的御银股份、广电运通、神州数码、银创控股、支付宝（也曾布设线下终端，后放弃），国外的Link网络、第一数据公司（FDC）等第三方支付运营商实际上是IAD，其专业化程度较高，规模经济特征显著，因而具有成本优势。

根据命题1，出于降低银行自身运营成本的策略性目的，不管是大银行还是小银行均有动机降低跨行交易（转账、取款）手续费，鼓励持卡人"绕道"使用IAD的低成本ATM网络。

2. 为何大银行倾向于提高跨行手续费

ATM服务成本包括处理成本、数据成本和维护成本，其高低反映了银行的ATM业务服务效率。蔡宁伟（2012）提供的数据显示，大银行ATM服务成本约为每笔2.2元，小银行ATM服务成本则约为每笔2.5元。考虑到成本差异，根据命题3，大银行倾向于提高跨行交易手续费以阻止其持卡人使用小银行的ATM网络；反过来，小银行有动机制定较低的跨行交易手续费以鼓励其持卡人使用大银行覆盖面更广、服务效率更高的ATM网络。

3. 银行宣称的ATM业务"亏损论"是否成立

四大行的提价理由之一是，在现行的ATM收费政策下，每笔跨行交易是亏损的。果真如此吗？孤立地看每笔跨行交易似乎是亏损的，但根据式（9.22），整体来看却可能是盈利的，关键是净流入量。显然，作为代理行每笔交易的利润为2.4元；而作为委托行每笔交易的利润为-1.6元。如果流入量与流出量之比超过2/3，则提供跨行交易服务是获利的。

实际上，2009~2012年各大银行的银行卡业务跨行手续费收支状况佐证了命题的判断（见表9-1）。可见，银行"亏损论"并不能支持大银行上调费率的行为。

表9-1 代表性银行的跨行业务手续费收支状况

单位：万元

名称	2009年 收入	2009年 支出	2010年 收入	2010年 支出	2011年 收入	2011年 支出	2012年 收入	2012年 支出
工商银行	9408	—	13687	—	17268	—	23494	—
农业银行	4821	487	6442	550	10828	742	12559	1227
中国银行	6091	—	9574	—	10747	—	14952	—
建设银行	9186	957	12344	1273	14910	1505	20137	1723
交通银行	3992	1155	5193	1674	7075	2150	7958	2631
平安银行	392	140	621	157	1172	307	2484	511
光大银行	611	182	988	253	1808	285	3360	388

续表

名称	2009年		2010年		2011年		2012年	
	收入	支出	收入	支出	收入	支出	收入	支出
兴业银行	534	—	792	—	1716	49	2497	162
民生银行	1207	—	1007	—	2124	—	5331	—
浦发银行	524	—	664	—	961	—	1275	—
华夏银行	—		—		478	—	330	—

注："—"表示未披露，平安银行的前身是深圳发展银行。
资料来源：各银行官网。

9.5 调整跨平台定价结构以助力双循环的策略

支付平台定价结构不合理、调节机制不顺畅是阻滞双循环的"堵点"。为打通费率结构"堵点"，本章以定价机制改革为切入点，构建了跨行交易费博弈模型，研究支付平台运营机构独立决策和联合决策情形下的跨行交易费率形成机理与调节机制。为助力国内国际双循环，本章探索性地给出了一般化的跨平台交易定价法则，提出了跨平台定价的调整策略与路径。

第一，一般化的跨平台交易定价法则。在银行单向接入IAD的独立定价情形下，IAD基于平均成本加成定价规则制定交换费，开户银行则策略性地利用IAD成本优势降低跨行交易手续费以鼓励持卡人使用IAD网络。与之形成对比的是，在银行单向接入IAD的联合定价情形下，IAD基于边际成本定价规则制定交换费，开户银行则提供相较于独立定价更加优惠的跨行交易手续费。在银行双向接入的独立定价情形下，代理银行将以自身和开户行的平均取款成本为基础、以持卡人交通成本的一定比例作为加价项，向开户行收取跨行交换费；开户银行则以交通成本为基础，将其与代理行的成本差作为调节项制定跨行交易手续费，且大银行相较于小银行收取更高的跨行交易手续费。与之形成对比的是，在银行双向接入的联合定价情形下，银行间基于加权平均成本设定交换费，并且当用户交通成本足够高时，联合定价相较于独立定价可以降低交换费；开户银行则以交通成本为基础，将代理行受理开户行所有持卡人跨行交易时产生的成本差作为调节项制定跨行交易手续费,大银行相较于小银行收取更高的交换费和跨行交易手续费。

第二,跨平台定价的调整策略与路径。我国现行的线下费率结构存在改进空间,银行可着眼于网络规模、运营服务成本、差异化程度等指标,采取综合措施优化交换费与跨行交易手续费。2010 年同城跨行交易手续费调价计划显示,工商银行、建设银行和中国银行手续费计划上调至 4 元/笔,招商银行维持 2 元/笔,中信银行、兴业银行、华夏银行与民生银行前几笔免收手续费,之后收费标准是 2 元/笔。① 新的费率结构确保了代表性银行 ATM 业务盈利水平,但必然会进一步加重持卡人负担,抑制持卡人的跨行交易需求。实际上,着眼于社会福利最大化目标,若改革现行交换费形成机制,跨行交易手续费依然存在下调空间。基于大小银行 ATM 服务成本数据,$c_A = 2.2$ 元/笔、$c_B = 2.5$ 元/笔且注意到 $0<D_B<0.5<D_A<1$,根据 $a_{A\leftrightarrow B}^{**} = D_B c_A + D_A c_B$,粗略估算得到银行能够承受的交换费下限为 1.25 元/笔(蔡宁伟,2012)。可见,当前每笔 3 元的银行间交换费尚有 1.75 元的调整余地。大幅下调交换费势必会使交易成本降低,进而有助于国内国际双循环畅通。

---

① 《四大行同城 ATM 跨行取现费涨至 4 元 12 银行费用一览》,登封市人民政府网,https://www.dengfeng.gov.cn/mtbd/5568649.jhtml。

第 10 章　全局竞争下支付平台的服务定价策略

支付平台的价格形成机制及定价策略亦因市场竞争程度而异。随着支付产业的开放，国内银行卡支付清算市场已从局部垄断转向全局竞争，促使支付平台调整定价策略。本章利用网络城市空间竞争模型，分析了支付平台在"一对多"全局竞争下的最优交换费定价策略。①

10.1　支付市场开放与竞争格局的"未来已来"

应"入世"承诺，国务院于 2015 年 4 月发布的《关于实施银行卡清算机构准入管理的决定》明确规定：经批准依法取得银行卡清算业务许可证的申请机构，可成为专门从事银行卡支付清算业务的机构。随后，中国人民银行陆续发布的《银行卡清算机构准入审批事项服务指南》《银行卡清算机构管理办法》进一步对申请机构的合规性要求、办理程序、业务管理给出了细化说明，并明确指出支付清算平台不设定数量限制。更让业界振奋的是，在 2018 年召开的全国两会上，关于切实推动银行卡支付清算产业开放的议题被写入了《政府工作报告》。一系列决定、办法和指南为中国银行卡支付清算市场全面开放奠定了制度基础，美国运通公司在中国设立的合资平台"连通（杭州）技术服务有限公司"于 2018 年 11 月 9 日首获中国人民银行和中国银行保险监督管理委员会审批通过，万事达和维萨两大巨头也已向监管部门提交了银行卡清算业务许可证申请，国内银行卡

---

① 基础工作见傅联英（2021），本章对其进行了补充和拓展。

支付清算市场迈入中国银联与国际巨头展开全局竞争[①]的时代。可以预期，银行卡支付清算市场开放有利于营造多主体竞争环境，倒逼国内外支付平台优化费率政策，为成员机构、持卡人与商户提供更加多元化、实惠化和差异化的金融服务方案。

本章的研究问题是，中国银行卡支付清算市场进入"后银联时代"之后，支付平台间"一对多"的全局竞争将如何内生性地影响中间市场的交换费？支付平台应该如何做出调整？竞争平台数量、差异化程度、服务成本结构、成员机构的转换成本在费率结构形成与设计中孰轻孰重？这些问题的回答有利于厘清多平台竞争下价格结构的决定机制和传导机制，有助于分析支付市场开放后的费率走势，形成更加合理的费率结构、更具活力的市场结构，提升我国银行卡支付清算市场的服务能级。

10.2　全局竞争模型在定价策略设计中的优势

本章与空间竞争模型及双边市场理论密切相关。学术界关于空间竞争模型的研究由来已久，主要包含Hotelling线性城市模型（Hotelling，1929）、Salop圆周城市模型（Salop，1979）、金字塔模型（Von Ungern-Sternberg，1991）、辐条模型（Chen and Riordan，2007）、网络城市模型（Somaini and Einav，2013；Wang T. and Wang R.，2018）五类，如图10-1所示。

代表性空间竞争模型被广泛应用，但各有优点和不足。其中，Hotelling线性城市模型是"一对一"，Salop圆周城市模型是"一对二"，皆属于封闭的局部竞争模型，未能刻画开放市场中"一对多"的全局竞争特征。金字塔模型、辐条模型、网络城市模型均在不同维度拓展了传统的Hotelling线性城市模型或Salop圆周城市模型，适用于分析某一厂商与其他所有厂商进行全局竞争的情形。特别地，网络城市模型充分综合了金字塔模型中的"面"优势和辐条模型中的"线"优势，形成了网状竞争关系，空间竞争更为立体。有鉴于此，选用网络城市模型刻画支付平台的全局竞争。

[①] 所谓全局竞争是指支付平台之间开展"一对多"竞争。考虑到支付宝、微信等移动支付平台，国内支付市场事实上已进入多主体竞争阶段。随着美国运通、维萨、万事达等银行卡组织的进入，平台间"一对多"的全局竞争格局日益成为常态。

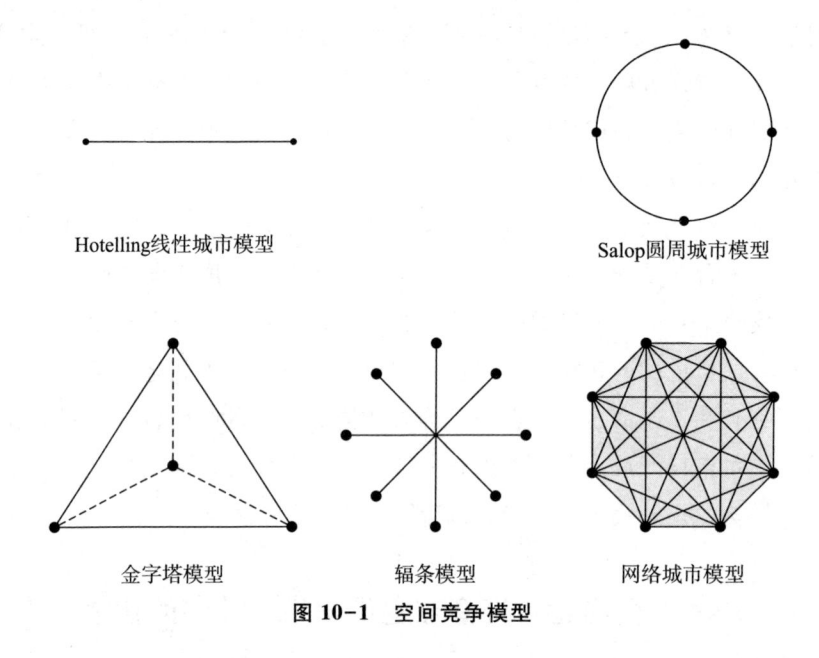

170　支付市场供需分析、定价设计与效应评估

Hotelling线性城市模型　　　　Salop圆周城市模型

金字塔模型　　辐条模型　　网络城市模型

图 10-1　空间竞争模型

　　双边市场领域关于平台定价策略的研究文献虽然较多，但平台定价模式、费率水平和费率结构具有很强的产业异质性。支付平台有别于其他产业平台的标识性利益协调机制在于其独特的交换费，开放型支付平台通常向收单机构收取协定的交换费用以补偿发卡机构，该交换费通过影响价格总水平的分配进一步调节持卡人手续费和商户扣率（骆品亮、殷华祥，2009）。因此，交换费是支付市场定价机制创新与改革的"牛鼻子"，厘清交换费的内生决定机制才能理顺终端价格结构。Schmalensee（2002）的研究结果表明，开放型支付平台的私人最优交换费等于社会最优交换费，其水平为发卡银行与收单银行成本之差和商户与持卡人需求价格弹性之差构成的算术平均值。Rochet 和 Tirole（2002）分析指出，银行卡支付平台的私人最优交换费随着平台内会员机构之间的竞争程度和收单成本上升而下降，随着商户收益和持卡人收益的增加而提高。Wright（2003）的研究结果显示，私人最优的交换费等于社会最优的交换费；两者均等于商户收益扣除收单银行边际成本。Wright（2004a）融合了 Schmalensee（2002）的交换费平衡功能与 Rochet 和 Tirole（2002）的商户竞争效应，构建起了更为一般与综合的分析模型。研究结果表明，当商户以一定的概率策略性地受理银行卡时，利润最大化的交换费等于商户能够接受的最高扣率与持卡人

能够承受的最高费率的加权平均，且利润最大化的交换费高于社会福利最大化的交换费；当商户不存在策略性受理动机时，利润最大化的交换费、交易量最大化的交换费以及社会福利最大化的交换费三者相等。Donze 和 Dubec（2006）的研究结果显示，利润最大化的交换费随着会员银行数量、持卡人净收益增加而提高，随着网络终端成本上升而下降。Wang（2010）指出，垄断性支付平台私人最优的交换费随着自身支付效率提高（服务成本下降）和便利性增强而上升，在缺乏弹性（或无弹性）的情形下还将随着其他支付工具成本的下降而降低。Wright（2012）考察了支付平台实施价格歧视时的交换费策略，结果表明，利润最大化的交换费是在社会最优交换费基础上加上一定比例的用户净收益。Verdier（2012）分析了成员投资行为在交换费形成机制中的作用，最优交换费随着消费收益增加以及收单市场投资规模的增大而上升。Creti 和 Verdier（2014）首次将欺诈问题纳入交换费决定机制，研究发现，如果商户相较于持卡人承担了更多的欺诈损失，那么交换费应该下调，被称作损失分配效应。

　　国内学者结合中国支付市场的定价实践及其存在的问题，针对交换费优化调整问题展开了研究。骆品亮（2005）研究了商户垄断对交换费的影响，结果发现支付平台私人最优的交换费与社会最优的交换费具有同一性，两者均等于商户收益扣除收单银行边际成本和单位利润，从而偏离了最优交换费。武云亮和岳中刚（2008）分析了银行卡支付网络最优交换费的决定因素，指出私人最优的交换费取决于双边用户需求（保留效用）、支付网络成本和竞争程度。骆品亮和殷华祥（2009）研究了支付网络最优交换费的内生决定机制，发现最优交换费由商户与持卡人之间的效用差、发卡机构与收单机构之间的成本差构成，且最优交换费在线性效用函数下等于两差的平均值。胥莉等（2009）分析指出，发卡市场和收单市场规模差异、商户和持卡人的感知效用决定了私人最优交换费，并且最优交换费随着发卡市场规模优势和商户感知效用的增强而提高。孙毅坤和胡祥培（2011）基于交易特征分析了交换费的决定方式，认为交换费随着交易笔数和交易金额增加而下降。傅联英（2011b）考察了垄断性银行卡支付平台的借记卡与信用卡定价策略，发现平台最优交换费由会员机构价格差、市场竞争程度、商户受理银行卡的机会成本联合决定，且与其呈现出正向变化关系。孙武军等（2012）分析了平台通存通兑情形下的社会最优交换费，结果表明，社会最优的交换费由银行自身的业务成本和对其他银行的补偿成本构成。程贵孙和乔巍然（2014）分析了用户规模对交换费的影响，结果发现，持卡人规模变大、网络外部性增强将导致交换费下降。傅联英和骆品亮（2016b）研究表明，纯固定费用制和纯变动费用制定价模式下，开放式银行卡支付平台的私人最优交换费完全由平台在双边的维护成本差异正向决定；但是，在二部定价模式下，最优交换费则由维护成本差异以及会员机构的竞争程度共同决定，并且竞争程度提高会降低交换费。傅联英和骆品亮（2016b）分析了平台单向接入与双向接入情境下跨行交易手续费的决定机制，指出了交通成本和服务成本差距在其中的抵消效应。罗泳涛和高平（2016）的研究结果显示，支付平台利润最大化和交易量最大化的交换费均由用户的额外收益与成员机构的边际成本决定。

　　既有文献通过构建数理模型重点分析了交换费的内生决定机制及其影响因素，既提供了一般性的分析框架，亦给出了特定条件下的具体应用，较为系统地回答了平台最优交换费的构成、功能与效率，对支付平台管理启示和反垄断机构的政策意义明显。不过，依然存在两个方面需要进一步完善。其一，对支付平台间竞争及其定价策略问题关注不足。银行卡双边市场领域的多数文献致力于研究垄断性支付平台的交换费设计或者平台内竞争下的定价策略，对支付平台间竞争特别是"一对多"的全局竞争引发的重要议题（如交换费的市场化形成机制）缺乏足够的重视，未能深入洞悉交换费在竞争型市场结构下呈现出的差异性和丰富性，难以为规制机构的政策设计和支付平台的费率优化提供有益建议。其二，理论模型的适用性有待提升。现实中的支付平台竞争格局属于"一对多"的寡头竞争，既有文献采用的Hotelling线性城市模型和Salop圆周城市模型，只适用于刻画"一对一"或"一对二"的局部邻近竞争，无法捕捉平台与平台之间"一对多"的网络化全局竞争特征。

　　本章基于网络城市模型研究中国银行卡市场全面开放后的交换费形成机制，相较于其他研究，创新之处主要有三点：首先，中国银行卡市场从中国银联"一家独大"走向"寡头竞争"，开启了交换费的市场化改革序幕，在全局竞争情境下深入分析本土支付平台与国际银行卡巨头之间的竞争性交换费设计问题,既丰富了银行卡交换费内生决定机制方面的理论研究,又能为其他国家或地区的银行卡产业开放与定价机制改革提供范例;其次,利用网络城市模型更为妥善地刻画了多平台之间"一对多"的全局竞争场景,突破了既有文献局限于"一对一"或"一对二"等邻近竞争模型的藩篱,推进了网络城市模型在平台竞争理论中的应用;最后,在全局竞争基准模型的基础上,进一步构建了包含转换成本以及相对绩效的拓展模型,能够更加全面地洞悉银行卡交换费的内生决定机制,有效地增强了模型的延展性和适用性。

10.3 全局竞争基准模型构建与最优定价策略

首先基于基准模型分析支付平台私人利润最大化目标下的全局定价策略,然后基于社会福利最大化目标考察社会最优的定价策略并进行比较分析,最后得出政策启示。

10.3.1 平台利润最大化的最优定价策略

在一个由 N 家支付平台构成的网络城市中,平台 i ($i=1, 2, \cdots, N$) 与其余 $N-1$ 家平台展开全局竞争,总共包含 $N(N-1)/2$ 个竞争链接;记平台 i 的交换费为 a_i,单位成本为 c_i。会员机构均匀分布在长度为 L 的链接上,其密度为 g,单位交通成本为 t;会员机构具有单位需求,平台 i 的会员机构的保留效用为 u,其余平台的会员机构的保留效用为 θu,θ 为非负参数,衡量平台基础效用差异。定义在平台 i 和平台 j 之间无差异的会员机构为 $\bar{x}_{ij}$,于是由会员机构的效用方程 $u-t\bar{x}_{ij}-a_i=\theta u-t(L-\bar{x}_{ij})-a_j$,可得边际用户:

$$\bar{x}_{ij} = \frac{a_j - a_i}{2t} + \frac{(1-\theta)u + tL}{2t} \qquad (10.1)$$

进而得到平台 i 的需求函数:

$$q_{ij} = \sum_{j \neq i, j=1}^{N-1} \bar{x}_{ij} g = \frac{N-1}{2t}[(1-\theta)u + tL - a_i + \bar{a}]g \qquad (10.2)$$

其中，$\bar{a}$ 为除平台 i 以外，其余 $N-1$ 家平台的平均交换费，$\bar{a} = \frac{1}{N-1}\sum_{j\neq i, j=1}^{N-1} a_j$。于是，可以写出平台 i 的利润函数：

$$\pi_i = (a_i - c_i)\frac{N-1}{2t}[(1-\theta)u + tL - a_i + \bar{a}]g \qquad (10.3)$$

利用利润最大化的一阶条件，可以得到反应函数：

$$a_i = \frac{1}{2}[(1-\theta)u + tL + c_i + \bar{a}] \qquad (10.4)$$

将 N 家平台的一阶条件加总后，进行简单的恒等变形，能够得到：

$$\bar{a} = \frac{1}{N-1}\{N[(1-\theta)u + tL] + (N-1)\bar{c} + c_i - a_i\} \qquad (10.5)$$

其中，$\bar{c}$ 为除平台 i 外其余 $N-1$ 家平台的平均成本，$\bar{c} = \frac{1}{N-1}\sum_{j\neq i, j=1}^{N-1} c_j$。将式（10.5）代入式（10.4），可计算得到支付平台 i 的最优交换费：

$$a_i^* = \underbrace{\underbrace{(1-\theta)u}_{\text{基础效用差异}} + \underbrace{tL}_{\text{交通成本}}}_{\text{增广差异化}} + \underbrace{\frac{N}{2N-1}c_i + \frac{N-1}{2N-1}\bar{c}}_{\text{加权平均成本}} \qquad (10.6)$$

基于式（10.6）给出的最优交换费，可归纳出支付平台的一组私人最优定价策略，如命题1所述。

命题1：支付平台的最优交换费以其自身成本和竞争对手成本构成的加权平均成本为基础，以基础效用差异和交通成本形成的增广差异化程度为加项。

命题1所揭示的交换费决定机制表明，全局竞争下的支付平台定价策略依然遵循成本加成定律。不同于传统的成本加成原则，全局竞争下的最优定价策略必须同时考虑自身成本和竞争对手成本，自身成本在最优交换费中作为补偿项目，全部竞争对手的平均成本则在一定意义上属于激励因素，自身成本的补偿效应强于竞争对手成本的激励效应。不难发现，支付平台向会员机构提供的基础效用（价值）超出竞争对手越多、服务差异化程度越高，平台交换费越高。

特别地，若支付平台之间的基础价值无差异（$\theta = 1$）、交通成本单位化为 1（$t=1$）、服务成本对称（$c_i=\bar{c}$），则最优交换费 $a_i^*=L+\bar{c}$，支付平台的加成（$a_i^*-\bar{c}=L$）只取决于平台间的距离 L，这与 Somaini 和 Einav（2013）的结论一致。

为了分析竞争主体数量对最优交换费的影响，由式（10.6）对支付平台数量 N 求偏导数：

$$\frac{\partial a_i^*}{\partial N} = \frac{\bar{c}-c_i}{(2N-1)^2}$$

由此，可得命题 2。

命题 2：引入更多竞争平台未必能够降低最优交换费，市场开放对平台交换费的净影响取决于平台成本差异。

与（新）古典经济学的竞争导致价格下降的传统观点不同，命题 2 界定了支付平台全局竞争影响价格走向的条件。该命题的直观启示在于：通过市场开放引入更多竞争主体只是降低交换费的必要条件，只有支付产业（除某一平台外）的平均运行成本足够低才能倒逼低效率（高成本）的支付平台削减其交换费。如果支付平台之间的平均成本无限接近乃至趋同，那么最优交换费与竞争主体数量无关。倘若单一支付平台的运行效率足够高（该支付平台的成本足够低，低于其他支付平台的平均成本，原因可能是支付产业的集体非效率所致），竞争主体多元化反倒会推高平台最优交换费。根据开放型支付平台的运行模式和交换费的利益再平衡功能可以推知，交换费上升会降低持卡人费率、提高商户扣率，反之则提高持卡人费率、降低商户扣率，这种"失之东隅，收之桑榆"的非平衡效果被称为价格结构的"跷跷板原理"（Seesaw Principle）（王学斌等，2006；Rochet and Tirole，2006；Weyl，2010）。

10.3.2 社会福利最大化的最优定价策略

社会计划者（Social Planner）考虑会员机构效用与平台利润构成的总福利最大化，其目标函数如式（10.7）所示：

$$W = \frac{1}{2}\sum_{i=1}^{N}\sum_{j\neq i,j=1}^{N-1}\left\{\int_{0}^{\frac{a_j-a_i}{2t}+\frac{(1-\theta)u+tL}{2t}}(u-tx-a_i)g\mathrm{d}x + \int_{\frac{a_j-a_i}{2t}+\frac{(1-\theta)u+tL}{2t}}^{L}[\alpha u-t(L-x)-a_j]g\mathrm{d}x\right\}+$$

$$\sum_{i=1}^{N}(a_i - c_i)\frac{N-1}{2t}[(1-\theta)u + tL - a_i + \bar{a}]g \qquad (10.7)$$

利用社会福利最大化的一阶条件，可以计算得到：

$$a_i = \frac{1}{3}[(1-\theta)u + tL + 2c_i + \bar{a}] \qquad (10.8)$$

将全部平台的一阶条件加总，变形得到式（10.9）：

$$\bar{a} = \frac{1}{2(N-1)}\{N[(1-\theta)u + tL] + 2[(N-1)\bar{c} + c_i] - 2a_i\} \qquad (10.9)$$

将式（10.9）代入式（10.8），可计算得到社会最优交换费：

$$a_i^{\dagger} = \underbrace{\underbrace{\frac{1}{2}(1-\theta)u}_{\text{基础效用差异}} + \underbrace{\frac{1}{2}tL}_{\text{交通成本}}}_{\text{增广差异化的算术平均}} + \underbrace{\frac{2N-1}{3N-2}c_i + \frac{N-1}{3N-2}\bar{c}}_{\text{加权平均成本}} \qquad (10.10)$$

基于式（10.10）可以提炼出能够实现社会福利最大化的最优定价法则，如命题3所述。

命题3：社会有效的最优交换费以其自身成本和竞争对手成本构成的加权平均成本为基础，以基础效用差异和交通成本构成的算术平均增广差异化程度为加项。

命题3揭示的定价原理是符合现实情况的。首先，追求社会福利最大化的社会计划者在定价决策中考虑"平均"而非"边际"，体现了普惠原则；其次，社会最优的交换费决定机制兼顾成本导向和需求导向，体现了统筹原则。

特别地，若支付平台之间的基础价值无差异（$\theta = 1$）、单位交通成本为1（$t=1$）、服务成本对称（$c_i = \bar{c}$），则社会最优的交换费与私人最优的交换费之间存在以下关系：

$$a_i^{\dagger} = \frac{1}{2}L + \bar{c} < a_i^* \qquad (10.11)$$

事实上，对于任意为正的单位交通成本t，式（10.11）总是成立。于是，进一步提出命题4。

命题4：若平台间的基础价值和服务成本无差异，则相较于社会有效的交换费,支付平台私人设定的交换费过高。

命题4为管理部门规制平台交换费提供了理论依据,其直观意义在于:针对同等质量的服务(基础价值和服务成本无差异),支付平台的定价缺乏效率,过高地偏离了社会有效水平从而形成了对发卡机构的过度激励。一项可能的解释是,支付平台的交换费设计只考虑自身利润最大化,而社会有效的交换费分配机制还需要调节会员机构利益。社会计划者向会员机构让利才能形成有效激励,故费率更低。命题4衍生出来的启示是,降低交换费或者对交换费实施上限规制有利于增加社会福利。

10.4 基于全局竞争定价模型的拓展分析

在基准模型的基础上,先后引入支付平台会员机构的转换成本、考虑平台盈利目标的锚定效应,进行拓展性分析。

10.4.1 考虑转换成本的全局竞争定价策略

支付产业的开放将引入一定数量的竞争性平台,会员机构因而拥有更多的机会重新选择支付平台。然而,考虑到业务规则、技术标准、用户基础等方面的锁定效应,会员机构在不同平台之间切换会产生转换成本(Switching Cost)。于是,本部分重点分析转换成本在支付平台定价策略中的功能。

记会员机构的转换成本为 s、同一竞争链接上 ($i \leftrightarrow j$) 归属于平台 i 的会员比重(市场份额)为 m_i,其他基本假设与符号同上。根据会员机构的效用(价值)无差异条件:

$$\begin{cases} u - t\bar{x}_{ij}^i - a_i = \theta u - t(L - \bar{x}_{ij}^i) - a_j - s \\ u - t\bar{x}_{ij}^j - a_i - s = \theta u - t(L - \bar{x}_{ij}^j) - a_j \end{cases} \quad (10.12)$$

得到边际会员机构:

$$\begin{cases} \bar{x}_{ij}^i = \dfrac{a_j - a_i}{2t} + \dfrac{(1-\theta)u + tL + s}{2t} \\ \bar{x}_{ij}^j = \dfrac{a_j - a_i}{2t} + \dfrac{(1-\theta)u + tL - s}{2t} \end{cases} \quad (10.13)$$

进而求得平台 i 的需求函数：

$$q_{ij} = \sum_{j \neq i, j=1}^{N-1} [m_i \bar{x}_{ij}^i g + (1-m_i)\bar{x}_{ij}^j g] = \frac{N-1}{2t}[(1-\theta)u + tL + (2\bar{m}-1)s - a_i + \bar{a}]g \tag{10.14}$$

其中，$\bar{m}$ 为除平台 i 以外其余 $N-1$ 家平台的平均市场份额，记为 $\bar{m} = \frac{1}{N-1}\sum_{j \neq i, j=1}^{N-1} m_j$。于是，可以写出平台 i 的利润函数：

$$\pi_i = (a_i - c_i)\frac{N-1}{2t}[(1-\theta)u + tL + (2\bar{m}-1)s - a_i + \bar{a}]g \tag{10.15}$$

利用利润最大化的一阶条件，可以得到：

$$a_i = \frac{1}{2}[(1-\theta)u + tL + (2\bar{m}-1)s + c_i + \bar{a}] \tag{10.16}$$

将 N 家平台的一阶条件加总后变形，能够得到：

$$\bar{a} = \frac{1}{N-1}\{N[(1-\theta)u + tL + (2\bar{m}-1)s] + (N-1)\bar{c} + c_i - a_i\} \tag{10.17}$$

于是，可计算得到平台 i 的最优交换费：

$$a_i^{**} = \underbrace{(1-\theta)u}_{\text{基础效用差异}} + \underbrace{tL + (2\bar{m}-1)s}_{\text{用户黏性}} + \underbrace{\frac{N}{2N-1}c_i + \frac{N-1}{2N-1}\bar{c}}_{\text{加权平均成本}} \tag{10.18}$$

$$\underbrace{\phantom{(1-\theta)u + tL + (2\bar{m}-1)s}}_{\text{增广差异化}}$$

基于式（10.18）的最优交换费进行比较静态分析，可以推导得到：

$$\frac{\partial a_i^{**}}{\partial s} = 2\bar{m} - 1$$

进一步可以推知存在会员机构转换成本时，平台的最优定价法则，如命题 5 所述。

命题 5：①支付平台的最优交换费以其自身成本和竞争对手成本构成的加权平均成本为基础，以基础效用差异和用户黏性形成的增广差异化程度为加项；②转换成本对交换费的影响不确定，若平台自身的市场份额低于竞争对手市场份额，平台制定的最优交换费应随着成员转换成本的上升而提高，若平台自身的市场份额高于竞争对手市场份额，平台制定的最优交换费应随着成员转换成本的上升而降低。

命题 5 的第一个子命题与命题 1 类似，不再赘述。第二个子命题的直观启示在于：当支付平台的会员基础尚且弱小（不足 50%）时，平台宜利用转换成本形成的用户黏性提高交换费，激励发卡机构会员；当支付平台的成员基础足够庞大（超过 50%）时，平台宜降低交换费以补偿忠实的（转换成本高的）收单机构会员。换言之，支付平台在全局竞争下有必要遵循"非平衡"发展思路，抓住矛盾的主要方面：当会员机构构成的中间市场规模不足时，支付平台应该首先发展发卡市场；而当中间市场成长起来之后，支付平台需要重点发展收单市场。

同样地，可以构建类似式（10.7）的社会福利函数并求解社会有效的交换费。通过计算不难发现，考虑会员机构转换成本之后的社会最优交换费的主元素与式（10.18）相同，各项权重则与式（10.10）相同。类似的命题不再赘述。

10.4.2 考虑平台相对绩效的全局竞争定价策略

全局竞争下的支付平台不仅关心自身盈利的绝对水平，也会关注竞争对手的盈利状况乃至将竞争对手盈利作为对标，后者可以用相对绩效（盈利差距）来衡量。此时，支付平台的目标是设计适宜的价格策略以最大化自身利润与相对利润构成的加权利润。Kou 和 Zhou（2015）将相对绩效评价引入了 Hotelling 线性城市模型，可进一步将其引入网络城市模型用以分析银行卡交换费的内生决定机制。若记相对利润的权重为 ω，其他基本假设与符号同上，那么，考虑了相对绩效的支付平台目标利润函数可以写成式（10.19）：

$$\begin{aligned}\Pi_i &= \omega(\pi_i - \pi_j) + (1-\omega)\pi_i \\ &= \omega\left\{(a_i - c_i)\frac{N-1}{2t}[tL + (1-\theta)u - a_i + \bar{a}]g - (a_j - c_j)\frac{N-1}{2t}[tL - (1-\theta)u - a_j + \hat{a}]g\right\} + \\ &\quad (1-\omega)(a_i - c_i)\frac{N-1}{2t}[tL + (1-\theta)u - a_i + \bar{a}]g \end{aligned} \quad (10.19)$$

其中，$\hat{a}$ 为除平台 j 以外其余 $N-1$ 家平台的平均交换费。在对称性价格下，利用利润最大化的一阶条件计算得到支付平台 i 的最优交换费：

$$a_i^{***} = \frac{(N-1)^2[tL+(1-\theta)u+c_i] - \omega(N-1)[tL-(1-\theta)u] + c_i}{(N-1)^2 + 1}$$

(10.20)

由式（10.20）对相对利润的权重 ω 求偏导数：

$$\frac{\partial a_i^{***}}{\partial \omega} = \frac{[(1-\theta)u - tL](N-1)}{(N-1)^2 + 1}$$

由此，可得命题6。

命题6：锚定相对绩效未必能够降低交换费，其还取决于平台提供的基础价值差异与会员机构交通成本之间的差距。①若基础价值差异低于交通成本，越是锚定竞争对手的利润越会加剧交换费竞争，降低平台最优交换费；②若基础价值差异高于交通成本，越是锚定竞争对手的利润越有助于缓和交换费竞争，导致平台最优交换费上升。

命题6赋予的管理启示在于，在考虑相对绩效的全局竞争下，支付平台私人最优交换费的决定机制兼具竞争导向和价值导向。在对标式竞争中，支付平台有必要时刻关注竞争对手的利润表现，但在设计最优交换费时务必反问自身能为会员提供多大的、有别于竞争对手的基础价值。平台间基础价值差异化程度越高越能弱化竞争对定价的负面影响，反之，平台间基础价值同质化程度越高则越会强化竞争对定价的负面效应。只有当会员机构感知到的平台间基础价值差异能够完全覆盖交通成本时，为提供高差异化价值的回报，支付平台才有依据收取更高的交换费。命题6的定价原则在一定程度上符合"打铁还需自身硬"以及"投桃报李"的朴素认知。

10.5 全局竞争定价模型的应用分析

接下来，结合现实的基础数据，依据基准模型重点探讨全局竞争下中国银联的费率调整策略。

10.5.1 当前费率标准

中国银联目前执行的银行卡交换费标准是依据国家发展改革委和中国

人民银行发布的《关于完善银行卡刷卡手续费定价机制的通知》（发改价格〔2016〕557号）设计的。银行卡支付平台收取的交换费不区分商户类别，执行最高限价，具体标准见表10-1。

表10-1 卡基支付手续费项目及费率上限

序号	收费项目	收费方式	费率及封顶标准
1	收单行服务费	收单机构向商户收取	实行市场调节价
2	发卡行服务费	发卡机构向收单机构收取	借记卡：不高于0.35%（单笔收费金额不超过13元）
			贷记卡：不高于0.45%
3	卡组织交换费	银行卡清算机构向发卡机构收取	不高于0.0325%（单笔收费金额不超过3.25元）
		银行卡清算机构向收单机构收取	不高于0.0325%（单笔收费金额不超过3.25元）

资料来源：《两部门关于完善银行卡刷卡手续费定价机制的通知》，中国政府网，https://www.gov.cn/xinwen/2016-03/18/content_5055286.htm。

在最高限价规制下，中国银联抽取的交换费（双边）不得超过交易额的0.065%，由发卡机构和收单机构各分担50%，即向发卡机构和收单机构计收的费率均不得超过交易额的0.0325%；单笔交易不区分借记卡还是贷记卡，交换费不超过6.5元，即向发卡机构和收单机构计收的单笔费用均不能超过3.25元。

10.5.2 基础数据

由于平台的基础价值差异和交通成本无法获得，假设支付平台之间基础价值无差异、单位交通成本为1、平台间距离单位化为1。于是，根据式（10.6）和式（10.10），支付平台私人最优的和社会最优的交换费就主要由单位运营成本和竞争性平台数量共同决定。图10-2刻画了全球四大支付平台的运营成本动态变化特征。

经过近五十年的发展，全球四大支付平台的运营成本目前已经基本趋于稳定。其中，万事达和维萨两大老牌支付平台间的单笔交易成本差距微乎其微，后来成长起来的美国运通和发现卡的单笔交易成本趋于收敛，后发平台的单笔交易成本远高于老牌平台。为了便于分析，进一步收集了中

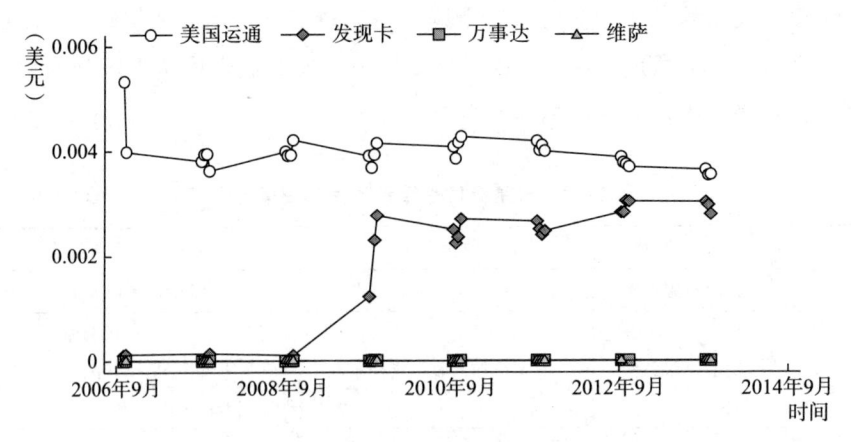

图 10-2 全球四大支付平台单笔交易成本变动轨迹

注：PaymentsSource 自 2014 年起不再更新数据，只能获得 2014 年以前的数据。
资料来源：根据 PaymentsSource 和 BankScope 两大数据库提供的原始数据，利用总运营成本和交易量信息计算得到单笔交易成本，在 Stata 14 中绘制得到。

国银联与全球四大支付平台 2006 年第三季度至 2013 年第三季度的单笔交易的平均成本，如表 10-2 所示。

表 10-2 五大卡基支付平台单笔交易的平均成本

	中国银联	美国运通	万事达	维萨	发现卡
平均成本	0.17 元	0.003962 美元	0.000006 美元	0.000004 美元	0.002146 美元

资料来源：中国银联的平均成本来自《银联转接成本起底》，第一财经网，https://www.yicai.com/news/1300803.html；其余四家平台的平均成本根据 PaymentsSource 和 BankScope 数据库提供的原始数据计算得到。

尽管中国银联的发卡量全世界最高，但相较于国外四大支付平台，运营成本处于高位，显然不具有任何优势。随着运营经验丰富的国外支付平台陆续进入我国，中国银联在国内的生存环境堪忧（在国际市场上，这种状况可能更加糟糕），亟待优化调整当前的费率结构。

10.5.3 中国银联的交换费调整方案

基于中国银联、美国运通、万事达、维萨和发现卡的成本信息，本章分别给出了私人最优和社会最优的交换费调整方案，具体见表 10-3。

表 10-3 全局竞争下的交换费优化调整方案

单位：元

竞争场景	中国银联最优	社会最优	美国运通	万事达	维萨	发现卡
$N=2$	1.114654	0.628491	V.S.			
	1.113335	0.627502		V.S.		
	1.113335	0.627501			V.S.	
	1.114049	0.628037				V.S.
$N=3$	1.102794	0.621995	V.S.	V.S.		
	1.102793	0.621995	V.S.		V.S.	
	1.103222	0.622301	V.S.			V.S.
	1.102002	0.621430		V.S.	V.S.	
	1.102430	0.621736		V.S.		V.S.
	1.102430	0.621736			V.S.	V.S.
$N=4$	1.097710	0.619397	V.S.	V.S.	V.S.	
	1.098016	0.619611	V.S.	V.S.		V.S.
	1.098016	0.619611	V.S.		V.S.	V.S.
	1.097451	0.619216		V.S.	V.S.	V.S.
$N=5$	1.095124	0.618163	V.S.	V.S.	V.S.	V.S.

注：V.S. 表示中国银联与其发生竞争。
资料来源：笔者测算得到。

表 10-3 结果显示，随着竞争对手的增加，支付平台私人最优的交换费和社会最优的交换费均下降，但私人最优的交换费过高，缺乏效率。中国银联在全局竞争下的私人最优交换费为 1.0951~1.1147 元，目前国内实施的交换费（单边单笔 3.25 元）尚存在较充足的下调空间。中国银联、国家发改委和中国人民银行可根据竞争场景相机抉择。

10.6 完善全局定价策略以促进双循环的政策意蕴

10.6.1 面向高水平开放的定价策略调整

在支付市场高水平对外开放的时代大势下，美国运通支付平台率先落地中国，标志着中国支付市场全面开放的序幕拉开。未来已来，支付平台需要设计全新的交换费定价策略以适应全面竞争时代。本章首先构建一个全局竞争基准模型，分析支付平台在"一对多"竞争下的最优交换费定价策略；其次，分别将转换成本和利润锚定效应纳入基准模型，进行拓展性分析；最后，基于现实数据提出了中国银行卡市场交换费调整方案。

　　支付平台在全局竞争下的最优交换费依然满足成本加成定律，平台以其自身成本和竞争对手成本构成的加权平均成本为基础，以基础效用差异、会员机构交通成本或转换成本形成的增广差异化程度为加项。相较于社会有效的交换费，支付平台私人设定的交换费过高，降低交换费或者对交换费实施有效规制有利于增加社会福利。通过引入更多竞争平台推进支付市场开放未必能够降低交换费，其还取决于支付平台之间的成本差距。只有支付产业（除某一平台外）的平均运行成本足够低才能倒逼低效率（高成本）的支付平台削减其交换费。锚定竞争平台（相对）绩效未必能够降低交换费，其还取决于支付平台提供的基础价值差异与会员机构交通成本两者之间的差距。若基础价值差异低于交通成本，越是锚定竞争对手的利润越会加剧交换费竞争，降低平台最优交换费。转换成本对交换费的影响则取决于支付平台在中间市场的占有率，若平台自身的市场份额高于竞争对手市场份额，平台制定的最优交换费应随着成员转换成本的上升而降低。

10.6.2　调整全局定价以促进双循环的路径选择

　　本土支付品牌要在"高水平开放"中大显身手，在"加速双循环"中贡献力量。在调价格、促循环方面，本章结论具有清晰、丰富的管理启示。当前，中国银联在全局竞争下的私人最优交换费为 1.0951～1.1147 元，国内目前实施的交换费（单边单笔不超过 3.25 元）尚存在较充足的下调空间。对中国银联而言，为了在全面竞争时代赢得价格优势，可供借鉴的一条具有明确"利己利人"功能的和平发展路径是：锚定竞争对手、缩小基础价值差距→降低运营成本→提高市场占有率→降低交换费→拓展平台理论、增进社会福利。首先，中国银联要根据自身体量、组织形式、传统与趋势等特征找准对标平台，缩小与其在基础价值方面的差距，扩大增值服务范围。其次，中国银联需要致力于优化支付流程、充分发挥会员机构专业化优势，以降低运营成本，为自身先天的成本劣势软肋套上铠甲。最后，中国银联务必利用好在国内市场领先的用户基础优势，活跃交易以释放需求侧规模经济效应，提高用户忠诚度和黏性，保有相对占有率优势。三项举措组合，能够在一定程度上降低支付市场的交换费。只要措施力度足够大，使得交换费降低产生的增量需求效应超过毛利侵蚀效应，平台利润水平和社会福利目标完全可以实现兼容，国内国际双循环规模和质量完全能够两全。

第 11 章　新兴支付工具冲击对传统支付平台费率结构的影响

支付平台的价格形成机制及定价策略还因科技迭代和市场结构而异。微信和支付宝等新兴支付工具的崛起冲击了传统的卡基支付，倒逼卡基支付平台调整优化费率结构。本章基于二部定价模式，考察卡基支付平台在垄断、竞争和竞合情形下的定价策略与调整方略。[①]

11.1　新兴支付工具对传统支付平台的冲击

金融科技发展推动了支付产业高质量发展（吕仲涛，2022），形成了卡基支付和账基支付两大技术方案。卡基支付以银行卡账号为媒介，衍生出闪付、网银支付等支付工具；账基支付（第三方支付）以互联网平台账号为通道，是指非银行支付机构通过在银行开设账户对接银行支付结算系统，促成终端用户进行交易的网关化支付模式，形成了拉卡拉、京东支付、百度钱包、易宝支付、支付宝和微信支付等诸多新兴支付工具。2021年9月，工业和信息化部开展"推进互联互通、解除外链屏蔽"专项行动，支付宝、银联云闪付、微信支付等支付巨头顺应平台生态开放大势，实现了互联互通、互认互扫。支付宝与中国银联基于条码互联互通业务展开密切沟通和探索，并陆续在北京、天津、广州、深圳、成都、重庆、西安等多个城市实现收款码扫码互认。账基支付一方面对卡基支付平台保有巨大的接入需求，另一方面却强力冲击了卡基支付。技术和制度层面，在

[①] 基础工作见傅联英和骆品亮（2022a），本章对其进行了补充和拓展。

非银行支付机构网络支付清算平台完成全面覆盖之前，以及在支付产业规制部门"断直连、强监管"的风险管控要求下，账基支付平台的用户仍需绑定银行卡，接入卡基支付平台才能完成支付清算。用户和市场层面，伴随着账基支付工具的扩散，商户和消费者纷纷拥抱此类新兴支付工具，绕过卡基支付平台从事交易（简称绕道交易，Bypass）。在账基支付的冲击下，传统卡基支付交易量被明显分流。账基支付工具交易额占全社会金融支付交易额的比重持续上升，2015～2021年从1%迅速提高到约8.4%，2021年渗透率则上升至77%；相反，卡基支付工具渗透率增速放缓，2021年较上年上升0.02个百分点，维持在49.2%，始终未能突破50%这一"引爆点"。

互联互通模式下，新兴账基支付工具的崛起激励了用户绕道交易，这会对传统卡基支付平台的费率结构产生何种影响？非对称的市场竞争会诱导卡基支付平台利用接入费"封杀"账基支付工具吗？面对交易量分流风险，卡基支付平台该如何设计终端市场上针对持卡人的定价策略（零售价格）？又该如何设计中间市场上针对新兴支付工具的接入费（批发价格）？规制机构是否有必要介入？这些问题在实践层面已经引发广泛关注，但在理论层面尚未展开深入分析。此类问题的本质是市场结构变迁如何重塑市场行为，即卡基支付平台的费率结构应该如何随着市场结构的变化做出相应的调整。有鉴于此，本章重点比较分析传统卡基支付平台在系统封闭（垄断和竞争）与互联互通（竞争并合作）情形下的定价策略。本章研究有助于厘清支付清算市场的费率结构形成机制和调节举措，一定程度上能够为"线上+线下"多层次的支付生态圈建设提供合理的收益分配建议。

11.2 不同支付平台的旁路竞争与接入定价理论

本章与双边市场理论和网间接入定价文献相关。以支付平台为对象的双边市场研究，如Rochet和Tirole（2002）、Wright（2012）分析了支付平台的垄断性或竞争性定价策略及其影响因素，为支付平台的零售价格形成机制提供了框架性指引。核心结论表明，支付平台偏向持卡人的费率结构会导致支付平台被过度使用。需要指出的是，它们的重点内容均聚焦于平台定价策略的集约边际（Intensive Margin）问题，即价格结构如何影响平台使用效率，尚未涉及平台定价策略的广延边际（Extensive Margin）问题，即价格结构能否激励用户使用平台。此外，前述文献仅仅分析传统的支付平台及其网间接入费率，未能顾及微信和支付宝等新兴的网关型支付工具的接入需要，对如何激励传统支付平台开放、新兴支付工具如何接入传统支付平台等问题考虑不足。

网络间（平台间）接入的关键在于费率（批发价格）设计。尽管存在诸多分歧，但网间接入定价文献或许能够为接入价格设计提供一些富有启发性的洞见。其中，Armstrong（1998）、Laffont 等（1998a）、Wright（2004b）指出，为实现有效接入需要实施互惠的网间接入价格，其水平高于边际成本。Schiff（2002）、Laffont 等（2003）认为，最优的网间接入价格应该设置为边际成本。Cambini 和 Valletti（2003）的研究结论则较为辩证与相机，认为最优接入费取决于平台所处的场景，需要促进投资时，将接入费设置在边际成本以下；需要规制企业减少投资时，将接入费设定在边际成本以上。在定价规则（模式）方面，Doganoglu 和 Tauman（2002）、Jeon 等（2004）分析认为，最优的接入费可遵循简单规则，即在零售价格的基础上给予相同的折扣。

网间接入定价文献给出的启示在于，平台接入价格设计可以重点以边际成本和零售价格为抓手，为平台间批发价格设计提供了有益线索。不过，明显的不足之处在于，未能考虑到旁路竞争（Bypass Competition）和平台用户绕道交易行为导致的平台通道化问题。Curien 等（1998）研究了短途电信运营商接入长途电信运营商面临被分流风险情境下的定价策略，指出旁路竞争导致接入价格遵循边际成本定价。Baye 和 Morgan（2001）、Galeotti 和 Moraga-González（2009）分析了旁路竞争对平台价格结构的影响，研究发现价格结构取决于产品或服务差异化程度。两篇文献的共同缺憾在于，卖家用户作为平台的瓶颈资源缓和了竞争，绕道交易的买家用户无法接入其他平台的卖家。Edelman 和 Wright（2015）分析了旁路竞争情境下平台的定价策略与用户的使用行为，发现平台禁止卖家额外收费会导致零售价格虚高、用户过度使用平台，使消费者剩余乃至社会福利减少。关于平台旁路竞争的文献契合本章的研究场景，但尚未考虑一个现实且充满争议的重要问题,即平台是否需要向竞争对手的用户再收费(双重收费)问题。

微信和支付宝等新兴支付工具本质上是一类不同于传统银行卡支付平台的旁路,会分流传统支付平台的用户和交易量。本章在银行卡双边市场定价模型中引入新兴支付工具的旁路,利用非线性定价方法分析传统支付平台在垄断、竞争和竞合情形下的定价策略。与既有研究相比,本章的差异之处主要体现在三个方面。其一,本章基于二部定价模式将集约边际和广延边际集成在同一模型框架下,实现了成员外部性和使用外部性的统一,突破了既有文献厚此薄彼的局限。其二,本章分析了旁路竞争情境下,平台对竞争对手及其用户的收费策略,综合考虑了B2B环节的批发价格和B2C环节的零售价格,弥补了同类文献在网间接入定价策略中"重批发轻零售"的不足。其三,在技术细节上,本章巧妙地利用消费者参与约束和效用最大化条件去精炼均衡,在垄断、竞争和竞合场景下均得到了唯一的均衡定价策略,有效地解决了同类研究存在的多重均衡问题。

11.3 传统支付平台独家运营定价模型

第一,需求侧假设。持卡人类型 $\theta \in [0, 1]$ 均匀分布,其效用函数为 $u_\theta(q) = \theta\sqrt{q} - P(q)$,其中 q 为支付交易量,$P(q)$ 为与交易量 q 对应的总价格,下同。记选择线下支付的临界持卡人为 $\bar{\theta}_1$,选择线下支付和线上支付无差异的持卡人为 $\bar{\theta}_2$。持卡人数量记为 N,并利用下标区分不同场景。

第二,供给侧假设。银行卡支付平台采用POS技术提供线下支付服务,每个持卡人的连接成本记为 f,每笔支付服务的边际成本记为 c,则平台服务每个持卡人的综合成本为 $f+cq$,下同。支付平台对持卡人采用二部定价模式,即 $P(q) = a_{OFF} + b_{OFF}q_{OFF}$,其中 a_{OFF} 为固定费用,b_{OFF} 为变动费用,其他定价模型中的设置类似。

第三,垄断性卡基支付平台的线下定价策略。根据供给侧和需求侧假设,可将银行卡支付平台的利润函数写成:

$$\pi_{OFF} = N_{OFF}(a_{OFF} - f + b_{OFF}q_{OFF} - cq_{OFF}) \qquad (11.1)$$

约束条件 1：持卡人效用最大化。

$$u_\theta(q_{OFF}) = \theta\sqrt{q_{OFF}} - P(q_{OFF}) \quad (11.2)$$

约束条件 2：持卡人效用非负。

$$u_\theta(q_{OFF}) = \theta\sqrt{q_{OFF}} - P(q_{OFF}) \geqslant 0 \quad (11.3)$$

根据约束条件 1 和 2 分别得到：

$$P'(q_{OFF}) = \frac{\theta}{2\sqrt{q_{OFF}}} = b_{OFF} \quad (11.4)$$

$$N_{OFF} = 1 - \bar{\theta}_1 = 1 - \frac{P(q_{OFF})}{\sqrt{q_{OFF}}} \quad (11.5)$$

结合二部定价表达式的导数与式（11.4）得到：

$$\sqrt{q_{OFF}} = \frac{\theta}{2b_{OFF}} \quad (11.6)$$

简单变形得到：

$$q_{OFF} = \left(\frac{\theta}{2b_{OFF}}\right)^2 \quad (11.7)$$

注意到，式（11.6）、式（11.7）实际上就是基于效用函数内生求解得到的持卡人对支付服务的非线性需求函数。将式（11.7）代入式（11.1），利用利润最大化的一阶条件，计算求得卡基支付平台的最优价格结构：

$$\begin{cases} a_{OFF}^* = \dfrac{[8cf - \theta(\sqrt{1+12cf} - 1)]f}{(\sqrt{1+12cf} - 1)^2} \\ b_{OFF}^* = \dfrac{(\sqrt{1+12cf} - 1)\theta}{4f} \end{cases} \quad (11.8)$$

进而得到均衡交易量：

$$q_{OFF}^* = \left(\frac{2f}{\sqrt{1+12cf} - 1}\right)^2 \quad (11.9)$$

将式（11.9）代入卡基支付平台利润函数式（11.1），得到如式

第 11 章　新兴支付工具冲击对传统支付平台费率结构的影响

(11.10) 所示的线下支付业务的均衡利润水平：

$$\pi_{OFF}^* = \frac{2(\sqrt{1+12cf} - 1 - 4cf)^2 f}{(\sqrt{1+12cf} - 1)^3} \tag{11.10}$$

第四，垄断性卡基支付平台的"线上+线下"定价策略。卡基支付平台也可同时采用线上支付技术提供支付服务（例如银联在线支付）。记临界持卡人为 $\bar{\theta}_2$，其选择线下支付和线上支付的效用相等，则分离均衡为：位于 $(0, \bar{\theta}_1)$ 的持卡人既不选择线下支付也不选择线上支付；位于 $(\bar{\theta}_1, \bar{\theta}_2)$ 的持卡人只选择线下支付；位于 $(\bar{\theta}_2, 1)$ 的持卡人只选择线上支付。卡基支付平台的利润函数可写成：

$$\pi_{OFF+ON} = N_{OFF}(a_{OFF} - f + b_{OFF}q_{OFF} - cq_{OFF}) + N_{ON}(a_{ON} - f + b_{ON}q_{ON} - cq_{ON}) \tag{11.11}$$

约束条件 1：持卡人效用最大化。

$$u_\theta(q_i) = \theta\sqrt{q_i} - P(q_i) \tag{11.12}$$

约束条件 2：分离均衡。

$$\begin{cases} \bar{\theta}_1 \sqrt{q_{OFF}} - P(q_{OFF}) \geq 0 \\ \bar{\theta}_2 \sqrt{q_{ON}} - P(q_{ON}) \geq \bar{\theta}_2 \sqrt{q_{OFF}} - P(q_{OFF}) \end{cases} \tag{11.13}$$

根据约束条件 1 和 2 分别得到：

$$P'(q_i) = \frac{\theta}{2\sqrt{q_i}} = b_i \tag{11.14}$$

$$\bar{\theta}_2 = \frac{a_{ON} - a_{OFF} + b_{ON}q_{ON} - b_{OFF}q_{OFF}}{\sqrt{q_{ON}} - \sqrt{q_{OFF}}} \tag{11.15}$$

计算得到线上支付和线下支付的用户数量分别为：

$$\begin{cases} N_{ON} = 1 - \bar{\theta}_2 = 1 - \dfrac{a_{ON} - a_{OFF} + b_{ON}q_{ON} - b_{OFF}q_{OFF}}{\sqrt{q_{ON}} - \sqrt{q_{OFF}}} \\ N_{OFF} = \bar{\theta}_2 - \bar{\theta}_1 = \dfrac{a_{ON} - a_{OFF} + b_{ON}q_{ON} - b_{OFF}q_{OFF}}{\sqrt{q_{ON}} - \sqrt{q_{OFF}}} - \dfrac{a_{OFF} + b_{OFF}q_{OFF}}{\sqrt{q_{OFF}}} \end{cases} \tag{11.16}$$

利用一阶条件求得线上支付和线下支付的最优价格结构：

$$\begin{cases} a_{OFF}^{\dagger} = \dfrac{[48cf - (3\theta - 2)(\sqrt{1+60cf}-1)]f}{(\sqrt{1+60cf}-1)^2} \\ b_{OFF}^{\dagger} = \dfrac{(\sqrt{1+60cf}-1)\theta}{12f} \end{cases} \quad (11.17)$$

$$\begin{cases} a_{ON}^{\dagger} = \dfrac{288c^2f^2 + (3\theta-4)(\sqrt{1+60cf}-1) + 3cf[2(\sqrt{1+60cf}+19) - 3\theta(\sqrt{1+60cf}+9)]}{9c(\sqrt{1+60cf}-1)^2} \\ b_{ON}^{\dagger} = \dfrac{3c\theta(\sqrt{1+60cf}-1)}{2(6cf + \sqrt{1+60cf}-1)} \end{cases}$$

$$(11.18)$$

对比式（11.8）和式（11.17），容易证明：

$$a_{OFF}^{*} > a_{OFF}^{\dagger}, b_{OFF}^{*} < b_{OFF}^{\dagger}$$

据此，提出命题1。

命题1：相较于纯线下业务模式，"线上+线下"多业务垄断会降低线下支付业务的固定费用，同时提高变动费用。

命题1的直观含义在于，垄断性卡基支付平台具有实施"套而餐之"定价策略的能力和动机。多业务垄断的支付平台通过降低固定费用扩张并套牢持卡人用户，利用多业务垄断势力提高变动费用从后续交易中获利。

将式（11.17）、式（11.18）代入式（11.16），不难计算得到线上支付和线下支付的均衡交易量分别为：

$$\begin{cases} q_{OFF}^{\dagger} = \left(\dfrac{6f}{\sqrt{1+60cf}-1} \right)^2 \\ q_{ON}^{\dagger} = \left[\dfrac{6cf + \sqrt{1+60cf}-1}{3c(\sqrt{1+60cf}-1)} \right]^2 \end{cases} \quad (11.19)$$

将式（11.17）、式（11.18）、式（11.19）代入支付平台利润函数式（11.11），计算得到均衡利润：

$$\pi_{OFF+ON}^{\dagger} = \dfrac{4[72c^2f^2 - (\sqrt{1+60cf}-1) - 6cf(2\sqrt{1+60cf}-7)]}{27c(\sqrt{1+60cf}-1)^3[12cf - (\sqrt{1+60cf}-1)]} \times$$

$$[360c^2f^2 + (\sqrt{1+60cf}-1) - 6cf(4\sqrt{1+60cf}+1)] \quad (11.20)$$

对比式（11.8）、式（11.17）、式（11.18）、式（11.9）、式（11.10）、

式（11.19）以及式（11.20）可以发现，垄断运行场景下，支付平台的价格结构受到需求侧持卡人类型的影响，但作为事后结果的均衡交易量和利润水平均与需求侧持卡人类型无关。该结果说明，垄断性支付平台的定价策略因人（需求类型）而异，体现了用户导向，这种现象在大数据时代或许更加常见。大型互联网平台利用大数据识别用户类型进而"杀熟""宰肥"便是例证。

11.4 传统支付平台与新兴支付工具的竞争定价模型

新兴支付工具向用户提供线上支付服务并利用其他增值业务（例如余额宝提供的理财业务）获利。新兴支付工具与支付平台围绕线上支付业务开展价格竞争，其结果是依照边际成本定价，支付平台和新兴支付工具的线上支付业务利润均为零。但是，线上支付市场的竞争会改变银行卡线下支付市场的用户数量和价格策略。卡基支付平台的线下支付业务利润函数：

$$\pi_{OFF} = N_{OFF}(a_{OFF} - f + b_{OFF}q_{OFF} - cq_{OFF}) \tag{11.21}$$

约束条件 1：持卡人效用最大化。

$$u_\theta(q_{OFF}) = \theta\sqrt{q_{OFF}} - P(q_{OFF}) \tag{11.22}$$

约束条件 2：选择线下支付的持卡人的效用不低于选择线上支付的持卡人的效用，卡基支付平台的线上支付业务基于边际成本定价。

$$\bar{\theta}_2\sqrt{q_{OFF}} - P(q_{OFF}) \geq \bar{\theta}_2\sqrt{q_{ON}} - P(q_{ON}) \tag{11.23}$$

根据约束条件 1 和 2 分别得到：

$$P'(q_{OFF}) = \frac{\theta}{2\sqrt{q_{OFF}}} = b_{OFF} \tag{11.24}$$

$$\bar{\theta}_2 = \frac{(a_{OFF} + b_{OFF}q_{OFF}) - (f + cq_{ON})}{\sqrt{q_{OFF}} - \sqrt{q_{ON}}} \tag{11.25}$$

由式（11.25）计算得到使用线下支付的用户数量：

$$N_{OFF} = 1 - \tilde{\theta}_2 = 1 - \frac{\left[a_{OFF} + b_{OFF}\left(\frac{\theta}{2b_{OFF}}\right)^2\right] - \left[f + c\left(\frac{\theta}{2c}\right)^2\right]}{\frac{\theta}{2b_{OFF}} - \frac{\theta}{2c}} \tag{11.26}$$

利用利润最大化的一阶条件求得最优价格结构：

$$\begin{cases} a_{OFF}^{**} = \dfrac{4 + 18cf - 5\theta + \theta^2}{18c} \\ b_{OFF}^{**} = \dfrac{3c\theta}{2 + \theta} \end{cases} \tag{11.27}$$

比较式（11.8）与式（11.27），容易证明：

$$a_{OFF}^{*} > a_{OFF}^{**}, \quad b_{OFF}^{*} > b_{OFF}^{**}$$

于是，提出命题 2。

命题 2：新兴支付工具在线上发起的业务竞争会导致银行卡支付平台线下业务的固定费用和变动费用双降。

命题 2 符合一般的经济直觉，凸显了线上支付与线下支付的联动效应。新兴支付工具进军线上支付业务首先会影响传统银行卡支付平台的线上业务，但该冲击不会止步于线上支付业务，还将进一步分流银行卡支付平台的线下持卡人用户，倒逼其向下调整线下支付的费用。

将式（11.27）代入式（11.24），计算得到均衡交易量：

$$q_{OFF}^{**} = \left(\frac{2 + \theta}{6c}\right)^2 \tag{11.28}$$

将式（11.27）、式（11.28）代入支付平台线下业务利润函数，化简得到线下支付业务的均衡利润：

$$\pi_{OFF}^{**} = \frac{(1 - \theta)^3}{27c} \tag{11.29}$$

观察式（11.27）、式（11.28）、式（11.29）可以发现，与垄断运行场景不同，二部定价模式下，只有固定费用取决于固定成本等因素，变动费用、均衡交易量和利润水平均与固定成本无关。这一结果表明，在新兴支付工具竞争场景下，固定成本在支付平台价格结构形成机制中的传导作用具有"选择性"或"定向性"，即固定成本只在事前对会员费进而对成员网络外部性（用户基础）产生实质影响，对事后的使用外部性影响是中性的。此外，价格结构、交易量、利润水平均取决于需求侧的持卡人类型。该结论的管理启示在于，银行卡支付平台在竞争场景下需要始终（事前与事后）坚持用户导向。

11.5 新兴支付工具接入传统支付平台的定价模型

不同平台或工具的集体行动现象日益常见，支付产业尤为明显。银行卡支付平台提供线下支付服务，新兴支付工具接入银行卡支付平台为用户提供支付服务，连通线上线下（例如，支付宝提供余额宝增值服务，其资金能转入转出持卡人本人银行卡），两类支付工具实现跨界合作。新兴支付工具对每个用户收取的固定费用为 M（增值服务的平均价格），银行卡支付平台对新兴支付工具及其用户收取的接入费分别为 a_B 和 a_U。选择线上支付的临界用户记为 $\hat{\theta}_1$，成本结构与前文相同。银行卡支付平台与新兴支付工具的利润函数分别如式（11.30）和式（11.31）所示：

$$\pi_{OFF+ON} = N_{OFF}[a_{OFF} - f + (b_{OFF} - c)q_{OFF}] + N_{ON}q_{ON}(a_U + a_B - c) \quad (11.30)$$

$$\pi_{ONC} = N_{ON}(M - f - a_B q_{ON} - cq_{ON}) \quad (11.31)$$

约束条件 1：持卡人效用最大化。

$$u_\theta(q_{OFF}) = \theta\sqrt{q_{OFF}} - P(q_{OFF}) \quad (11.32)$$

$$u_\theta(q_{ON}) = \theta\sqrt{q_{ON}} - M - a_U q_{ON} \quad (11.33)$$

约束条件 2：两类用户的效用非负。

$$u_\theta(q_{OFF}) = \theta\sqrt{q_{OFF}} - P(q_{OFF}) \geq 0 \quad (11.34)$$

$$u_\theta(q_{ON}) = \theta\sqrt{q_{ON}} - M - a_U q_{ON} \geq 0 \quad (11.35)$$

由式（11.32）、式（11.33）得到：

$$P'(q_{OFF}) = \frac{\theta}{2\sqrt{q_{OFF}}} = b_{OFF} \quad (11.36)$$

$$\frac{\theta}{2\sqrt{q_{ON}}} = a_U \tag{11.37}$$

由式（11.34）、式（11.35）得到：

$$N_{OFF} = 1 - \bar{\theta}_1 = 1 - \frac{a_{OFF} + b_{OFF}q_{OFF}}{\sqrt{q_{OFF}}} \tag{11.38}$$

$$N_{ON} = 1 - \bar{\theta}_1 = 1 - \frac{M + a_U q_{ON}}{\sqrt{q_{ON}}} \tag{11.39}$$

利用利润最大化的一阶条件，求得银行卡支付平台和新兴支付工具的最优价格结构：

$$\begin{cases} a_{OFF}^{***} = \dfrac{[8cf - \theta(\sqrt{1+12cf} - 1)]f}{(\sqrt{1+12cf} - 1)^2} \\[2ex] b_{OFF}^{***} = \dfrac{(\sqrt{1+12cf} - 1)\theta}{4f} \\[2ex] M^{***} = \dfrac{(2-\theta)f}{1 - \sqrt{1-8cf}} \\[2ex] a_U^{***} = \dfrac{(1 - \sqrt{1-8cf})\theta}{4f} \\[2ex] a_B^{***} = c - \dfrac{(1 - \sqrt{1-8cf})\theta}{4f} \end{cases} \tag{11.40}$$

对比式（11.8）与式（11.40），容易发现新兴支付工具接入银行卡支付平台并未影响平台在线下支付业务方面的定价策略。直观的解释在于，接入行为不仅不会改变支付平台的垄断地位，反而为平台引来了更多交易、开拓了更多利润源。此外，对比式（11.27）与式（11.40），能够得到类似命题2的结论，不再赘述。

本章注意到，新兴支付工具在增值服务环节而非支付业务方面对其用户收费，并未对用户重复扣费，其最优费率为正并非免费。传统支付平台针对新兴支付工具用户的最优（零售）定价也为正并非免费，这与既有文献主张的消费者应免费接入的结论不同。支付平台对新兴支付工具收取的接入费既未依照传统的边际成本定价，也未采用有效成分定价抑或拉姆齐定价方法，而是一定程度上遵循了BAK（Bill and Keep）定价法则，最优

第 11 章 新兴支付工具冲击对传统支付平台费率结构的影响

接入费偏离且低于边际成本,与 Wright(2004a)的结论一致。支付平台设计低于边际成本的接入费背后的商业逻辑是交叉补贴,传统银行卡支付平台在 B2B 环节以极其优惠乃至亏本的价格吸引新兴支付工具接入,依靠 B2C 环节的利润弥补 B2B 环节的亏损,只要接入的交易流量充分大就可实现净盈利。此类逻辑在其他网络型产业定价实践中也适用。

在式(11.40)内,比较银行卡支付平台对自身持卡人的定价和对外来用户的定价,不难证明:

$$a_{OFF}^{***} > a_U^{***}$$

基于此,提出命题 3

命题 3:批发市场上,银行卡支付平台向新兴支付工具收取的最优接入费低于其边际成本;零售市场上,银行卡支付平台对内收取的固定费用高于其对外收取的固定费用。

命题 3 的有趣之处在于,支付平台在零售市场上的最优定价策略内外有别,其固定费用结构呈现"内王外圣"特征,与直觉不大相符。对此给出的一项可能的解释是,新兴支付工具实际上具有买方市场势力,为吸引用户使用其增值服务而在基础业务(支付)上抗衡银行卡支付平台的市场势力,通过讨价还价争取到更低廉的固定费用"取悦"用户。更通俗地讲,银行卡支付平台是看在新兴支付工具的面子上而给予外部用户更优惠的价格政策。

将式(11.40)代入式(11.36),进一步计算得到均衡交易量:

$$\begin{cases} q_{OFF}^{***} = \left(\dfrac{2f}{\sqrt{1+12cf}-1} \right)^2 \\ q_{ON}^{***} = \left(\dfrac{2f}{1-\sqrt{1-8cf}} \right)^2 \end{cases} \quad (11.41)$$

将式(11.40)、式(11.41)代入银行卡支付平台和新兴支付工具的利润函数,计算得到均衡利润:

$$\pi_{OFF+ON}^{***} = \dfrac{2(\sqrt{1+12cf}-1-4cf)^2 f}{(\sqrt{1+12cf}-1)^3} \quad (11.42)$$

$$\pi_{ONC}^{***} = 0 \quad (11.43)$$

实际上，新兴支付工具接入银行卡支付平台的目的在于将用户引导至增值业务，利用银行卡支付平台的线上支付业务服务其增值业务，新兴支付工具的支付业务利润为零。银行卡支付平台的全部利润来源于传统的线下支付业务，其线上支付业务的利润为零，其完全沦为新兴支付工具的传输通道，无法分享通道中传输的经济价值。对此，不妨将平台退化成 OTT （Over the Top）企业的现象称为银行卡支付平台的通道化。

进一步地，比较式（11.29）和式（11.42）可以得知，竞合场景下银行卡支付平台的利润水平高于竞争场景下的利润水平。这一结果说明，对传统的银行卡支付平台而言，面对新兴支付工具的全面崛起，竞合策略优于封杀策略。

11.6 新兴支付工具与传统支付平台互联互通以加快双循环的市场化方案

2020 年，我国支付市场上有 200 余家第三方支付机构持有支付业务牌照，支付宝和微信支付两家巨头的市场份额超过 93%。历史上，线下支付平台互相封杀对手的支付服务，线上支付平台各自的 App 处于封闭割裂状态。从全球趋势来看，支付领域互联互通是公平竞争的新常态，涉及三个进阶层次：初级是开放外链，中级是开放应用程序接口，高级是开放并允许数据流动迁移。2021 年 9 月，工业和信息化部开展"推进互联互通、解除外链屏蔽"专项行动，支付宝、银联云闪付、微信支付等支付巨头顺应平台生态开放大势，实现了互联互通、互认互扫。与此同时，央行对支付市场互联互通的整体要求是，推动平台有序开放支付接口，不能仅考虑某一家机构，要真正向所有支付机构开放，严禁排他性、歧视性支付协议。未来的支付生态圈，第三方账基支付工具之间、第三方账基支付工具与传统卡基支付工具之间、支付工具与即时通信软件之间均会开放流量入口并互相接入。

微信和支付宝等网关型企业作为第三方支付领域的独角兽，推倒了传统支付平台的护城河。本章基于二部定价模式内部化成员网络外部性和使用外部性，建立支付平台在垄断、竞争和竞合场景下的定价博弈模型，比较分析了支付平台的最优价格结构策略以及相应的调整方略。研究发现，新兴支付工具的引入一方面降低了银行卡支付平台的费率水平，另一方面重塑了其费率结构。银行卡支付平台独家垄断场景下，较之纯线下业务模式的费率结构，"线上+线下"多业务垄断降低了银行卡线下支付业务的固定费用但也提高了变动费用。新兴支付工具与银行卡支付平台竞争场景下，新兴支付工具在线上发起的业务竞争，会导致银行卡支付平台线下业务的固定费用和变动费用双降，充分说明线上支付与线下支付具有紧密的联动性。新兴支付工具接入银行卡支付平台的竞合场景下，在批发市场上，银行卡支付平台向新兴支付工具收取的最优接入费低于其边际成本；在零售市场上，银行卡支付平台对内收取的固定费用高于其对外收取的固定费用。就市场绩效而言，竞合场景下银行卡支付平台的利润水平等于垄断场景下的利润水平，但高于竞争场景下的利润水平，研究结论为新兴支付工具的有效接入和传统卡基支付平台定价策略创新提供了可行的市场化思路。

　　加快构建双循环发展格局，需要确保其主动脉支付平台之间畅通。为此，可借助利益分配机制，促成支付平台互联互通，进而促进双循环畅通。①新兴支付工具与卡基支付平台应当充分沟通促成合作而非盲目竞争。事实上，新兴支付工具的"线上支付+增值服务"模式与银行卡支付平台的"线上支付+线下支付"模式之间是互补而非替代关系。如果将支付产业喻为一套茶具，那么，传统卡基支付平台则为茶杯，新兴支付工具则是茶壶的壶嘴。卡基支付平台宜摒弃对抗思维，创新设计合适的费率结构，甚至要不惜以低于边际成本的接入费吸引新兴支付工具接入，以充分利用新兴支付工具的用户基础，使其转化为交易量。②卡基支付平台应为其内部持卡人提供必要的补偿。支付平台在零售市场上的价格结构具有"内王外圣"特征，这极容易使平台内部持卡人舍弃平台而转向新兴支付工具，再以新兴支付工具用户的新马甲借道使用支付平台业务。支付平台宜适当降低固定费用，以消除套利空间，稳定既有的用户基础。③中国支付清算协会应发挥引领作用，推动产业各方合作，构建协作创新、互利共赢的生态模式，促进支付产业上下游资源融通、链路畅通。

第四篇
支付工具的综合效应评价

第12章　信用卡支付的消费溢价效应及其实现机制

本书以效应评估为落脚点。信用卡对消费的影响涉及水平和结构两个维度。本章基于水平维度，综合支付痛楚理论和心理核算理论给出了一套理解信用卡支付消费溢价效应的微观逻辑，运用内生转换回归模型考察了信用卡支付对消费支出的因果性影响。

12.1　信用卡支付的消费溢价现象与既有理论解释

在政府刺激居民消费的政策锦囊中，银行卡渗透这柄利器略显神秘，其功效并不为人所熟知。著名信用评级机构穆迪（Moody's）发布的数据显示，宏观层面上，银行卡渗透对中国居民消费的撬动效果令人惊叹。2008~2012年，银行卡在经济生活中的渗透推动中国居民消费支出年均增长4.89%，消费支出对银行卡渗透率变化的反应弹性为0.1290（Zandi et al., 2013）；2013~2015年，银行卡渗透对居民消费支出的年均贡献虽回落至0.14%，但消费支出对银行卡渗透率变化的反应弹性依然高达0.1113（Zandi et al., 2016）。特别地，信用卡的撬动效果尤为明显。根据中国人民银行发布的2015~2020年《支付体系运行总体情况》所提供的数据，信用卡授信总额年度复合增长率为21.8%，人均授信额度占人均消费支出的比重提升了约95个百分点，据此推算，2015~2020年消费支出对信用卡渗透率变化的反应弹性约为0.2074。由此引出的重要议题是，宏观层面所观察到的银行卡支付撬动消费支出的杠杆效应在微观层面是如何形成的？具体到信用卡而言，信用卡具有延迟支付、透支消费两项独特功能，但也伴随逾期罚息、信用污点等潜在弊端,持卡人根据理性计算做出的信用卡支付决策能否以及如何实现消费溢价①?科学回答所涉及的逻辑和证据问题,有助于准确理解信用卡刺激消费的微观机制,对于完善消费政策、提振内需具有重要意义。

本章试图回答两个具有逻辑递进性的问题:一是消费者的信用卡支付决策受何影响;二是消费者的信用卡支付决策有何影响。事实上,"受何影响"与"有何影响"并非独立问题,两者可能受到共同因素的影响从而相伴而生,甚至可能相互影响从而落入"鸡蛋相生"循环。例如,考察信用卡支付与消费支出之间的关系时,信用卡支付能够缓解流动性约束、增强购买力从而增加消费支出,但或许正是因为消费支出高,消费者才选择信用卡支付。遗憾的是,诸多文献忽视两者之间潜在的相互影响,将一枚硬币的两个面割裂开来孤立地研究,由此造成理论层面丧失了逻辑完整性、实证层面引发严重的样本选择偏误问题。为了识别信用卡支付与消费支出之间的因果关系,本章基于中国家庭金融调查与研究中心提供的微观数据,运用内生转换回归模型和反事实分析方法,实证分析消费者的信用卡支付决策及其对消费支出影响的平均处理效应,以期为信用卡的宏观跷跷板效应提供微观证据。

消费者的支付决策及其对消费支出的影响是一个具有广泛吸引力且有趣的研究主题,引发了营销学、心理学、经济学乃至社会学等领域学者的广泛讨论。

12.1.1 支付决策受何影响——信用卡支付倾向的决定机制

现有文献重点考察了消费者性别(White,1975;Adcock et al.,1977;Mantel,2000;Gan et al.,2008;Kaynak et al.,1995)、年龄(黄卉、沈红波,2010;Amendola et al.,2015)、婚姻状态(Lee et al.,2013)、受教育程度(Barker and Sekerkaya,1992)、家庭人口、收入水平(Avery,1986)、信用卡知识储备(Sharpe et al.,2012)、风险感知、对信用卡态度

---

① 消费溢价是消费者使用信用卡时的支出显著高于其不使用信用卡时的支出(Prelec and Simester,2001)。

(李永强等，2008)、家庭置业（Kaynak and Harcar，2001；Lee and Kwon，2002；Hayashi and Klee，2003；江明华、任晓炜，2004）等人口与家庭特征变量对信用卡支付决策的影响。

女性不仅把购物消费当作生活日常安排，更将其视为休闲方式和社交活动，可以预期女性的信用卡支付倾向和消费支出会高于男性。婚姻带来消费规模经济的同时也会增加消费总支出，但对信用卡支付倾向的影响不明确。受教育程度提高能增强人们对金融支付工具利弊的认知，并且超过一定水平后会减少物质性消费、增加精神性消费，因而可能会非线性地影响信用卡支付倾向和消费支出。动态地看，人们的消费支出伴随着生命周期演进而变化，个人在年轻时期和退休阶段高消费、负储蓄，在中年阶段考虑到偿债、储蓄和养老而降低消费支出（Ando and Modigliani，1963），可以推断个人使用信用卡的概率随着年龄增长呈现"U"形变化轨迹，此为生命周期效应。不管处于生命周期的哪个阶段，决定个人实际消费支出的都是其可支配收入。在可支配收入既定的情况下，个人的消费决策总是遵循"趋利避害"法则。消费者的风险厌恶及其规避行为会抑制其使用信用卡，引导其增加预防性储蓄并减少消费支出，此为风险厌恶效应。通货膨胀能够减轻信用卡债务负担（有利于债务人而不利于债权人）从而增强消费者使用信用卡的动机；为了对抗通胀，消费者的消费支出将随着预期通胀水平上升而提高，此为债务稀释效应。

然而，一般而言，消费者的可支配收入是动态变化的，基本来源有三类：工资性收入、财产性收入和偶然性收入。三类收入对消费支出的影响呈现出细微差异。工资性收入在可预见的未来通常被视为一类常规收入，随着常规收入（想象将其置于纵轴）增加，消费者对特定产品的购买数量（想象将其置于横轴）先增加后减少，两者之间的变化轨迹即为向后弯曲的恩格尔曲线（Engel，1857；Chai and Moneta，2010）；如果纵轴为消费数量，横轴为收入水平，给定商品价格，消费支出与收入水平之间表现为"中间高两头低"的倒"U"形关系，可称之为恩格尔效应。股票投资行为预示着财产性收入增加的潜能，消费者会将股票预期财富折现从而增强短期边际消费倾向（Poterba，2000；李波，2015），此为股票财富效应。心理账户对偶然性收入的情绪标签会诱导个体将骤增的意外之财（如拆迁补偿、彩票中奖和获赠遗产）用于享乐消费（李爱梅等，2014），此为偶得收入的情绪标签匹配效应。此外，中国转型期诞生了快速发家致富的商人阶层，其消费行为极具矛盾特征——暴富心态助长了新兴商人阶层的用卡行为和炫耀性消费，艰难的创业经历又促使其更加务实与精打细算（陆学艺，2004），此为阶层秩序的认知标签匹配效应。

综合比较既有文献发现，消费者人口-家庭统计特征对信用卡支付动机和消费支出的影响呈现出生命周期效应、风险厌恶效应、通胀的债务稀释效应、常规收入的恩格尔效应、股票财富效应、偶得收入的情绪标签匹配效应、阶层秩序的认知标签匹配效应。

12.1.2 支付决策有何影响——信用卡支付对消费支出的影响

1. 实验研究

实证文献在回答了"支付决策受何影响"的基础上，采用实验方法评估"支付决策对消费行为有何影响"。Feinberg（1986）研究表明，信用卡缩短了消费者决策时间甚至诱使其给更多小费，使支付意愿提高了50%~200%；Prelec 和 Simester（2001）估算发现，消费者在信用卡支付场景下的支付金额大概是支付现金时的两倍。类似地，Tokunaga（1993）、Soman 和 Cheema（2002）、Mann（2006）、Lo 和 Harvey（2011）、Fagerstrom 和 Hantula（2013）、Shah 等（2016）比较了不同支付工具对购买行为的影响后均指出，较之其他支付工具，信用卡支付显著增加了消费者的购买金额，此类现象被学术界称为信用卡溢价（Credit Card Premium）。然而，Incekara-Hafalir 和 Loewenstein（2009）在田野实验中考察信用卡支付与午餐花费之间的关系时发现，信用卡支付并未显著提高消费者日常支出。然而，实验研究面临一个共同的挑战，即招募志愿者参与的小规模随机实验结果并不具有良好的外部效度，推广到其他目标人群时，研究结论未必成立。

2. 观测性研究

基于观察性数据的研究尽管在内部效度方面不如随机实验，但通常能够保证更好的外部效度，是对随机实验研究的有益补充。Soman（2003）基于超市日常营收数据的研究结果表明，消费者信用卡支付会助长非必要购买行为，产生额外支出。Mercatanti 和 Montegrappa（2008）采用意大利家庭支出数据考察信用卡对消费支出的影响时发现，采用信用卡支付的家庭，其消费支出显著高于现金支付家庭的支出。Thomas 等（2011）采用超市收银数据考察了支付方式对垃圾食品购买金额的影响，结果显示，平均而言，信用卡支付的金额几乎高出现金支付金额一半。陈宝珍等（2021）借助 ESR 模型和 IVQR 模型研究发现，数字支付能显著增加消费支出。邱甲贤等（2022）也发现，非现金支付工具能降低社会支出成本、提高交易量。观测性研究支持"信用卡具有消费溢价效应"论断，一致认为信用卡支付行为显著推高了消费支出。然而，两个不容回避的问题接踵而至，一是互为因果引起的内生性问题。信用卡支付固然可能引致更高消费支出，但或许是因为消费支出金额高，消费者才选择采用更加安全便捷的信用卡支付。互为因果引致的内生性问题曾被 Klee（2008）、Bounie 和 Francois（2009）验证，其直接后果就是 OLS 和 MLE 估计结果有偏，并非真实的结果。二是遗漏变量或自选择性引起的内生性问题。采用信用卡支付的消费者和不采用信用卡支付的消费者可能在财富占有、家庭背景等可观测特征以及消费观、自控力、风险态度等不可观测特征方面存在系统性差异。遗漏前述重要变量或者忽略潜在的自选择性也将引起严重的内生性问题，回归结果不能排除用卡族与非用卡族之间事前存在的异质性或者基准差异（Baseline Difference），根据数据所观察到的两类消费者在消费支出方面的差异并不一定源于是否使用信用卡支付。

为了更加准确地识别因果效应，需要引入更加精准的模型与方法消除内生性问题，现有文献围绕借记卡支付行为与家庭支出关系进行了有益尝试。Soetevent（2011）采用倾向得分匹配（Propensity Score Matching，PSM）模型考察银行卡（借记卡）支付工具对家庭支出的影响，发现具有类似特征（可观测）的家庭采用银行卡捐赠要比现金捐赠更加慷慨。PSM 方法基于非混淆假设（Unconfoundedness）和重叠性假设（Overlap），根据可观测特征为处理组个体（用卡族）匹配与之最接近的控制组个体（非用卡族），将控制组个体的结果变量作为处理组个体在处理前的估计量，采用差分方法计算平均处理效应。PSM 方法认为，一旦控制了可观测因素的影响，消费者的选择就是随机的。但是，倘若两类消费者在一些不可观测因素（如消费观、自制力）方面存在异质性，PSM 方法将不可避免地产生隐性偏差，造成估计结果不准确乃至产生错误估计。

与本章研究最接近的是 Mercatanti 和 Li（2014）的研究，其基于意大利家庭收入和财富调查数据，运用 Rubin 模型分析借记卡支付行为与家庭消费支出之间的因果效应。Mercatanti 和 Li（2014）对消费者的支付决策和消费决策的估计是分两步进行的。首先，采用 Logistic 模型估计用卡概率，结果显示，用卡概率随着收入水平提高、城镇规模增大、户主教育水平提高而上升，但是随着家庭平均年龄增大而下降，意大利北部家庭的用卡概率高于南部家庭用卡概率。其次，采用简单回归、混合匹配回归、倾向得分匹配回归、双重稳健回归估计消费支出方程，结果均表明，借记卡支付行为显著增加了消费支出，并且长期平均处理效应远高于短期平均处理效应。Mercatanti 和 Li（2014）基于 Rubin 模型试图同时回答"支付决策受何影响"与"支付决策有何影响"两个问题，在因果识别方面前进了一大步。然而，Rubin 模型假设结果方程（消费支出方程）独立于处理方程（支付决策方程），或者说结果方程残差项与处理方程残差项不相关，影响处理方程的不可观测因素不会影响结果方程。事实上，独立假设往往并不满足。消费者心理和行为方面的诸多文献（Soman and Cheema, 2002; Bernthal et al., 2005; Wang et al., 2011; 叶德珠等，2012; Sotiropoulos and D'Astous, 2013）指出，意志力、社会规范、消费文化、风险态度、自控能力、情绪情感、性格特质、金钱态度等不可观测因素既影响消费支出也影响信用卡支付决策。于是，由样本选择偏误（Sample Selection Bias）引发的内生性问题就会出现（Roy, 1951; Heckman, 1979; Maddala, 1983），即研究样本中包含的用卡消费者与非用卡消费者并非随机进入相应的处理组与控制组。

12.1.3　简要评述与研究创新

通过文献比较分析可以发现，国内外学者关于信用卡支付决策及其对居民消费支出的影响研究已经非常成熟，富有洞见的理论研究加深了人们对逻辑链条的理解，精细的实证研究拓展了人们对证据链条的认知。然而，进一步比较分析不难发现，关于居民用卡行为及其对消费支出影响的研究依然存在两项有待完善之处。①现有文献将"支付决策受何影响"与"支付决策有何影响"这两个逻辑上不可分割的问题强行割裂开来研究，缺乏一个统一的模型框架对两个问题给出集成式回答。诸多文献仅仅讲述了故事的一半就戛然而止，比较完整的研究当属 Mercatanti 和 Li（2014）的研究。但正如前文所言，Mercatanti 和 Li（2014）假设处理方程与结果方程独立，对消费者用卡行为（处理方程）和消费行为（结果方程）的估计是分开进行的，并非在统一的模型框架下同时估计。②正是由于人为割裂了"支付决策受何影响"与"支付决策有何影响"两个问题，现有研究才未能考虑并矫正样本选择偏误问题（自选择性）。用卡消费者与非用卡消费者并非随机而是经过理性计算后进入相应的处理组与控制组：消费支出高的消费者考虑到大额支付便捷性和资金约束往往有更强的动机利用信用卡支付从而进入处理组，消费支出低的消费者因支付金额本身较小或现金支付优惠而决定不利用信用卡支付从而进入控制组。

本章运用内生转换回归模型（Endogenous Switching Regression Model，ESRM）（Lokshin and Sajaia，2004）矫正潜在的自选择性问题，试图更加精准地考察消费者信用卡支付决策的决定过程及其对消费支出的净影响。不同之处体现在四个方面，①给出了一套理解信用卡跷跷板效应的微观逻辑。本章基于心理核算理论和支付痛楚理论建立了一个信用卡支付效果评价框架，恰当地利用了内生转换回归模型良好的结构，能够在一个统一的模型架构内更加全面、深刻地理解转型市场下的中国消费者"支付决策受何影响"以及"支付决策有何影响"。②弥补了银行卡微观效应的因果关系推断中忽视了信用卡支付工具的缺憾。Mercatanti 和 Li（2014）仅仅面向借记卡对其支付功能的消费扩张效应进行因果识别，本章考虑到信用卡兼具支付功能和短期融资功能，认为信用卡对消费支出的影响会更加多维、更加有力。因而，作为有益补充，进一步对信用卡的消费溢价效应进行因果识别。③推进了内生转换回归模型在银行卡消费效能评价中的具体应用。不同于 Mercatanti 和 Li（2014）的 Rubin 模型及其两步法估计，本章采用的 ESRM 基于完全信息极大似然估计方法（Full Information Maximum Likelihood，FIML）同时估计信用卡支付决策方程和消费支出方程参数，既克服了样本选择偏误问题又收获了更高的估计效率，推进了 ESRM

在银行卡市场绩效评价中的具体应用。④捕获了转型社会特征变量对信用消费行为的影响。得益于高质量的数据资料，本章结合中国经济与社会转型期出现的典型事实和有趣现象，控制了同类研究遗漏的若干重要变量，如风险厌恶、通胀预期、拆迁经历、阶层秩序、安全感。

12.2 信用卡支付实现消费溢价的机理分析

支付痛楚理论（Zellermayer, 1996）和心理核算理论（Thaler, 1999）为理解信用卡支付的消费溢价效应奠定了微观基础。Zellermayer（1996）创造了"支付的痛楚"一词来刻画消费者付钱时的感知情绪，认为支付金额大小决定了痛楚程度高低。事实上，不同支付工具也会因其支付时序和支付透明度差异给消费者带来不同程度的痛楚（Chatterjee and Rose, 2012; Van der Horst and Matthijsen, 2013）。Thaler（1999）将个人或者家庭在组织、评估和追踪财务活动时所进行的一系列认知计算称为心理核算（Mental Accounting）。心理核算和支付痛楚融合在一起，诞生了展望核算（Prospective Accounting）理论和追溯核算（Retrospective Accounting）理论，两者都能够在一定程度上解释信用卡支付行为如何影响消费倾向以及如何实现消费溢价。展望核算理论（Prelec and Loewenstein, 1998; Soman, 2003）认为，信用卡支付允许交易环节和交割环节分离，交易是现在时而交割是将来时，正是这种分离效应损害了消费者的心理计算能力、缓解了消费者的支付痛楚，从而增强了消费者的消费欲望，刺激了额外购买。追溯核算理论（Soman, 2001）认为，消费者在编制预算时会追溯以往的消费支出并将其作为参照点，过去的消费支出与同类商品的额外购买动机之间呈现出反向关系；信用卡缺乏透明度的特性会让消费者低估过往的花费及其支付的痛楚，扩大了消费预算空间，刺激了额外购买行为。于是，可据此做出推断，隐形而微痛的信用卡支付有助于突破消费障碍、增强支付意愿、增加购买数量、刺激重复购买、诱发冲动购买，从而实现了消费溢价乃至过度消费。

综合支付痛楚理论和心理核算理论的核心要义，可提炼出信用卡支付实现消费溢价的两个传导渠道（见图12-1）：自我控制渠道和消费倾向渠道。

就自我控制渠道而言，信用卡支付天然具有 OPM（Other People's Money）效应（Forsyth and Castro，2008）并引发收入幻觉效应，持卡人使用他人资金较之使用自己资金，会表现得更缺乏节度与自控，从而刺激强迫性购买和重复性购买；就消费倾向渠道而言，信用卡支付的交易与交割分离效应潜移默化地降低了信用卡持卡人的支付敏感性，损害了其心理计算能力，增强了持卡人消费倾向，从而促进了冲动性购买等非计划购买行为。进一步地，自我控制能力会调节消费倾向。在信用卡支付场景下，自我控制能力的弱化将打破"本我"与"超我"之间的平衡，享乐主义引导持卡人释放被压抑的消费倾向乃至盲目追求满足。因此，就自我控制渠道和消费倾向渠道之间的时序关系而言，两者为串联关系。如果将信用卡支付影响居民消费的机制与水力发电的机理作类比，那么自我控制是进水阀门，消费倾向则是水轮机组。

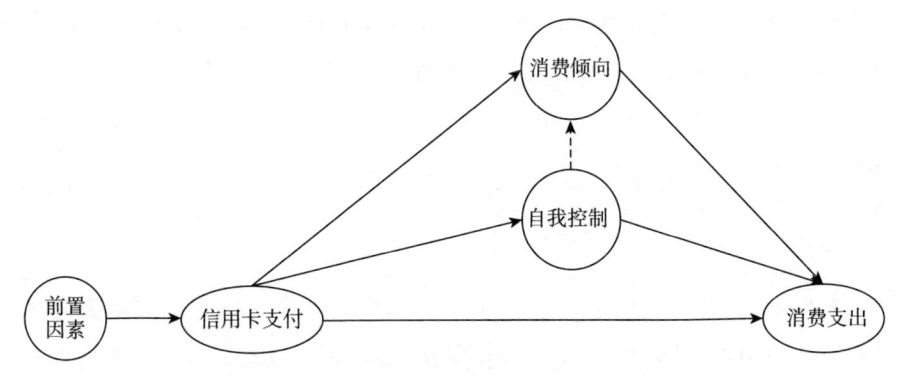

图 12-1　信用卡支付影响消费支出的作用机制

资料来源：笔者自绘。

12.3　信用卡支付实现消费溢价的实证检验

12.3.1　内生转换回归模型设定与平均处理效应

参考 Lokshin 和 Sajaia（2004）关于内生转换回归模型的一般性设定，本章计量模型包含如下两组方程。

处理方程（Treatment Equation）——信用卡支付决策：

$$\begin{cases} Creditpay_i^* = \delta(Chexpend_{1i} - Chexpend_{2i}) + \gamma Z_i + \mu_i \\ Creditpay_i = 1 \quad \text{if} \gamma Z_i + \mu_i > 0 \\ Creditpay_i = 0 \quad \text{if} \gamma Z_i + \mu_i \leq 0 \end{cases} \quad (12.1)$$

结果方程（Outcome Equations）——消费支出决策：

$$\begin{cases} Chexpend_{1i} = \beta_1 X_{1i} + \epsilon_{1i} \quad Creditpay = 1 \\ Chexpend_{2i} = \beta_2 X_{2i} + \epsilon_{2i} \quad Creditpay = 0 \end{cases} \quad (12.2)$$

其中，结果变量 Chexpend 表示消费支出，虚拟变量 Creditpay 表示是否使用信用卡支付。向量 X_{ji} 表示既影响消费支出决策又影响信用卡支付决策的一系列协变量；Z_i 为影响信用卡支付决策的一系列变量，这些变量可以与结果方程中的 X_{ji} 相同，但此时需要保证至少有一个类似工具变量的变量只出现在处理方程而不出现在结果方程中，以保证模型具有良好的可识别性（Noltze et al., 2013; Abdulai and Huffman, 2014）。μ_i、ϵ_{1i}、ϵ_{2i} 均服从均值为零的正态分布，协方差矩阵如式（12.3）所示：

$$\Omega = \begin{pmatrix} \sigma_\mu^2 & \sigma_{1\mu} & \sigma_{2\mu} \\ \sigma_{1\mu} & \sigma_1^2 & \cdot \\ \sigma_{2\mu} & \cdot & \sigma_2^2 \end{pmatrix} \quad (12.3)$$

其中，σ_μ^2 为处理方程误差项的方差，σ_1^2、σ_2^2 则是结果方程误差项的方差，$\sigma_{1\mu}$、$\sigma_{2\mu}$ 分别为 ϵ_{1i} 和 μ_i、ϵ_{2i} 和 μ_i 之间的协方差。由于不能同时观察到同一消费者使用信用卡支付和未使用信用卡支付各自对应的消费支出，所以 ϵ_{1i}、ϵ_{2i} 之间的协方差缺失。定义 $\rho_1 = \sigma_{1\mu}^2/\sigma_\mu \sigma_1$，表示 ϵ_{1i} 和 μ_i 之间的相关系数，$\rho_2 = \sigma_{2\mu}^2/\sigma_\mu \sigma_2$，表示 ϵ_{2i} 和 μ_i 之间的相关系数。如果相关系数 ρ_j（$j=1,2$）均为零，表明不存在样本选择偏误问题，此时运用 OLS 方法对式（12.2）进行回归得到的结果就是无偏的。倘若相关系数 ρ_1 和 ρ_2 至少有一个显著不为零，则表明不可观测因素同时影响处理方程的因变量和结果方程的因变量，拒绝处理方程误差项和结果方程误差项不相关的原假设，从而说明存在不可观测因素引起的样本选择偏误问题。具体而言，若 ρ_j 显著大于零表明存在负向选择偏误，若 ρ_j 显著小于零则表示存在正向选择偏误。

Lokshin 和 Sajaia（2004）提出采用完全信息极大似然估计方法（FIML）同时估计处理方程和结果方程，从而直接得到一致的标准误，很好地解决了样本的自选择问题。估计出相关参数之后，可以进一步计算经过矫正的条件期望［式（12.4a）~式（12.4d）］用于后文反事实分析，并估算各类平均处理效应（Average Treatment Effect，ATE）和基准异质性效应（Baseline Heterogeneity Effects，BHE）。

$$E(Chexpend_{1i} \mid Creditpay_i = 1, X_{1i}) = X_{1i}\beta_1 + \sigma_1\rho_1 f(\gamma Z_i)/F(\gamma Z_i) \quad (12.4a)$$

$$E(Chexpend_{2i} \mid Creditpay_i = 1, X_{1i}) = X_{1i}\beta_2 + \sigma_2\rho_2 f(\gamma Z_i)/F(\gamma Z_i) \quad (12.4b)$$

$$E(Chexpend_{2i} \mid Creditpay_i = 0, X_{2i}) = X_{2i}\beta_2 - \sigma_2\rho_2 f(\gamma Z_i)/[1 - F(\gamma Z_i)]$$
$$(12.4c)$$

$$E(Chexpend_{1i} \mid Creditpay_i = 0, X_{2i}) = X_{2i}\beta_1 - \sigma_1\rho_1 f(\gamma Z_i)/[1 - F(\gamma Z_i)]$$
$$(12.4d)$$

功能差异方面，方程（12.2）有效控制了可观测因素带来的样本选择偏误，条件期望式（12.4a）、式（12.4b）、式（12.4c）、式（12.4d）中的第二项则控制了不可观测因素引起的样本选择偏误。在此基础上，比较处理组使用信用卡支付和未使用信用卡支付两种情形下的期望消费支出，就可以估算处理组平均处理效应（Average Treatment Effect on the Treated，ATET），即式（12.4a）和式（12.4b）；比较控制组使用信用卡支付和未使用信用卡支付两种情形下的期望消费支出，则可以估算得到控制组平均处理效应（Average Treatment Effect on the Untreated，ATEU），即式（12.4d）和式（12.4c）。比较处理组使用信用卡支付的期望消费支出与控制组使用信用卡支付的反事实期望消费支出，可估算得到不可观测因素如自控能力等引起的消费支出差异，被称为支付决策的基准异质性效应（BHE1），即式（12.4a）和式（12.4d）；比较处理组未使用信用卡支付的反事实期望消费支出与控制组实际未使用信用卡支付的消费支出，可估算得到消费支出差异，被称为不使用信用卡支付的基准异质性效应（BHE2），即式（12.4b）和式（12.4c）。最后，比较处理组平均处理效应与控制组平均处理效应，计算得到转换异质性效应（Transitional Heterogeneity Effect，THE），即 ATET-ATEU，衡量信用卡支付行为对处理组与控制组的影响孰大孰小。

12.3.2 数据来源

在基准回归中使用的是 2011 年中国家庭金融调查（China Household Finance Survey，CHFS）数据。该数据由西南财经大学中国家庭金融调查与研究中心提供，有关数据的更多介绍与应用工作参见甘犁等（2013）。中国家庭金融调查严格遵循随机抽样的科学原理，采用了分层、三阶段与规模度量成比例的抽样设计，从而保证了抽查样本的随机性、代表性和说服力。CHFS 数据的人口统计学特征与国家统计局公布数据高度一致，数据透明度、完整性和真实性得到了高度认可。有关中国家庭金融调查的抽样方法、问卷设计、指标体系、质量控制的更多介绍参见 https://chfs.swufe.edu.cn/sjzx/sjsq.htm。可将中国家庭金融调查数据中的家庭层面信息和个人层面特征结合，根据家庭编码以及个人在家庭内的编码进行样本匹配，合并得到消费者的微观人口-家庭统计特征信息。在稳健性检验中，进一步利用 2013~2019 年的追踪调查样本揭示长期效应。

12.3.3 变量定义

1. 被解释变量

处理方程中的被解释变量为是否使用信用卡支付的虚拟变量（$Creditpay$），结果方程中的被解释变量为消费支出（$Chexpend$）。根据中国家庭金融调查问卷 E2001 项"您和您家人在购物时，一般使用下列哪些支付方式？"，若受访者使用信用卡支付记 $Creditpay$ 为 1，此类受访者归入信用卡支付组（谓之处理组）；若受访者使用现金、借记卡、准贷记卡、购物券/卡、第三方支付（如支付宝）等其他支付工具支付，记 $Creditpay$ 为 0，此类受访者归入非信用卡支付组（谓之控制组或参照组）。根据问项 G1011、G1011a、G1011b、G1012、G1013、G1014、G1015、G1017、G1018、G1019 加总计算过去一年消费者在衣物、装修、暖气、家电、名牌箱包奢侈品、家用交通工具、旅游探亲、非医疗保健方面的自主性消费支出，单位为万元。本章对消费支出数据取了自然对数。

2. 排他性约束工具变量

为了保证模型可识别，处理方程中至少需要一个排他性约束工具变量，只影响消费者的信用卡支付决策而不直接影响消费支出决策。本章选用持卡人虚拟朋友圈的信用卡支付倾向作为排他性约束工具变量。根据 Bayer 和 Ross（2006）的思路，人工构造工具变量——虚拟朋友圈信用卡支付的平均概率（*FriendCPR*）。基本构造原理如下：基于可观测且严格外生的变量（年龄、受教育程度、东中西经济区域、城乡户籍、拆迁与否、是否当地大姓、兄弟姐妹中的排行）将全部样本分成 1440 个组群（3 个年龄组×2 个教育组×3 个区域组×2 个城乡组×2 个拆迁组×2 个大姓组×10 个排行组），为组群内每一个受访者都匹配一批与之具有相同特征的虚拟朋友，计算虚拟朋友圈的平均信用卡支付倾向（概率或比率），该平均值就是工具变量的观测值。理论上，该工具变量的合法性表现为：一方面，根据"物以类聚，人以群分"的同质性社会交往理论，由于分类后的样本具有高度近似的特征，每一个受访者的信用卡支付倾向（概率）都与该受访者虚拟朋友的平均信用卡支付倾向高度相关；另一方面，由于工具变量的构造完全基于严格外生的可观测特征因素，该工具变量与结果方程的随机扰动项无关。

3. 控制变量

根据现有实证文献惯例，同样选取了受访者的性别、年龄、受教育程度、家中地位、风险态度、收入水平等作为基础控制变量，控制个人层面的人口统计特征。另外，根据问卷提供的信息，新增了拆迁补偿、经商活动、置业情况、股票投资、社会交往作为控制变量，控制家庭层面的特征因素。相关变量的含义及必要说明如下。

（1）个人层面的特征变量

个人层面的特征变量有以下几个。①性别（*Sex*）。性别变量为虚拟变量，赋值 1 表示受访者为男性，0 则表示为女性。②年龄（*Age*）。用受访年份（2011 年）减去受访者出生年份计算得到受访者的实际年龄。结合消费理论中的生命周期假说，为了控制可能的非线性影响，加入年龄的平方项 *AgeSqr*。③受教育程度（*Edu*）。根据受访者对问项 A2012 "受教育程度"的回答刻画其受教育程度，答项数值位于 1~9。其中，1 表示"没上过学"，9 为最高学历"博士研究生"，数值越大表明受访者受教育程度越高。参考既有文献，为了控制可能的非线性影响，加入受教育程度的平方

项 *EduSqr*。④家中地位（*Head*）。*Head* 为虚拟变量，赋值 1 表示在家中是家长，赋值 0 则表示是普通家庭成员。⑤风险态度（*RiskAtt*）。根据问卷问项 A4003 "如果您有一笔资产，您愿意选择哪种投资项目？"的回答度量受访者的风险厌恶程度，答项为 "1. 高风险、高回报的项目；2. 略高风险、略高回报的项目；3. 平均风险、平均回报的项目；4. 略低风险、略低回报的项目；5. 不愿意承担任何风险"，答项赋值从 1 到 5，数值越大表明受访者的风险厌恶程度越高。⑥工资性收入水平（*inc*）。根据问项 A3020，用扣除了 "五险一金、奖金、补贴、实物收入"的税后年货币工资衡量受访者净收入水平。考虑到收入通常并不服从正态分布，选取分位数年收入水平作为临界区间，以年收入 1.39 万~2.08 万元为基准（中等收入组别 *MidInc*），生成了低收入组别 *LowInc* 和高收入组别 *HighInc*。⑦通胀预期（*CPIExp*）。根据问项 A4008 "未来一年，您预期物价会如何变化？"的回答来刻画消费者的通胀预期，答项为 "1. 上升很多；2. 上升一点；3. 几乎不变；4. 降低一点；5. 降低很多"，答项赋值从 1 到 5，数值越大表明预期通胀越低。⑧利率预期（*RateExp*）。根据问项 A4007 "未来一年，您预期利率会如何变化？"的回答度量受访者的利率预期，答项为 "1. 上升很多；2. 上升一点；3. 几乎不变；4. 降低一点；5. 降低很多"，答项赋值从 1 到 5，数值越大表明预期利率越低。⑨经济增长预期（*EconExp*）。根据问项 A4005 "您预期中国未来三到五年的经济形势与现在比较会如何变化？"的回答度量受访者对经济的增长预期，答项为 "1. 非常好；2. 较好；3. 几乎不变；4. 较差；5. 非常差"，答项赋值从 1 到 5，数值越大表示越悲观。⑩社会保障（*EndowFd*）。*EndowFd* 为虚拟变量，赋值 1 表示拥有社会保障，赋值 0 则表示无社会保障。⑪医疗保险（*MedicFd*）。*MedicFd* 为虚拟变量，赋值 1 表示拥有医疗保险，赋值 0 则表示无医疗保险。

（2）家庭层面的特征变量

家庭层面的特征变量有以下几个。①拆迁补偿（*DemolComp*）。根据问项 C4001 "您家是否经历过拆迁？"的回答刻画家庭意外冲击与补偿，赋值 1 表示房屋有被拆迁过，赋值 0 表示房屋未曾被拆迁。2000 年起，中国农村和城市均频现拆迁现象，被拆迁对象因丧失其土地等生产要素而获得补偿收入。拆迁补偿会改变人们的收入预期，从而影响支付决策和消费决策。②经商活动（*Business*）。根据问卷问项 B2001"您家是否从事工商业生产经营项目？"的回答刻画消费者的家庭背景。从商家庭（*Business* 取值为 1）在阶层归属、安全边际等方面的有利特征有助于其获批信用卡，其消费结构、消费方式会影响消费支出规模。③置业情况（*MultHos*）。采用置业情况控制信用卡支付的住房财富效应，*MultHos* 取值为 1 表示家中拥有多套房，取值为 0 表示家中无多套房。④股票投资（*StockAst*）。根据问项 D3101"目前，您家是否持有股票？"的回答刻画消费者的家庭资产配置及其财富效应，*StockAst* 取值为 1 表示配置了股票资产。⑤社会交往（*Social*）。同类文献中，马光荣和杨恩艳（2011）曾用"亲友间往来的礼金数额"来测度受访者的社会网络。为突出受访对象在社会网络中的中心性，采用调查问卷中的问项"过去一年，家庭成员以外的人或组织帮助支付的现金或非现金中，教育费、医疗费、生活费有多少钱"的回答度量其社会网络。此类专项转移收入特指核心家庭成员以外的人或组织（政府除外）帮助支付的看病费用/保险费/上学费用、帮助承担的分期付款等现金资助以及其他非现金资助换算成现金的价值。

12.3.4 初步的描述性统计分析

研究样本中，1755 个受访者使用信用卡，信用卡支付人数占样本总量的 8.34%；19278 个受访者未使用信用卡，占比高达 91.66%。从中可以看出，我国的信用卡支付率还很低，但同时也彰显了信用卡发卡市场广阔的成长空间。表 12-1 的描述性统计给出了信用卡支付组与非信用卡支付组在人口与家庭可观测特征方面的差异。平均而言，信用卡支付组的消费支出、消费倾向、社会交往水平、受教育程度、通胀预期等均显著高于非信用卡支付组，但前者的年龄、风险厌恶程度等均显著低于后者。同时，信用卡支付组在拆迁补偿、经商活动、股票投资、置业情况方面相较于非信用卡支付组也存在显著差异，但性别差异不显著。

表 12-1 信用卡与消费支出变量的描述性统计

变量符号	变量名称	参照组：非信用卡支付 数量（个）	均值（标准差）	处理组：信用卡支付 数量（个）	均值（标准差）	组间差异 均值之差
$Chexpend$	消费支出	19271	0.515 (0.513)	1755	1.091 (0.702)	0.576***
$FriendCPR$	虚拟朋友圈信用卡支付概率	19278	0.070 (0.095)	1755	0.227 (0.152)	0.157***
Age	年龄	19278	40.85 (13.40)	1755	38.76 (11.54)	-2.090***
Sex	性别	19278	0.502 (0.500)	1755	0.489 (0.500)	-0.013
Edu	受教育程度	19138	3.410 (1.586)	1742	5.386 (1.823)	1.976***
$Head$	家中地位	19278	0.336 (0.473)	1755	0.404 (0.491)	0.068***
$RiskAtt$	风险态度	19264	3.941 (1.394)	1755	3.061 (1.185)	-0.880***
$LowInc$	低收入组别	19278	0.103 (0.304)	1755	0.092 (0.289)	-0.011
$MidInc$	中等收入组别	19278	0.097 (0.296)	1755	0.301 (0.459)	0.204***
$HighInc$	高收入组别	19278	0.801 (0.400)	1755	0.607 (0.489)	-0.194***
$CPIExp$	通胀预期	19275	1.983 (1.153)	1755	1.762 (0.854)	-0.221***
$RateExp$	利率预期	19269	2.739 (1.868)	1755	2.230 (1.095)	-0.509***
$EconExp$	经济增长预期	19275	2.161 (1.178)	1755	2.504 (1.078)	0.343***
$EndowFd$	社会保障	19278	0.736 (0.441)	1755	0.925 (0.264)	0.189***
$MedicFd$	医疗保险	19278	0.467 (0.499)	1755	0.586 (0.493)	0.119***
$DemolComp$	拆迁补偿	799	1.464 (1.957)	98	2.467 (1.698)	1.003***
$Business$	经商活动	19278	0.149 (0.356)	1755	0.187 (0.390)	0.038***

续表

变量		参照组：非信用卡支付		处理组：信用卡支付		组间差异
变量符号	变量名称	数量（个）	均值（标准差）	数量（个）	均值（标准差）	均值之差
MultHos	置业情况	19278	0.038 (0.192)	1755	0.116 (0.321)	0.078***
StockAst	股票投资	19278	0.057 (0.232)	1755	0.387 (0.487)	0.330***
Social	社会交往	9215	0.099 (0.136)	991	0.214 (0.228)	0.115***

注：***表示 $p<0.01$，括号内为标准差；均值之差为处理组均值减去参照组均值。
资料来源：笔者运用 Stata 14 软件计算得到，下同。

信用卡支付组与非信用卡支付组在消费支出、消费倾向、风险态度、通胀预期、家庭背景等方面表现出的显著差异传递出的信息是，消费者的支付决策可能并非随机决定，更有可能是根据自身人口统计特征和家庭特征因素选择是否使用信用卡支付。其中，样本中受过良好教育、具有高通胀预期又偏好风险的年轻群体使用信用卡支付的动机更强。

特别需要指出的是，如表12-1所示，信用卡支付组与非信用卡支付组的消费支出存在显著差异，平均而言，信用卡支付组的消费支出高出非信用卡支付组1.12倍，高出的金额约为17789.09元人民币。此外，两类消费者的消费支出核密度函数在峰度和偏度方面呈现的特征也显示，信用卡支付组与非信用卡支付组在消费支出上存在系统性差异（见图12-2）。

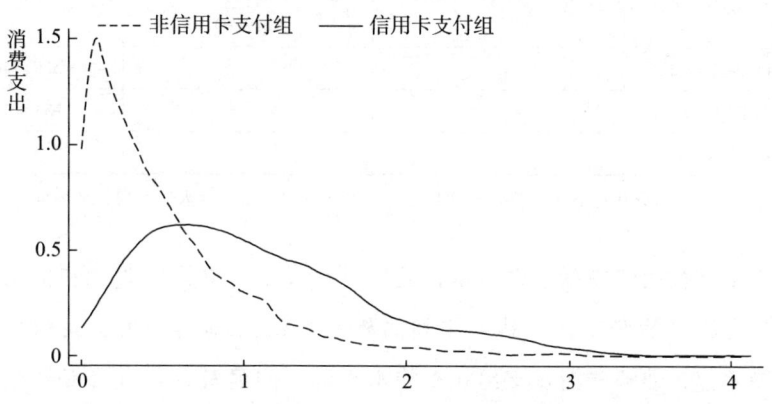

图 12-2 信用卡支付组与非信用卡支付组的消费支出核密度
资料来源：笔者自绘。

于是,有理由怀疑,家庭消费支出方面的系统性差异可能在某种程度上决定了消费者的支付决策,即两类消费者的支付决策存在自选择性。

12.3.5 基准模型回归结果及其经济意义

为了更加科学地识别并克服自选择效应带来的内生性问题,接下来采用内生转换回归模型分析信用卡支付决策及其对消费支出的影响,回归结果见表12-2。

表 12-2 内生转换回归模型估计结果

变量	(1) 信用卡支付结果方程 ($Chexpend\_1$)	(2) 非信用卡支付结果方程 ($Chexpend\_0$)	(3) 处理方程 ($Creditpay$)
$FriendCPR$ (虚拟朋友圈信用卡 支付概率)			4.725*** (0.798)
控制变量	控制	控制	控制
lns1	-1.102*** (0.134)		
ρ_1	-0.551* (0.258)		
lns2		-0.786*** (0.035)	
ρ_2		0.045 (0.220)	
Log likelihood			-359.946
Wald Chi2			168.40
LR test of indep. eqns.			3.44*

注:*** 表示 p<0.01,** 表示 p<0.05,* 表示 p<0.1,括号内为标准误;下表同。

内生转换回归模型结果显示,处理方程(支付决策)残差和信用卡支付结果方程(消费支出)残差之间的相关系数 ρ_1 显著为负,表明存在正向选择效应,即那些消费支出在平均水平以上的消费者更有可能使用信用卡支付,从而拒绝不存在样本选择偏误(自选择效应)的原假设,证实了之前的猜测。处理方程残差和非信用卡支付结果方程残差之间的相关系数

ρ_2 为正但不显著,表明非信用卡支付组的消费支出与随机样本的消费支出相比并无显著差异,既不会更高也不会更低。另外,回归方程联合独立似然比(LR test of indep. eqns.,该统计量也等价于检验 ρ 是否与零无差异)为 3.44,在 10% 的水平下拒绝原假设,进一步表明处理方程的因变量和结果方程的因变量相互依赖,同时充分说明 ESRM 对选择偏误的调整是显著的。因此,采用 ESRM 分析数据是必要且合适的。

排他性约束工具变量(*FriendCPR*)显著为正,表明虚拟朋友圈的信用卡支付概率显著影响了受访者的信用卡支付倾向,信用卡支付的示范效应显著。为了交叉验证工具变量的有效性,本章先后完成了三项检验工作。

首先,对两组消费者的特征协变量进行了平衡性检验。检验结果显示,Chi2 统计量为 17.01,伴随概率为 0.711,不能拒绝样本特征协变量平衡的原假设。其次,检验了工具变量排他性条件,即工具变量是否只通过影响消费者的支付决策间接影响消费支出。为此,需要采用 Probit 模型估计处理方程、运用 OLS 估计结果方程。在支付决策的 Probit 模型中,利用信用卡支付决策变量 *Creditpay* 对虚拟朋友圈信用卡支付概率和其他控制变量进行回归,结果显示,虚拟朋友圈信用卡支付概率的回归系数为 4.623,对应的 t 统计量为 4.98,伴随概率为 0.000,表明虚拟朋友圈信用卡支付概率提高显著增强了消费者信用卡支付倾向。在结果方程中,利用控制组(非信用卡支付组)的年度消费支出(*Chexpend*)对虚拟朋友圈信用卡支付概率和其他控制变量进行回归,结果显示,虚拟朋友圈信用卡支付概率的回归系数为 0.247,对应的 t 统计量为 0.72,伴随概率为 0.470,表明虚拟朋友圈信用卡支付概率这一工具变量对结果方程中的因变量无直接影响。由此可知,工具变量满足排他性条件。最后,进一步对虚拟朋友圈信用卡支付概率进行弱工具变量检验。在第一阶段的选择方程回归结果中,F 统计量为 56.937,高于既有文献认可的下限经验值 10,因而拒绝弱工具变量假设。

12.3.6 反事实分析:信用卡支付决策的净效应估计

ESRM 回归结果并未直接估算出消费者信用卡支付行为对消费支出影响的净效应。采用反事实分析方法,根据式(12.4b)估计信用卡支付组未使用信用卡支付时的反事实期望消费支出（假想情形），根据式（12.4d）估计非信用卡支付组使用信用卡支付时的反事实期望消费支出，具体结果如表12-3所示。平均来看，对信用卡支付组而言，倘若被剥夺了信用卡，其期望消费支出将降低至0.835（相当于一年消费23048.14元）；对非信用卡支付组而言，倘若能够利用信用卡支付，其期望消费支出将增加至0.900（相当于一年消费24596.03元）。

表12-3 条件期望和平均处理效应

消费者组别效应	决策阶段/条件期望		平均处理效应	变化率（%）
	信用卡支付	非信用卡支付		
全部样本			ATE：0.278***	
信用卡支付组	0.987 [式（12.4a）]	0.835 [式（12.4b）]	ATET：0.152**	18.204
非信用卡支付组	0.900 [式（12.4d）]	0.603 [式（12.4c）]	ATEU：0.297***	49.254
异质性效应	BHE1＝0.087	BHE2＝0.232	THE＝-0.145	

表12-3列出了反事实分析估算出的平均处理效应。其中，信用卡支付组的平均处理效应ATET显著为正、强度为0.152，表明信用卡支付行为显著增加了信用卡支付组的消费支出，信用卡支付对信用卡支付组产生的消费溢价率为18.204%（相当于11641.6元）；非信用卡支付组的平均处理效应ATEU显著为正、强度为0.297，表明信用卡支付行为将显著增加非信用卡支付组消费支出，信用卡支付给非信用卡支付组带来的消费溢价率高达49.254%（相当于13458.15元）。此外，样本整体的平均处理效应ATE显著为正、强度为0.278，也说明信用卡支付显著增加了消费支出，信用卡支付组的平均消费支出比非信用卡支付组的平均消费支出高13204.86元。作为比较，Mercatanti和Li（2014）考察借记卡支付行为对居民消费支出的影响时发现，借记卡的处理组平均处理效应为4.3%~10.3%，远低于信用卡的处理组平均处理效应。造成差异的主要原因在于：相较于借记卡，信用卡的功能更加多元，既有借记卡的支付功能又有独特的短期融资功能；信用卡支付能够突破短期财务约束，释放借记卡无法实现的消费需求。

此外，基于核密度函数的反事实分析也验证了平均处理效应所揭示的经济意义（见图12-3）：信用卡支付组的实际消费支出高于其反事实期望支出，非信用卡支付组的实际消费支出低于其反事实期望支出，信用卡支付行为能够增加两类消费者的消费支出。而且，简单比较即可知，信用卡支付对增量用户（非信用卡支付组）产生的消费溢价效应要远远高于其对存量用户（信用卡支付组）产生的消费溢价效应。综上，实证结果支持消费者心理和行为理论所坚持的信用卡消费溢价论断。

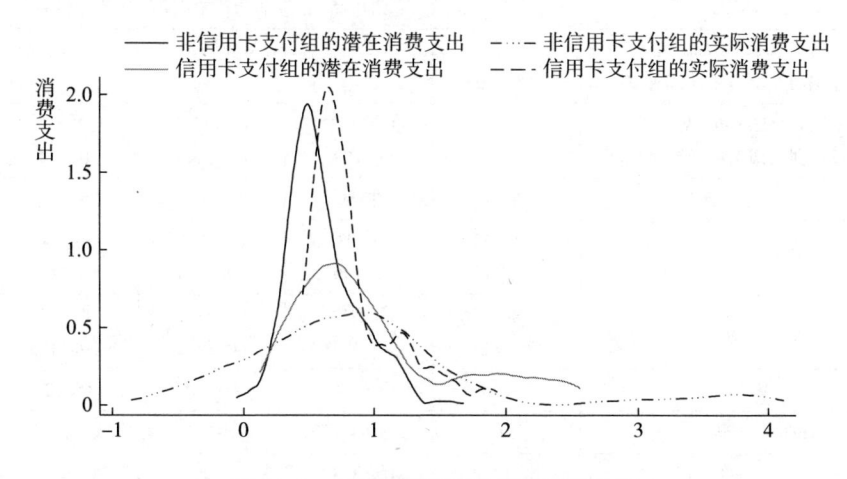

图 12-3 基于核密度函数的反事实分析

12.4 消费溢价的异质性分析与稳健性检验

12.4.1 异质性分析

1. 区分信用卡持有与信用卡支付

考虑到国内信用卡市场客观上存在一定量休眠卡（也被称为"死卡"）的事实，信用卡持有并不意味着信用卡使用（支付）；同时，仅仅在一年的观察期内未使用信用卡也并不意味着该信用卡为"死卡"。为此，构造虚拟朋友圈信用卡持有概率（*FriendHold*）作为排他性约束工具变量，考察信用卡持有对消费支出的影响，结果如表12-4第2列所示。与基准模型不同，相关系数 ρ_1 虽为负但不显著，相关系数 ρ_2 显著为负，说明信用卡持有行为与消费支出之间的关系不同于信用卡支付行为与消费支出之间的关系。进一步计算得到信用卡持卡组的平均处理效应 ATET 为-0.121（消费折价效应），说明信用卡持卡组仅持有而不使用信用卡反而会降低消费支出。

表 12-4　信用卡支付消费溢价的异质性分析

变量	信用卡持有与消费支出	信用卡支付与不同类型商品的消费支出		
		（1）耐用品	（2）非物质消费品	（3）奢侈品
FriendHold（虚拟朋友圈信用卡持有概率）	34.758*** (10.499)			
FriendCPR（虚拟朋友圈信用卡支付概率）		3.257*** (0.182)	3.689*** (1.180)	4.374*** (0.770)
控制变量	控制	控制	控制	控制
ρ_1	-0.165 (0.398)	-0.031 (0.106)	-0.294 (0.338)	-0.488* (0.219)
ρ_2	-0.899*** (0.082)	0.144*** (0.040)	-0.806* (0.228)	0.035 (0.119)
Wald Chi2	98.15	63.64	216.65	158.22
LR test of indep. eqns.	10.12***	25.95***	4.33**	8.07***
ATET	-0.121*	0.655***	-0.101	0.764**

2. 区分不同商品的消费支出

按照人类需求动机理论，区分"满足便利与机能"需求的耐用品、"满足个性与时尚"需求的非物质消费品（旅游、教育培训、健康护理等服务）、"满足超自我高峰经验"需求的奢侈品，考察信用卡支付在不同商品类型场景下溢价效应的异质性。表 12-4 给出的结果显示，尽管 ρ 稍微发生了变化，但工具变量系数依然显著为正。从最后一行的 ATET 估计结果可以发现，信用卡支付的消费溢价效应在耐用品和奢侈品场景下均显著，在非物质消费品场景下虽表现为"消费折价效应"但不显著，说明信用卡支付的消费溢价效应主要是由耐用品和奢侈品样本驱动的。直观的理解是，与非物质消费品购买金额相比，耐用品和奢侈品多数属于大宗购买，信用卡支付更适合于缓解大宗购买时的流动性约束。

12.4.2 稳健性检验

接下来,进行一系列的稳健性检验工作,信用卡支付实现了持卡人消费溢价的基本结论并未发生改变。

1. 改用 2013~2019 年追踪样本的结果比较

为了克服 2011 年截面数据的固有缺陷,同时为了识别出信用卡支付对消费支出的长期影响,进一步利用 2013~2019 年追踪样本进行估计,结果见表 12-5 的第(1)列。相关系数 ρ_1、ρ_2 显著为负,工具变量依然显著为正;回归方程联合独立似然比、Wald 统计量均显著拒绝"处理方程与结果方程不相关"的原假设,充分表明了自选择效应的存在性、矫正的必要性以及基准模型结果的稳健性。为了节约篇幅,不再以图表形式呈现三类处理效应,改用文字表述:信用卡支付组的平均处理效应 ATET 强度为 0.617(t 值为 109),表明信用卡支付行为显著增加了信用卡支付组的消费支出,信用卡支付对信用卡支付组产生的消费溢价率为 5.86%;非信用卡支付组的平均处理效应 ATEU 强度为 0.665(t 值为 117.41),表明信用卡支付将显著增加非信用卡支付组的消费支出,信用卡支付给非信用卡支付组带来的消费溢价率高达 6.38%。此外,样本整体的平均处理效应 ATE 强度为 0.642(t 值为 159.658),也说明信用卡支付显著增加了消费支出,产生了显著的消费溢价效应。

表 12-5 信用卡支付消费溢价的稳健性检验

变量	改用追踪样本	排除离群值影响:数据缩尾			Heckman 样本选择模型	
	(1)	(2)	(3)	(4)	(5)	(6)
	2013~2019 年样本	1%缩尾	3%缩尾	5%缩尾	两步法	最大似然
FriendCPR(虚拟朋友圈信用卡支付概率)	2.757*** (0.182)	4.719*** (0.799)	4.682*** (0.801)	4.649*** (0.801)	4.623*** (0.808)	4.718*** (0.796)
控制变量	控制	控制	控制	控制	控制	控制
ρ_1	-0.190** (0.080)	-0.533* (0.250)	-0.491* (0.241)	-0.484* (0.237)		
ρ_2	-0.570*** (0.055)	0.044 (0.220)	0.051 (0.240)	0.013 (0.265)		

续表

变量	改用追踪样本 (1) 2013~2019年样本	排除离群值影响：数据缩尾			Heckman 样本选择模型	
		(2) 1%缩尾	(3) 3%缩尾	(4) 5%缩尾	(5) 两步法	(6) 最大似然
lambda					-0.243** (0.115)	-0.184* (0.105)
Wald Chi2	168.45	167.30	136.61	106.57	158.96	168.24
LR test	47.19***	3.45*	3.26*	3.18*		3.40*

2. 样本数据缩尾处理结果比较

在调查研究中，受访者出于各种考虑可能会有意高报或者有意低报乃至随意报告一些问项的答案。例如，当受访者不愿意让他人准确掌握自己的收入情况时，可能会有意填写极端收入。为了缓解极端值对估计结果的影响，对数据进行1%、3%和5%缩尾处理（将双侧极端值用其邻近的内侧值替代）后再回归，具体结果见表12-5。其中，相关系数 ρ_1 依然显著为负、ρ_2 依然为正且不显著，工具变量依然显著为正，三者的显著性水平、数值大小均未发生明显变化；回归方程联合独立似然比、Wald 统计量均显著拒绝"处理方程与结果方程不相关"的原假设，验证了自选择效应的存在性与矫正的必要性。总之，缩尾处理后的估计结果与基准模型结果并无明显差别，对离群值进行处理不会影响研究结果，充分显示出基准模型结果的稳健性。

3. Heckman 样本选择模型结果比较

Heckman 样本选择模型采用控制方程思想去矫正样本选择偏误（Heckman，1979），其与内生转换回归模型的不同之处在于：采用（有限信息）最大似然方法或者两步法估计结果方程和处理方程，从而得到一致的、渐进有效的结果。运用最大似然方法和两步法估计 Heckman 样本选择模型得到的结果显示（见表12-5），排他性约束工具变量回归系数显著为正；用以矫正选择效应的参数 lambda 显著为负、方程独立性检验的 LR 显著为正，证实了样本选择偏误的存在性，充分说明 Heckman 样本选择模型对样本选择偏误的矫正是有效的。无论采用最大似然方法还是运用两步法进行估计，Heckman 样本选择模型回归结果均与表12-2结果接近，意味着基准模型结果具有很强的稳健性。

4. 倾向得分匹配模型结果比较

作为比较，进一步采用倾向得分匹配模型估算平均处理效应。其中，处理组平均处理效应 ATET 为 0.289（t 值为 1.92），表明信用卡支付行为显著增加了消费支出。倾向得分匹配方法估算出来的处理组平均处理效应在强度上稍弱于 ESRM 估算出来的处理组平均处理效应（0.152，见表12-3）。造成差异的原因在于，倾向得分匹配方法只控制了可观测因素的影响，未考虑不可观测因素对消费者支付决策的正向选择效应，从而高估了信用卡对持卡人消费支出的正向作用。

12.5 基于因果中介效应法的溢价机制检验

前文机理分析部分凝练了信用卡支付实现消费溢价的两个传导渠道——自我控制渠道和消费倾向渠道，同时明确了两者为串联关系。接下来，本部分将重点基于因果中介效应分析方法（Imai and Yamamoto，2013）检验信用卡支付消费溢价效应的实现机制及其敏感性。该方法在序贯可忽略假设和同质性交互假设下，通过计算传导渠道的平均因果中介效应（Average Causal Mediation Effect，ACME）揭示作用机制的方向、强度和显著性；通过计算处理变量与机制变量构成的交互项的标准差 σ（交互项的异质性）、交互项异质性所解释的结果变量的方差 R^2，刻画平均因果中介效应对相关假设的敏感性。表 12-6 提供了串联机制的平均因果效应，图 12-4 给出了敏感性检测结果。

表 12-6 信用卡支付实现消费溢价的作用机制检验

总效应及其分解	估计值	95%置信区间下限	95%置信区间上限
总效应	0.2874	0.2444	0.33
ACME（处理组）	0.0336	0.0164	0.05
ACME（对照组）	0.0238	0.0134	0.03
ACME（平均值）	0.0248	0.0138	0.04
ADE（处理组）	0.2636	0.2199	0.31
ADE（对照组）	0.2538	0.2088	0.30
ADE（平均值）	0.2548	0.2099	0.30

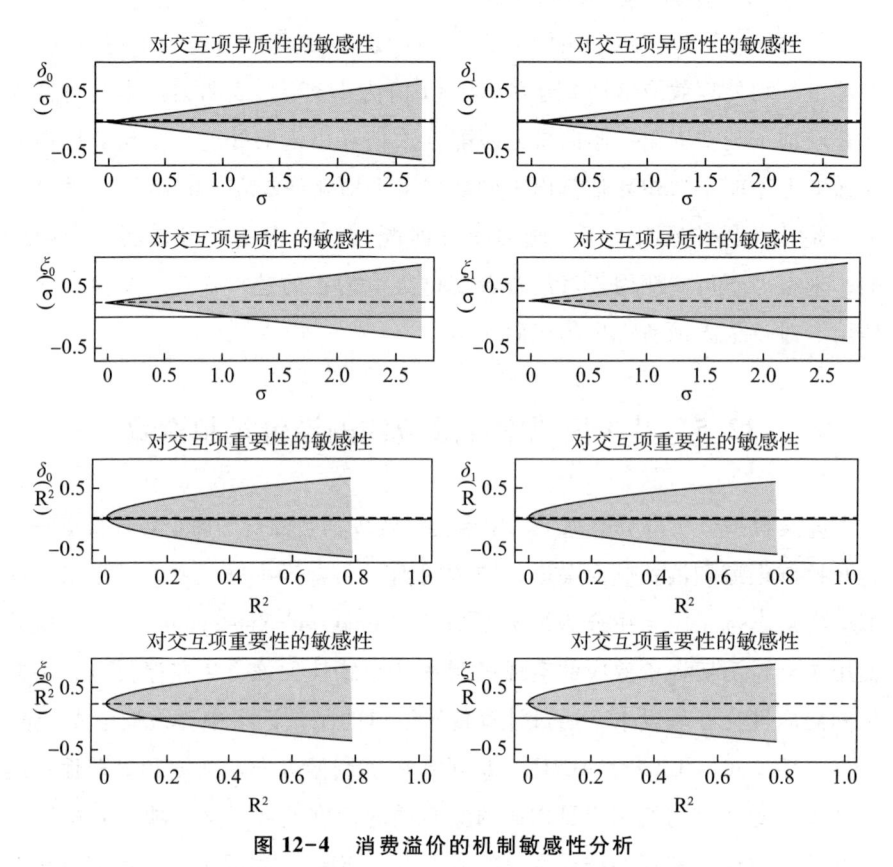

图 12-4　消费溢价的机制敏感性分析

资料来源：笔者自绘。

表 12-6 结果显示，信用卡支付经由自我控制渠道和消费倾向渠道构成的串联机制对处理组产生的平均因果中介效应显著为正、强度为 0.0336，约占总效应的 11.69%。按照中介效应"低中高"三级强度划分的经验临界值——0.01、0.09 和 0.25（Cohen, 1988）来看，本章的串联机制效能虽处于中等以下水平但解释力尚可。机制敏感性分析结果显示，只要处理变量与机制变量构成的交互项的标准差 σ 小于 0.271，处理组 ACME 的下限符号就不会发生变化（见图 12-4 第二列第一行图）；只要交互项异质性所解释的结果变量的方差 R^2 小于 1%，串联机制就依然显著成立（见图 12-4 第二列第三行图）。综合交互项的两项判别指标，平均因果效应对序贯可忽略假设和同质性交互假设的依赖程度尚可接受，串联机制较为稳健。

12.6 信用卡支付消费溢价效应对助推国内大循环的启示

信用卡是发展消费金融的重要支点，然而，人们尚不清楚信用卡刺激消费的微观作用机制，也缺乏相应的微观证据。本章基于心理核算理论和支付痛楚理论构建了一个理解信用卡支付消费溢价效应的微观框架，在此基础上，运用内生转换回归模型实证回答了信用卡支付是否实现了消费溢价以及如何实现消费溢价两个问题。

12.6.1 信用卡支付消费溢价的规模水平

本章研究结果表明：就信用卡支付行为的决定机制而言，风险厌恶效应、常规收入的恩格尔效应、通胀的债务稀释效应、偶得收入的情绪标签匹配效应、阶层秩序的认知标签匹配效应、股票财富效应均显著。就信用卡支付行为的经济效果而言，信用卡支付对信用卡支付组产生的平均处理效应为 0.152，信用卡支付消费溢价率为 18.204%，相当于一年内额外消费了 11641.6 元；样本整体的平均处理效应 ATE 显著为正、强度为 0.278，相当于一年内释放了 13204.86 元的增量消费需求。异质性分析发现，仅持有而不使用信用卡反而会降低消费支出，信用卡支付的消费溢价效应只存在于信用卡支付组；信用卡支付的消费溢价效应在耐用品和奢侈品场景下均显著，在非物质消费品场景下不显著。机制分析表明，信用卡支付行为正是经由自我控制渠道和消费倾向渠道构成的串联机制因果性地引致了持卡人消费扩张。本章的研究发现为信用卡的宏观跷跷板效应提供了微观证据，也为依托消费刺激计划助推国内大循环提供了参考依据。

12.6.2 借助信用卡拉动消费规模扩容的思路

在国内流通和消费环节，线上线下支付机构可为商贸流通企业定制具有针对性的降费措施和具有灵活性的信用卡费率支持方案，促进消费回补和潜力释放，为稳消费注入强劲活力，助推形成强大的国内市场。

第一，信用卡发行机构经营策略优化。根据信用卡支付动机的影响机制，倘若发卡机构的经营策略是为了提高信用卡产品的市场渗透率，那么其目标市场应该聚焦于受过中等教育（高中、中专和职高）、有高通胀预期、较偏好风险、生活在经商家庭且投资股票的中产女性。给定交易手续费，根据用卡族消费支出的决定机制，倘若发卡机构的经营策略是为了增加销售毛利，那么应该逐步舍弃其瘦狗市场（具有高中、中专和职高学历的消费者），将更多资源投向奶牛市场（家庭经商并从事股票投资的消费者）。

第二，政府部门的消费刺激政策设计。信用卡支付对非用卡族产生的消费溢价效应要高于其对用卡族产生的消费溢价效应。因此，出于刺激消费考虑，政府部门政策设计的首要目标是扩张增量持卡人，通过开放准入、规范竞争引入更加多元的信用卡发行主体（如独立的非银行发卡机构），通过降低乃至取消信用卡开户费等举措激励消费者用信用卡支付。特别地，中等受教育程度的申请者虽然有强烈动机用信用卡支付，但却因为难以自证而出局。为破解其面临的信用卡配给困局，中国人民银行可对独立的第三方信用评级与管理机构（如蚂蚁金服旗下的芝麻信用）进行认证并赋予其官方认可，多维度、交叉性地完善正规金融征信系统。此外，针对存量信用卡持卡人，可以考虑继续调低信用卡服务费、对信用卡单笔交易费用实行封顶管理、适当延长信用卡还款免息期，以提高信用卡持卡人的交易频率，进而增加消费支出、助推国内大循环。

第13章　信用卡支付的消费升级效应及其实现机制

本章从水平维度转向结构维度，基于需求层次理论提出了信用卡支付引领消费结构升级的微观逻辑，进一步利用中介效应模型检验作用机制。[①]

13.1　信用卡支付引发的消费升级与消费降级之争

我国信用卡市场在 2017~2022 年发展异常迅速。中国人民银行发布的《2017 年支付体系运行总体情况》显示，2017 年全国信用卡和借贷合一卡在用发卡量达 5.88 亿张，同比增长 26.35%，人均持有信用卡 0.39 张，同比增长 25.82%；《2022 年支付体系运行总体情况》显示，2022 年全国信用卡和借贷合一卡在用发卡量达 7.98 亿张，人均持有信用卡和借贷合一卡 0.57 张。信用卡作为消费金融领域重要的支付工具和载体，为消费者提供了便利的支付渠道和信贷支持。然而，关于信用卡支付究竟如何影响消费结构却存在争议。一种观点认为，信用卡支付促进了消费升级；另一种观点认为，信用卡支付导致了消费降级。针对"升级论"和"降级论"，本章基于西南财经大学中国家庭金融调查与研究中心所提供的微观数据，分析了信用卡支付是否能够实现消费结构升级，并进一步利用中介效应模型检验了信用卡支付影响消费结构的作用机制。

[①] 基础工作见王巧巧等（2018），本章对其进行了补充和拓展。

13.2　信用卡支付影响消费结构的作用机理分析

信用卡进入消费金融领域后，学者最先开始探究的是信用卡支付对消费水平的影响。一部分学者利用实验数据揭示了信用卡支付的消费溢价效应。Feinberg（1986）通过对大学生进行四次实验研究后得出结论，当出现信用卡时，被试做出消费决策的可能性提高、做出消费决策的速度更快、在每一件商品上的消费额更多。Prelec 和 Simester（2001）操纵支付方式，用两个独立研究扩展了 Feinberg（1986）的实验，对 MBA 学生进行分组模拟测试后发现，当消费者被指示使用信用卡而不是现金时，支付意愿增加。Soman 和 Cheema（2002）通过调查和实验两种方法，以青年学生和老年人两种消费者类型作为被试进行分析，结果显示：信用卡信用额度的增加会增加支出。但 Shah 等（2016）通过四次痛苦程度越来越高的货币支付实验，就此问题展开进一步探究后发现，信用卡支付这种相对不痛苦的支付方式，短期内增强了消费者购买意愿，但从长期来看消费者对该产品的回购率与产品忠诚度较低，最终导致消费量减少。另外一部分学者利用观测数据探究了信用卡支付的消费促进作用。张奎（2009）基于城镇居民可支配收入、消费支出与信用卡未偿余额微观数据，研究发现信用卡消费信贷对消费具有促进作用。李广子和王健（2017）以信用额度的变化来衡量消费信贷的变化，基于某银行信用卡中心信用额度调整这一独特样本，从微观角度分析信用额度对消费行为的影响，发现信用额度调整显著增加信用卡交易金额和消费支出。

总体来说，现有文献关于信用卡如何影响消费水平进行了广泛而深刻的探索，但针对信用卡与消费结构的研究比较缺乏。部分学者基于信用卡支付对具体消费项目展开了研究。其中，Thomas 等（2011）分析了1000个家庭 6 个月的购物行为后得出，使用信用卡消费更有购物冲动且可能购买不健康的食品。Fagerstrom 和 Hantula（2013）基于 21 名参与者的模拟实验，运用双曲线贴现效应模型进行分析，结果发现他们更倾向于使用信用卡来获得高期望值的即时可用性产品（类似于手机）。尚杨娇（2013）研究发现，信用卡支付对耐用品的影响要远远超过非耐用品。王利萍（2011）

认为消费者倾向于使用信用卡对享乐休闲物品进行消费，使用现金购买生活必需品。唐沁和马晓姣（2015）对家庭信用卡使用状况进行分析后得出类似结论，信用卡支付显著增加了家庭支出中的耐用品费用、通信网络费用、旅游探亲费用和奢侈品消费。归纳相关研究可发现，信用卡支付对消费结构的影响非常明显。消费者更偏好于使用信用卡进行耐用品和奢侈品等非生存型消费。

既有文献基于多层次微观数据、多维研究视角，试图全面捕捉信用卡与消费之间的关系。在理论层面增进了对信用卡支付影响消费结构的认识，在实证层面提供了信用卡支付影响消费结构的证据。不过，仍存在两方面有待进一步研究。其一，针对信用卡支付影响消费结构的研究不够全面。按照马斯洛需求层次理论，消费需求呈现出生存型向享受型再向发展型转变的特点。现有文献只关注了其中的某个消费层次、项目或者类别，缺乏统一研究。由此，会导致对消费结构刻画不够充分。其二，信用卡支付影响消费结构的作用机制尚不清晰。既有文献主要分析了一些心理学因素，如痛苦程度、支付幻觉等，且在信用卡对消费的潜在作用和影响符号方面存在分歧。事实上，信用卡信贷功能缓解了流动性约束，平抑了消费冲击，推动了预算约束线外移，扩大了消费可能集，从而拉动了消费，也促进了高层次消费。

相较于现有文献，本书研究的不同之处在于：针对信用卡支付影响消费结构的研究更加全面；关于信用卡支付影响消费的作用机制研究更为严谨，提供了清晰的逻辑机制。本章将消费划分为生存型消费、享受型消费、发展型消费三大类，试图全方位地探讨信用卡支付对消费结构升级的影响。在此基础上，考察了在信用卡支付影响消费结构升级的路径中，消费信贷发挥的中介作用。

13.3　检验信用卡消费升级效应的研究设计

13.3.1　数据简介与研究对象

本章基准回归使用的数据源于2011年中国家庭金融调查与研究中心的中国家庭金融调查（China Household Finance Survey，CHFS）。此调查采用分层、三阶段与规模度量成比例的设计方案，调查样本分布在全国25个省（自治区、直辖市）80个县（区、县级市）的320个村（居）委会，样本规模为8438户，共29324个个体。该调查的数据因其独特的调查设计方案、在调查过程中的严格随机性控制，可用于进行一般性推断。调查问卷中不仅有一个信用卡的专门模块，还包含人口统计学特征、食品衣着支出、家庭耐用品支出、交通费用、购买名牌箱包和字画支出等调查，可满足本章要求。关于此调查更多的介绍请参考甘犁等（2013）的研究。选取18~65周岁的受访者数据作为样本数据，样本总人数为21148人。为了揭示信用卡支付对消费结构的长期影响，在稳健性检验中利用2013~2019年的追踪调查样本数据进行估计。

13.3.2 变量选取

1. 被解释变量

消费结构（y_i/y_4）采用生存型消费占总消费的比例、享受型消费占总消费的比例、发展型消费占总消费的比例来衡量。

（1）生存型消费（y_1）

生存型消费包括衣服消费、食品消费、居住消费三大类。其中，衣服消费是自己购买衣物（问项G1011）、配偶购买衣物（问项G1011a）、小孩购买衣物（问项G1011b）的支出总和。考虑到消费者有消费习惯，家庭食品消费受到收入、个人口味、就餐习惯等限制，不易发生变动。因此，用受访月的上月消费（问项G1001）乘12个月来计算一年的食品消费。居住消费是住房装修、维修或扩建花费（问项G1012）和暖气费（问项G1013）之和。

（2）享受型消费（y_2）

享受型消费包括耐用品消费和交通费用两大类。根据问项G1014"您家购买彩电、冰箱、洗衣机等家庭耐用品的支出"和问项G1017"您家购买家用汽车、摩托车、电动车等交通工具的支出"的回答来测算，为两种支出之和。

（3）发展型消费（y_3）

发展型消费包括奢侈品消费、教育消费、旅游消费、保健消费四大类。根据问项 G1015"您家购买名牌箱包、字画等奢侈品的支出有多少"、问项 G1016"您家的教育、培训支出有多少"、问项 G1018"您家旅游、探亲总支出是多少"和问项 G1019"您家的保健支出有多少,不包括医疗支出"的回答来测算,为四种支出之和。

(4) 总消费支出（y_4）

由生存型消费（y_1）、享受型消费（y_2）和发展型消费（y_3）加总得到。

2. 解释变量

信用卡支付（$credit$）。根据问项 E2001"您和您的家人在购物时,一般会使用下列哪些支付方式?"的回答,设置虚拟变量。使用信用卡支付设为 1,不使用信用卡支付设为 0。

3. 中介变量

消费信贷（m）。参考李广子和王健（2017）的研究,以信用卡额度的变化衡量消费信贷的变化。依据问项"信用卡额度"的回答,取额度数值的自然对数。

4. 控制变量

控制变量从受访者家庭特征和个人状况两个层面来选取,分类如下。

(1) 家庭特征因素

家庭特征因素方面的控制变量有以下几个。①置业情况（$house$）。根据问项 A1011"除在本村/小区的住宅外,您家在国内其他地方还有几套用于居住的住宅？包括租来的房子,不包括租出去的房子"的回答,度量该变量。②活期存款（$account$）。活期存款是一个虚拟变量,1 表示有,0 表示没有。

(2) 个人状况因素

参考现有研究,控制了以下几个变量。①年龄（age）。用受访时间 2011 年减受访者出生时间计算年龄。②年龄的平方（$age2$）。鉴于年龄对消费的影响可能是 U 形的,因此加入了年龄的平方项。③性别（$gend$）。性别为虚拟变量,1 表示男性,0 表示女性。④受教育程度（edu）。根据问项 A2012"受教育程度"的回答,数值 1~9 表示从"没上过学"到"博士研究生",数值越大,表示受教育程度越高。⑤家中排行（$ranking$）。根据问项"在这些兄弟姐妹中，排行第几"的回答来度量。⑥民族（$ethnic$）。民族为虚拟变量，1代表汉族，0代表其他民族。⑦婚姻状况（$marry$）。婚姻状况是虚拟变量，1代表已婚，0代表其他。⑧城乡户口（$hukou$）。城乡户口为虚拟变量，1表示农业户口，0表示非农业户口。⑨居住地（$live$）。此项为虚拟变量，根据问项"你是否居住本市/县六个月以上？"的回答，1代表是，0代表不是。⑩工作情况（job）。根据问项"是否有工作"的问答，1代表有工作，0代表没有工作。⑪工作性质（jq）。工作性质为虚拟变量，1代表务农，0代表其他。⑫工作职称（Pro）。工作职称是虚拟变量，根据问项A3008"在此工作中的专业技术职称是什么？"的回答，1代表有职称，0代表没有职称。⑬工作职务（$Posit$）。工作职务是虚拟变量，根据问项A3009"在此工作中的职务是什么"的回答，1代表有职务，0代表没有职务。⑭消费意愿（$conswilling$）。根据问项A4004"当您家的资产价值上升时，您愿意花更多的钱消费吗"的回答，数值1~5表示从"很愿意"到"很不愿意"，数值越大，表示意愿程度越低。⑮经济形势预期（$ecoexp$）。根据问项A4005"您预期中国未来三到五年的经济形势与现在比较会如何变化？"的回答，数值1~5表示从"非常好"到"非常差"，数值越大，越悲观。⑯物价预期（$pricesexp$）。根据问项"预期物价"的回答，1~5表示从"上升很多"到"降低很多"。⑰幸福感（$happiness$）。根据问项A4001c"总的来说，您现在觉得幸福吗？"的回答，1~5表示从"非常幸福"到"非常不幸福"。

13.3.3 模型设定

根据研究目的，建立回归方程：

$$\frac{y_i}{y_4} = \alpha_{i0} + \alpha_i credit + \sum_{n=1}^{19} \beta_{in} X_n + u_i \tag{13.1}$$

$$\ln y_4 = \alpha_{40} + \alpha_4 credit + \sum_{n=1}^{19} \beta_{4n} X_n + u_4 \tag{13.2}$$

方程（13.1）表示信用卡支付对消费结构的影响，方程（13.2）表示信用卡支付对总消费的影响。y_1代表生存型消费、y_2代表享受型消费、y_3代表发展型消费、y_4代表总消费支出。X_n为控制变量组成的向量，包含年龄、年龄的平方、性别、受教育程度、家中排行、民族、婚姻状况、城乡户口、居住地、工作情况、工作性质、工作职称、工作职务、置业情况、活期存款、消费意愿、经济形势预期、物价预期、幸福感。α_i表示信用卡支付行为对各类消费占比的回归系数，u_i代表随机误差项。

判断信用卡支付促进还是抑制消费结构升级的标准是：如果消费结构沿着总消费支出比重显著提高、发展型消费支出比重显著提高、享受型消费支出比重显著提高以及生存型消费支出比重显著降低的方向发展，视作信用卡支付促进消费结构升级；如果消费结构沿着总消费支出比重降低、发展型消费支出比重降低、享受型消费支出比重降低、生存型消费支出比重提高的方向发展，视作信用卡支付抑制消费结构升级。

13.4 信用卡支付影响消费结构升级的效能检验

13.4.1 描述性统计

表13-1给出了样本在微观变量方面的统计特征及其分布。样本中使用信用卡支付的人数占总人数的比例较小，占比为8.36%；男性和女性比例相当；农业人口比非农业人口多，但务农人口占少数，随着工业化和城镇化进程的加快，越来越多的农业人口选择进城务工，不再从事农作，发生了劳动力的转移；已婚者占大多数；汉族人口居多；样本中的大部分个体有工作；在教育水平方面，初中毕业者人数最多，占总样本的34.84%，硕士研究生及以上学历者最少，仅占1.03%。以此，可了解样本的基本人口特征。

表13-1 信用卡消费人群的人口统计学特征

人口统计学特征	观测值（个）	占比（%）
使用信用卡支付	1769	8.36
女性	10559	49.93
初中	7369	34.84
硕士研究生及以上	217	1.03
汉族	12837	60.70

续表

人口统计学特征	观测值（个）	占比（%）
已婚	16402	77.56
农业户口	12048	56.97
有工作	14825	70.10
务农	4634	21.91

13.4.2 消费结构现状分析

表 13-2 给出了不同层次的消费占比的均值及其在信用卡用户群体和非信用卡用户群体间的差异。

表 13-2 信用卡消费结构现状

变量名	（1）全样本 观测值（个）	均值	（2）不使用信用卡样本 观测值（个）	均值	（3）使用信用卡样本 观测值（个）	均值
生存型消费占比（%）	21075	77.4	19306	78.2	1774	68.8
享受型消费占比（%）	21075	5.8	19306	5.3	1774	11.3
发展型消费占比（%）	21075	16.8	19306	16.5	1774	19.9
总消费支出（元）	21148	31742	19379	27342	1778	79670

由表 13-2 可知，样本中使用信用卡支付的人数占总人数的比例约为 8.4%，要远远低于不使用信用卡支付的人数的占比。纵向来看，三列分组中，居民的消费结构都是生存型消费占比远远超过其他两类消费占比，发展型消费占比超过享受型消费占比，享受型消费占比最低。

横向来看，除生存型消费，其余消费项目在第（3）列中的均值依次大于第（1）列和第（2）列。较之不使用信用卡进行支付的分组，使用信用卡进行支付的分组中，各类消费占比和总消费支出更大。从差距绝对值来看，首先，使用信用卡进行支付的生存型消费占比比不使用信用卡进行支付低 9.4 个百分点，两者差距最大；其次，使用信用卡进行支付的享受型消费占比比不使用信用卡进行支付高 6.0 个百分点，两者差距次之；最后，使用信用卡进行支付的发展型消费占比比不使用信用卡进行支付高

3.4个百分点,两者差距最小。值得指出的是,使用信用卡支付的生存型消费占比为68.8%,要远远小于不使用信用卡进行支付的生存型消费占比(78.2%);使用信用卡进行支付的总消费支出平均值为79670元,不使用信用卡进行支付的总消费支出平均值为27342元,使用信用卡进行支付的总消费支出多52328元。

从各类消费占比和总消费支出平均值来看,使用信用卡支付明显抑制了生存型消费,促进了享受型消费和发展型消费,增了总消费支出,消费结构呈现一定的高级化特征。

13.4.3 基准回归结果分析

初步描述性统计并未控制其他因素,为了明确信用卡支付对消费结构究竟是产生了消费升级效应还是消费降级效应,接下来进行回归分析。以信用卡支付（credit）为自变量,以总消费支出（$\ln y_4$）、生存型消费占比（y_1/y_4）、享受型消费占比（y_2/y_4）、发展型消费占比（y_3/y_4）为因变量,分别进行回归,估计结果如表13-3所示。

表13-3 分消费层次的回归模型估计结果

变量	总消费支出	生存型消费占比	享受型消费占比	发展型消费占比
信用卡支付 （credit）	0.4498*** (0.0378)	−0.0581*** (0.0108)	0.0435*** (0.0099)	0.0146* (0.0075)
控制变量	控制	控制	控制	控制

注:括号内为标准误,***表示p<0.01,*表示p<0.1。

第一,信用卡支付对消费结构的影响。首先,信用卡支付显著促进了总消费支出。表13-3结果显示,信用卡支付对生存型消费占比的影响在1%的水平下显著为负,信用卡支付对享受型消费占比的影响在1%的水平下显著为正,信用卡支付对发展型消费占比的影响在10%的水平下显著为正。可见,信用卡支付能够促进总消费支出,降低生存型消费占比、提升享受型消费和发展型消费占比。因此,根据消费结构升级的判断依据,此实证结果可得出信用卡支付能够促进消费结构升级的结论。

从影响系数上看,总消费支出的回归系数为正,生存型消费占比的回归系数为负且在三个项目中的绝对值最大，享受型消费占比的回归系数要大于发展型消费占比的回归系数。信用卡支付降低了生存型消费占比，即生存型消费不会挤占更高层次的消费，从而提高了信用卡持有者对享受型消费和发展型消费的支付意愿，有助于消费结构调整优化。而且，享受型消费和发展型消费支出的增加额远远大于生存型消费的减少额，从而对总消费支出有显著的拉动作用。但值得注意的是，较之对享受型消费的影响，信用卡支付对发展型消费的影响稍弱，其原因在于享受型消费对信用卡支付更为敏感，享受型消费挤占了发展型消费。这说明信用卡支付对发展型消费的影响不够完全，仍然有很大的提升空间。

第二，控制变量对消费结构的影响。年龄、性别、受教育程度、民族、婚姻状况、城乡户口、工作情况、工作性质、置业情况、物价预期、幸福感与消费结构升级显著相关。

13.4.4 中介效应结果分析

现有文献通常利用中介效应模型来进行机制分析，从而揭示自变量通过何种途径影响因变量。温忠麟等（2004）基于 Baron 和 Kenny（1986）定义的部分中介过程、Judd 和 Kenny（1981）定义的完全中介过程、Sobel（1982）定义的检验过程，开发出一套实用的中介效应检验程序。该检验程序不仅可以降低中介效应检验的第一类错误率和第二类错误率（Ⅱ型错误率即存伪错误率），而且可以区分部分中介效应和完全中介效应，从而可以全面揭示变量间的作用机制。信用卡支付行为通过影响消费者短期信贷额度（信用卡额度），缓解消费者流动性约束，从而使消费者更容易发生购买行为，尤其使其偏好对享受型消费品、发展型消费服务等的购买，促进消费结构升级。于是，将消费信贷（m）作为中介变量纳入检验程序，考察消费信贷在信用卡支付影响消费结构升级中的中介作用。模型与检验程序如式（13.3）~式（13.5）所示：

$$\frac{y_i}{y_4} = \gamma_i credit + e_{1i} \tag{13.3}$$

$$\ln m = \gamma_{2i} credit + e_{2i} \tag{13.4}$$

$$\frac{y_i}{y_4} = \gamma_{1i} credit + \delta_i \ln m + e_{3i} \tag{13.5}$$

其中，γ_i 是指信用卡支付对消费结构的总效应，$\delta_i \gamma_{2i}$ 是中介变量 m 产生的中介效应，γ_{1i} 为直接效应。

根据温忠麟等（2004）的研究，在信用卡支付对消费结构的总效应 γ_i 显著的前提下，满足信用卡支付对消费信贷（信用卡额度，下同）的效应 γ_{2i} 显著、消费信贷对消费结构的效应 δ_i 显著，在此基础上，若信用卡支付对消费结构的直接效应 γ_{1i} 显著，说明是部分中介过程，即信用卡支付对消费结构的影响只有一部分是通过消费信贷实现的；若信用卡支付对消费结构的直接效应 γ_{1i} 不显著，说明是完全中介过程，即信用卡支付对消费结构的影响完全是通过消费信贷实现的。在信用卡支付对消费结构的总效应 γ_i 显著的前提下，若信用卡支付对消费信贷的效应 γ_{2i} 和消费信贷对消费结构的效应 δ_i 至少有一个不显著，构建 Z 统计量做 Sobel 检验。若检验结果显著，说明消费信贷的中介效应显著；若检验结果不显著，则说明消费信贷的中介效应不显著。消费信贷的中介效应检验结果见表 13-4、表 13-5 以及表 13-6。

第一，信用卡支付对生存型消费占比的中介效应分析。从表 13-4 中系数的符号可以推断出，信用卡支付对生存型消费占比的总效应显著为负，信用卡支付对消费信贷的效应显著为正，消费信贷对生存型消费占比的效应显著为负，信用卡支付对生存型消费占比的直接负效应不显著，所以消费信贷产生的中介效应属于完全中介效应。该结果表明，信用卡支付抑制生存型消费完全是通过消费信贷实现的，即信用卡支付能够促进消费信贷（信用卡额度）增加，消费信贷的增加显著抑制了生存型消费支出。

表 13-4　生存型消费的中介效应检验

变量	（1）生存型消费占比	（2）消费信贷	（3）生存型消费占比
信用卡支付（credit）	-0.0943*** (0.01093)	0.5601*** (0.0832)	-0.0222 (0.0182)
消费信贷（lnm）			-0.0326*** (0.0085)

注：括号内为标准误，*** 表示 $p<0.01$。

第二，信用卡支付对享受型消费占比的中介效应分析。由表 13-5 中系数的符号可以推断，信用卡支付对享受型消费占比的总效应显著为正，信用卡支付对消费信贷的效应显著为正，消费信贷对享受型消费占比的效应显著为正，信用卡支付对享受型消费占比的直接效应显著为正，所以消费信贷产生的中介效应属于部分中介效应。该结果表明，信用卡支付促进享受型消费，部分是通过消费信贷实现的。一方面，信用卡支付对享受型消费支出有直接正效应，即信用卡支付会促进享受型消费支出；另一方面，信用卡支付通过影响消费信贷对享受型消费支出有间接的正效应，即信用卡支付会使消费信贷增加，而消费信贷增加会影响消费行为，促进享受型消费占比提升。

表 13-5　享受型消费的中介效应检验

变量	(1) 享受型消费占比	(2) 消费信贷	(3) 享受型消费占比
信用卡支付 ($credit$)	0.0598*** (0.0104)	0.5601*** (0.0832)	0.0280* (0.0155)
消费信贷 ($\ln m$)			0.0130* (0.0075)

注：括号内为标准误，*** 表示 $p<0.01$，* 表示 $p<0.1$。

第三，信用卡支付对发展型消费占比的中介效应分析。由表 13-6 可得，信用卡支付对发展型消费占比的总效应显著为正，信用卡支付对消费信贷的效应显著为正，消费信贷对发展型消费占比的效应显著为正，信用卡支付对发展型消费占比的直接效应不显著，所以消费信贷产生的中介效应属于完全中介效应。该结果表明，信用卡支付拉动发展型消费完全是通过消费信贷实现的，即信用卡支付能够促进消费信贷增加，消费信贷的增加显著提高了生存型消费占比。

表 13-6　发展型消费的中介效应检验

变量	(1) 发展型消费占比	(2) 消费信贷	(3) 发展型消费占比
信用卡支付 ($credit$)	0.0345*** (0.0076)	0.5601*** (0.0832)	−0.0058 (0.0136)

续表

变量	（1）发展型消费占比	（2）消费信贷	（3）发展型消费占比
消费信贷（ln$m$）			0.0020* (0.0064)

注：括号内为标准误，＊＊＊表示 p<0.01，＊表示 p<0.1。

总结以上中介效应分析结果可知，消费信贷在信用卡支付对生存型消费占比的影响中产生完全中介效应，在信用卡支付对享受型消费占比的影响中产生部分中介效应，在信用卡支付对发展型消费占比的影响中产生完全中介效应。据此可知，消费信贷即信用卡额度是信用卡支付影响消费结构升级的中介变量，信用卡支付可以通过影响消费信贷促进消费结构升级。

13.5 基于倾向得分匹配法进一步考察消费升级效应

OLS 估计可能存在样本选择性偏差和遗漏变量所造成的内生性问题。为此，进一步使用倾向得分匹配法评估信用卡支付对消费结构的影响。拟使用四种方法进行匹配：一对一匹配、K 近邻匹配（K＝4）、核匹配、局部线性回归匹配。

13.5.1 平衡性检验

倾向得分估计的一个重要目的是平衡实验组（使用信用卡进行支付）和对照组（不使用信用卡进行支付）之间解释变量的分布。因此，样本匹配后需要进行平衡性检验，具体结果如表 13-7 所示。

表 13-7 倾向得分匹配前后变量平衡性检验结果

匹配方法	Pseudo-R^2	LR 统计量	标准偏差均值	标准偏差中位数
一对一匹配	0.003	11.33	1.5	0.6
K 近邻匹配（K＝4）	0.002	6.75	1.3	1.0
核匹配	0.005	16.40	2.2	1.3
局部线性回归匹配	0.003	11.33	1.5	0.6

样本匹配后，大多数变量的标准化偏差小于 10%，Pseudo-R^2 匹配后的值都很小，几乎为 0，LR 统计量由匹配前的 2663.94 下降到匹配后的 6.75~16.40，标准偏差均值由 44.9 下降到匹配后的 1.3~2.2，标准偏差中位数由 34.5 下降到匹配后的 0.6~1.3。检验结果表明，匹配显著降低了实验组和对照组解释变量分布的差异，最大限度地降低了样本选择偏误，倾向得分估计和样本匹配是成功的。

13.5.2 稳健性检验

表 13-8 是在四种匹配方法下测算的信用卡支付对消费结构的处理效应。可以发现，虽然采用了不同的匹配方法，但结果基本上是相同的，说明实证结果具有强稳健性。例如，在一对一匹配中，信用卡支付对总消费支出、生存型消费占比、享受型消费占比、发展型消费占比的平均处理效应分别为 0.5368、-0.0689、0.0472、0.0218，且四者均在 1% 的统计水平下显著，四种匹配方法的平均处理效应值相差不大，且显著性水平相同。相较于不使用信用卡进行支付的分组，使用信用卡进行支付的分组中，总消费支出增多，生存型消费占比降低，享受型消费占比和发展型消费占比均提高。根据文中针对信用卡支付促进消费结构升级的判断标准，可得出与基准回归完全一致的结论，即信用卡支付可促进消费结构升级，此结果具有强稳健性。

表 13-8 信用卡支付对消费结构的影响测算

匹配方法	消费类别	信用卡支付的平均处理效应
一对一匹配	y_4	0.5368*** (0.0405)
	y_1/y_4	-0.0689*** (0.0110)
	y_2/y_4	0.0472*** (0.0090)
	y_3/y_4	0.0218*** (0.0085)
K 近邻匹配 (K=4)	y_4	0.5273*** (0.0342)

续表

匹配方法	消费类别	信用卡支付的平均处理效应
K 近邻匹配 （K=4）	y_1/y_4	-0.0653*** (0.0093)
	y_2/y_4	0.0465*** (0.0078)
	y_3/y_4	0.0188*** (0.0071)
核匹配	y_4	0.5311*** (0.0338)
	y_1/y_4	-0.0618*** (0.0087)
	y_2/y_4	0.0446*** (0.0073)
	y_3/y_4	0.0173*** (0.0067)
局部线性回归匹配	y_4	0.5251*** (0.0405)
	y_1/y_4	-0.6120*** (0.0068)
	y_2/y_4	0.0451*** (0.0090)
	y_3/y_4	0.0162*** (0.0085)

注：括号内为标准误，*** 表示 $p<0.01$。

13.6 改用追踪样本和工具变量法进一步检验消费升级效应

为了在更长的时间窗口考察信用卡支付的消费升级效应，改用2013~2019年的追踪样本进行计量分析；同时，为了进一步矫正双向因果可能引致的内生性问题，改用高维固定效应工具变量方法进行估计。表13-9呈现了信用卡支付对消费结构的因果效应。

表13-9 改用2013~2019年追踪样本和工具变量法的估计结果

变量	发展享受型消费占比		生存型消费占比	
	(1)第一阶段回归	(2)第二阶段回归	(1)第一阶段回归	(2)第二阶段回归
信用卡支付（credit）		0.0793* (0.0430)		-0.0104 (0.0317)
虚拟朋友圈信用卡支付概率（FriendCPR）	0.9402*** (0.0494)		0.9392*** (0.0493)	
控制变量	控制	控制	控制	控制
C-D Wald F	565.84		563.56	
观测值	16413	16413	16395	16395

注：为了分析方便，将发展型消费和享受型消费合并为发展享受型消费；工具变量 FriendCPR 是虚拟朋友圈使用信用卡支付的概率；高维固定效应工具变量回归在 Stata 中的命令为 ivreghdfe，括号内为家庭层面的聚类标准误，*** 表示 p<0.01，* 表示 p<0.1。

表13-9结果显示，第一阶段回归 C-D Wald F 统计量远远大于10，说明不存在弱工具变量问题；从第二阶段回归结果看，信用卡支付对发展享受型消费占比的正向影响显著，对生存型消费占比的负向影响不显著，信用卡支付促进了消费结构中的发展享受型消费，基准回归结果具有较强的稳健性。

13.7 信用卡支付消费升级效应对驱动国内大循环的启示

13.7.1 信用卡支付影响消费结构的方式和效能

针对消费升级还是消费降级之争，本章以中国家庭金融调查数据作为研究资料，运用回归模型检验了信用卡支付对总消费支出、生存型消费占比、享受型消费占比、发展型消费占比的影响，利用因果中介效应模型检验了信用卡支付影响消费结构的渠道。研究发现，信用卡支付实现了消费结构升级。信用卡支付与生存型消费占比呈显著负相关，信用卡支付降低了生存型消费占比；信用卡支付与享受型消费占比呈显著正相关，信用卡支付较为有力地提升了享受型消费占比；信用卡支付与发展型消费占比呈显著正相关，信用卡支付促进了发展型消费。"抑生存、提享受、促发展"的结果说明，信用卡支付具有消费结构升级效应。机制分析显示，信用卡支付通过信贷扩张实现消费结构升级,促进了国内大循环提质。

13.7.2 借力信用卡促进消费结构升级的思路

在构建双循环新发展格局的战略愿景下,研究结论对如何利用信用卡实现中国经济向消费主导型转变具有明显的启示意义,具体而言包括以下两大方面。

第一,对政府部门具有重要的政策意义。①信用卡支付能够直接促进消费结构升级,因此为信用卡支付提供一个健康有序的环境至关重要。政府应尽快完善信用卡相关法律法规,促进社会信用体系建设,营造诚信的消费环境。②消费信贷可促进享受型消费和发展型消费,实现消费结构升级。政府应出台相关政策,鼓励开展信用卡消费信贷业务,对商业银行或相关金融机构给予补贴,对信用贷款产生的利息给予适当的税收优惠,降低消费结构调整的成本。③年龄、性别、受教育程度、民族、工作状况、置业情况、物价预期、幸福感等因素与消费结构升级显著相关,政府可关注不同人群在消费结构升级中发挥的作用,从而有针对性地引导消费结构调整。

第二,对支付机构具有一定的启发意义。①消费信贷可促进消费支出。居民的信用卡额度越高,银行的利息收入越高,这使银行拥有巨大的利润空间。这意味着商业银行可以将信用卡额度调整作为一种有效的运营手段。②信用卡支付对发展型消费的影响不够完全,仍然有很大的作用空间,这意味着商业银行有很大的操作空间。在扩大信用卡目标群体覆盖面的基础上,商业银行可适当推出高端消费项目专属信用卡,并提高中高端客户群体的授信额度。③不同特征的人群对消费种类的选择存在显著差异,商业银行应在发行信用卡的过程中密切关注不同人群的特征,做出个性化的市场细分。总之,支付机构需秉持支付为民、科技向善理念,立足供需"痛点""堵点",促消费、提质量、惠民生,不断增强提供支付服务的能力,为构建新发展格局提供助力。

第14章 结论与对策建议

以支付清算体系为核心的金融基础设施，是加快构建双循环新发展格局的主动脉与关键点。面向构建双循环新发展格局需求，本书以支付市场的供需分析为起点，以定价机制创新和改革为顶点，以消费效应和民生意义为落点，构建起了贯穿"供需分析→定价设计→效应评价"的抛物线式逻辑脉络和研究架构。主要内容、重要观点或对策建议如下。

第一，传统方法高估了支付市场的交叉网络外部性，从而高估了持卡人和商户双边的支付意愿，现行定价方案的费率水平具备下调的空间，费率结构有优化的余地。

传统归属曲线模型和半参数估计方法未能将自网络外部性从交叉网络外部性中分离出来，导致交叉网络外部性被高估。高估的支付意愿是支付市场费率名目繁多、费率水平畸高、费率结构失衡的重要原因。本书利用二次B样条基方法估算的结果发现，我国发卡市场和收单市场的交叉网络外部性均呈现阶梯形递减特征且呈现出非对称特征，费率水平具备下调的空间，费率结构有优化的余地。本书研究结论支持《关于完善银行卡刷卡手续费定价机制的通知》（发改价格〔2016〕557号）取消商户分类定价的决定，但考虑到发卡市场对收单市场产生的交叉网络外部性强度高于收单市场对发卡市场产生的交叉网络外部性强度，建议管理层在发卡市场针对个人账户和企业账户实施差别化的定价上限、对发卡银行和收单机构承担的交换费执行差别化分摊比率。后银联时代，管理层宜扫除制度藩篱，进一步推进发卡环节竞争、促进发卡银行针对个人用户推出力度更大的费率下调举措，可推出货币转换费优惠等措施；鉴于发卡环节市场结构高度集中、收单环节竞争充分且推行市场定价机制，建议管理层降低收单机构分摊的交换费占比。

第二，中国支付市场定价机制创新和改革必须立足市情、行情和国情，坚持"市场定价+政府调节"的顶层制度安排，完善价格结构形成机制和调节机制，选择适宜的定价模式，降低费率水平，优化费率结构。

一是我国现行的支付市场定价规则遵循的是市场定价与政府指导相结合的方式：坚持市场在利益分配中的基础性地位，降低了收单银行与发卡银行之间重复谈判的交易成本，有利于实施必要的监管，通过封顶制和分摊制等措施保障民生。未来改革的主线是以收单环节为抓手突破固化的收益分配方式，贯彻强化竞争、市场定价的思路，明确成本和差异化导向，改革价格结构形成机制；在发卡和清算环节则贯彻上限管理的思路，基于支付服务类别实施差异化、非线性定价规制，创新价格结构调节机制。

二是开放型和封闭型支付平台适宜采用不同的定价模式。开放型支付平台采用二部定价模式占优，封闭型支付平台则采用会员费定价模式更占优；在平均价格效应足够弱（强）时，封闭（开放）型支付平台采用交易费定价模式。此外，考虑到交叉网络外部性呈现阶梯形递减特征，两类支付平台均可考虑引入阶梯式递减的非线性定价模式。

三是支付网络跨行交易宜采用联合定价方式降低费率。最优的跨行交易手续费以持卡人的单位交通成本为加项，以开户行（委托行）与代理行的成本差为减项；在单向接入下，联合制定的交换费是基于边际成本定价规则制定的；在双向接入下，联合制定的交换费遵循拉姆齐定价原理，当持卡人的单位交通成本较高时，联合决策可以降低双向交换费。基于银行成本和净流量数据测算发现，银行宣称的跨行交易"亏损论"难以成立，银行能够承受的交换费下限为 1.25 元/笔，当前每笔 3 元的银行间交换费尚有 1.75 元的调整余地。

四是卡基支付平台交易宜根据加权平均成本和差异化水平确定费率。支付平台全局竞争的最优交换费满足成本加成定律，平台交换费以自身成本和竞争对手成本构成的加权平均成本为基础，以基础效用差异、会员机构交通成本或转换成本形成的增广差异化程度为加项。相较于社会有效的交换费，支付平台私人设定的交换费过高，降低交换费有利于增加社会福利。中国银联在全局竞争下的私人最优交换费为 1.0951~1.1147 元，国内实行的交换费（单边单笔不超过 3.25 元）尚存在较充足的下调空间。随着国际支付平台陆续进入中国，平台竞争加剧，央行和国家发展改革委宜在相关文件的基础上进一步降低费率规制的上限。

五是新兴支付工具的旁路竞争有助于倒逼传统卡基支付服务降价。新兴支付工具在线上发起的业务竞争，会导致传统卡基支付平台线下业务的固定费用和变动费用双降，充分说明线上支付与线下支付具有紧密的联动性。涉及平台接入时，在批发市场上，传统卡基支付平台向新兴支付工具收取的最优接入费低于其边际成本；在零售市场上，传统卡基支付平台对内收取的固定费用高于其对外收取的固定费用。中国银联宜适当降低固定费用从而消除不合理套利空间，确保新兴支付工具的技术红利惠及用户。

第三，支付管理机构既要善于发挥信用卡支付在消费水平端的杠杆效应，又要致力于增强信用卡支付在消费结构端的提质效应，增进民生福祉。

信用卡费率的下调促进了信用卡支付在社会生活中的渗透，隐形支付的信用卡功能性地缓解了消费者的支付痛楚、弱化了消费者的心理计算能力，助推消费扩张乃至导致过度消费。研究表明，信用卡支付经由自我控制渠道和消费倾向渠道引致了持卡人消费扩张，信用卡支付对持卡人消费支出产生的消费溢价率高达18.204%，相当于一年额外消费了11641.6元。从结构上看，信用卡支付抑制了生存型消费支出，促进了享受型消费支出和发展型消费支出，产生了消费结构升级效应。出于刺激消费考虑，政府部门政策设计的首要任务是扩张增量持卡人，通过开放准入、规范竞争引入更加多元的信用卡发行主体（如独立的非银行发卡机构），通过降低乃至取消信用卡开户费等举措激励消费者用信用卡支付。此外，针对存量信用卡持卡人，可以考虑继续调低信用卡服务费、对信用卡单笔交易费用实行封顶管理、适当延长信用卡还款免息期，以提高信用卡持卡人的交易频率进而增加消费支出。

第四，支付平台要在"高质量发展"中找准方位，在"高水平开放"中大显身手，在"加速双循环"中贡献力量。

支付平台需秉持支付为民、科技向善理念，立足供需"痛点"，凝聚产业合力，融通生产—分配—交换—消费全链路，助小微、惠民生、促消费、提质量，不断增强支付市场服务实体经济与金融发展的能力，为构建新发展格局提供助力。中国支付清算协会应发挥引领作用，推动产业各方合作，构建协作创新、互利共赢的生态模式，促进支付产业上下游资源融通、链路畅通。在生产环节，支付平台宜增强支付为民的使命担当，完善数字支付基础设施，加强高频便民场景建设，提升支付服务便利性和经济性，提高消费市场一体化程度；支付平台宜积极推动支付服务向县域乡村下沉，提升金融支付服务的普惠性，主动拥抱直播等数字化业态，打通供需两侧，挖掘新兴消费市场潜力。在国内流通和消费环节，线上线下支付机构可为商贸流通企业定制具有针对性的降费措施和灵活的费率支持方案，促进消费回补和潜力释放，为稳就业、促民生注入强劲活力，助推形成强大的国内市场。在国际流通环节，本土支付品牌需加快出海速度、优化海外业务布局，持续完善国际受理网络，全面提升技术创新能力、系统响应能力和服务竞争能力，为海内外用户提供安全、可控、经济的支付方案，助力国内市场与国际市场联通。

参考文献

蔡宁伟，2012，《中国 ATM 关键运营模式对标研究》，《中国金融电脑》第 9 期。

陈宝珍、余洁、任金政，2021，《数字支付影响农户消费吗？——基于微观调查数据的经验分析》，《财经论丛》第 1 期。

陈宏民、胥莉，2007，《双边市场：企业竞争环境的新视角》，上海人民出版社。

陈强，2014，《高级计量经济学及 Stata 应用》（第二版），高等教育出版社。

陈兆友，2013，《基于归属曲线的交叉网络外部性测度——以我国银行卡产业为例》，硕士学位论文，复旦大学。

程贵孙、陈宏民、孙武军，2006，《双边市场视角下的平台企业行为研究》，《经济理论与经济管理》第 9 期。

程贵孙、乔巍然，2014，《持卡规模与银行卡刷卡手续费的关系研究》，《产业经济评论》（山东大学）第 4 期。

程贵孙、孙武军，2006，《银行卡产业运作机制及其产业规制问题研究：基于双边市场理论视角》，《国际金融研究》第 1 期。

戴菊贵、蒋天虹，2015，《基于双边市场理论的 P2P 平台定价研究》，《财经问题研究》第 9 期。

董志勇、狄晓娇，2007，《对中国信用卡消费群体特征的多元统计分析》，《金融论坛》第 6 期。

方若男、骆品亮，2022，《支付生态竞争与监管研究进展》，《研究与发展管理》第 4 期。

房林、李美萱，2023，《数字经济下平台不同开放程度的竞争效应分析——以条码支付平台为例》，《软科学》第 3 期。

傅联英，2011a，《中国银行卡市场的弱双边市场特征及其价格结构策略研究》，博士学位论文，复旦大学。

傅联英，2011b，《垄断性卡组织多产品定价策略》，《南方经济》第 4 期。

傅联英，2011c，《银行卡网络支付平台竞争绩效及其生存区间分析》，《上海管理科学》第 5 期。

傅联英，2013a，《银行卡支付市场的瓶颈问题识别与绩效提升对策》，《兰州学刊》第 6 期。

傅联英，2013b，《银行卡支付平台双边市场特征识别与测度》，《商业研究》第 6 期。

傅联英，2018，《信用卡支付如何影响主观幸福感？——基于萨缪尔森幸福公式的研究》，《财经研究》第 3 期。

傅联英，2021，《全局竞争视角下支付平台的交换费定价策略》，《产经评论》第 6 期。

傅联英、陈兆友、骆品亮，2016，《银行卡市场交叉网络外部性检验及其强度估算——基于二次 B 样条方法修正的归属曲线模型方法》，《产业经济评论》第 3 期。

傅联英、刘秀春、韩志鸿，2021，《支付市场定价机制的现存问题与初步建议》，《工信财经科技》第 5 期。

傅联英、骆品亮，2013，《双边市场的定性判断与定量识别：一个综述》，《产业经济评论》第 2 期。

傅联英、骆品亮，2016a，《ATM 跨行交易独立定价与联合定价比较研究》，《管理科学学报》第 6 期。

傅联英、骆品亮，2016b，《开放还是封闭：基于利润比较的支付平台转型策略研究》，《南方经济》第 3 期。

傅联英、骆品亮，2022a，《互联互通模式下考虑用户绕道交易的支付平台定价策略》，《工信财经科技》第 5 期。

傅联英、骆品亮，2022b，《众人抬柴火焰高？支付平台引入四方模式对绩效的异质影响》，《金融评论》第 5 期。

傅联英、容玲，2014，《微观人口特征对本土银行卡品牌采纳的影响与启示》，《上海金融》第 1 期。

傅联英、王明筠，2016，《城镇居民信用卡持有行为的决定机制研究》，《上海金融》第12期。

傅联英、钟林楠，2018，《市场势力、基础设施投入与银行卡支付平台交易量》，《产经评论》第3期。

甘犁、尹志超、贾男、徐舒、马双，2013，《中国家庭资产状况及住房需求分析》，《金融研究》第4期。

高洁、蒋传海、王宇，2014，《平台竞争与独家交易》，《财经研究》第2期。

郭广珍、张玉兰、胡可嘉，2017，《封闭与开放平台的选择策略：基于需求与成本优势的下游厂商博弈分析》，《中国工业经济》第3期。

韩德昌、王大海，2007，《人口统计特征、社会环境因素与中国大学生信用卡持有关系研究》，《上海金融》第11期。

贺力平、赵鹞，2021，《跨境支付：从"货币牵引"到"支付牵引"的转变？》，《金融评论》第3期。

胡金露、朱卫平，2012，《我国银行间ATM跨行取款收费的竞争行为研究——基于Hotelling模型的分析》，《产经评论》第3期。

黄卉、沈红波，2010，《生命周期、消费者态度与信用卡使用频率》，《经济研究》第1期。

纪汉霖，2006，《双边市场定价方式的模型研究》，《产业经济研究》第4期。

纪汉霖、王小芳，2007，《双边市场视角下平台互联互通问题的研究》，《南方经济》第11期。

纪汉霖、王小芳，2014，《平台差异化且用户部分多归属的双边市场竞争》，《系统工程理论与实践》第6期。

纪汉霖、张永庆，2009，《我国商业银行基于跨行取款手续费的竞争模型》，《预测》第6期。

江明华、任晓炜，2004，《信用卡用卡者人口统计特征及透支行为关系的实证研究》，《金融研究》第4期。

寇宗来，2009，《ATM服务收费的策略分析》，《世界经济文汇》第3期。

寇宗来、王学斌，2006，《ATM收费、银行竞争和社会福利》，《世界经济》第1期。

李爱梅、李斌、许华、李伏岭、张耀辉、梁竹苑，2014，《心理账户的认知标签与情绪标签对消费决策行为的影响》,《心理学报》第 7 期。

李波,2015,《中国城镇家庭金融风险资产配置对消费支出的影响——基于微观调查数据 CHFS 的实证分析》,《国际金融研究》第 1 期。

李朝霞等,2009,《中国银行卡产业监管与定价研究》,中国社会科学出版社。

李朝霞、张昕竹,2008,《银行卡产业国际监管动态及其对中国的启示》,《中国信用卡》第 3 期。

李二亮、何毅、李永焱,2020,《移动支付商家采纳影响因素及决策过程研究》,《管理评论》第 6 期。

李广子、王健,2017,《消费信贷如何影响消费行为？——来自信用卡信用额度调整的证据》,《国际金融研究》第 10 期。

李伟倩,2012,《双边市场中的定价机制与平台竞争》,硕士学位论文,山东大学。

李永强、白璇、寇燕、马良,2008,《信用卡开卡意愿与使用频率影响因素研究》,《中国工业经济》第 2 期。

刘赛龙、秦海林,2016,《性别差异与网络银行使用偏好——基于纵向异质产品需求模型的实证检验》,《经济视角》第 4 期。

陆学艺,2004,《当代中国社会流动》,社会科学文献出版社。

吕仲涛,2022,《金融科技推动数字化转型下的银行卡支付产业高质量发展》,《中国信用卡》第 1 期。

罗泳涛、高平,2016,《基于双边市场的银行卡定价理论研究》,《中南财经政法大学学报》第 1 期。

骆品亮,2005,《商户联盟与 Hotelling 竞争下支付卡交换费的比较分析》,《复旦学报》(自然科学版)第 6 期。

骆品亮、傅联英,2014,《零售企业平台化转型及其双边定价策略研究》,《管理科学学报》第 10 期。

骆品亮、韩冲、余林徽,2010,《我国银行卡市场双边性检验及其政策启示》,《产业经济研究》第 2 期。

骆品亮、殷华祥,2009,《支付卡网络跨行交换费的利益博弈与规制研究》,《管理科学学报》第 9 期。

马光荣、杨恩艳，2011，《社会网络、非正规金融与创业》，《经济研究》第 3 期。

潘家栋、储昊东，2021，《互联网第三方支付平台形成垄断了吗——基于市场势力测度的研究》，《广东财经大学学报》第 4 期。

邱甲贤、林漳希、童牧，2014，《第三方电子交易平台运营初期的定价策略——基于在线个人借贷市场的实证研究》，《中国管理科学》第 9 期。

邱甲贤、王震寰、李玉卓、童牧，2021b，《用户支付选择的影响因素——对中国和美国消费者的实证分析》，《系统管理学报》第 6 期。

邱甲贤、杨钟祎、雍驰、童牧，2022，《非现金支付工具对现金的演替机制研究：基于用户支付选择的视角》，《管理科学学报》第 5 期。

邱甲贤、雍驰、童牧，2021a，《独立定价还是共同定价：新支付工具的定价策略》，《中国管理科学》第 2 期。

曲创、刘重阳，2016，《平台厂商市场势力测度研究——以搜索引擎市场为例》，《中国工业经济》第 2 期。

曲创、朱兴珍，2015，《垄断势力的行政获取与高额利润的市场获得——对银联身份变迁的双边市场解读》，《产业经济研究》第 1 期。

尚秀芬、陈宏民，2009，《双边垄断和竞争平台非对称所有权结构研究》，《系统工程学报》第 4 期。

尚杨娇，2013，《信用卡与家庭消费行为研究》，硕士学位论文，西南财经大学。

孙武军、董鹏、张宁致，2012，《通存通兑的利益分配机制与最优费率》，《中国经济问题》第 2 期。

孙武军、陆璐，2013，《交叉网络外部性与双边市场的倾斜式定价》，《中国经济问题》第 6 期。

孙毅坤、胡祥培，2011，《银行卡网络交换费差别定价模型研究》，《管理科学》第 2 期。

唐沁、马晓姣，2015，《关于信用卡与家庭消费行为的探讨》，《时代金融》第 18 期。

陶锋、刘家麒，2013，《银行卡平台营利性质对投资激励的影响》，《经济问题》第 9 期。

参考文献

万兴、杨晶,2017,《互联网平台选择,纵向一体化与企业绩效》,《中国工业经济》第 7 期。

王大海、姚飞、郑玉香,2011,《基于计划行为理论的信用卡使用意向分析及其营销策略研究》,《管理学报》第 11 期。

王俊秀、杨宜音,2011,《2011 年中国社会心态研究报告》,社会科学文献出版社。

王利萍,2011,《信用卡消费促进冲动性购买行为的心理机制研究》,硕士学位论文,暨南大学。

王敏、傅联英,2018,《谁更热衷于申请信用卡?——信用卡偏好的性别异质性研究》,《产业经济评论》第 4 期。

王巧巧、容玲、傅联英,2018,《信用卡支付对消费结构的影响研究:消费升级还是消费降级?》,《上海金融》第 11 期。

王学斌、寇宗来,2006,《ATM 跨行收费制的影响:一个基于网络外部性的分析框架》,《经济学》(季刊)第 4 期。

王学斌、赵波、寇宗来、石磊,2006,《失之东隅、收之桑榆:双边市场中的银行卡组织》,《经济学》(季刊)第 1 期。

魏如清、唐方成、董小雨、王睿瑀,2013,《双边网络环境下开放与封闭平台的竞争:以移动操作系统平台为例》,《中国管理科学》第 S2 期。

温忠麟、侯杰泰、张雷,2005,《调节效应与中介效应的比较和应用》,《心理学报》第 2 期。

温忠麟、张雷、侯杰泰、刘红云,2004,《中介效应检验程序及其应用》,《心理学报》第 5 期。

武云亮、岳中刚,2008,《银行卡产业交易定价的理论与实证研究》,《经济管理》第 12 期。

胥莉、陈宏民、潘小军,2009,《具有双边市场特征的产业中厂商定价策略研究》,《管理科学学报》第 5 期。

严晓珺,2009,《基于交换费机制的多方博弈下的银行卡定价模型》,《金融发展研究》第 1 期。

杨煜、秦双全、胡汉辉,2013,《三网融合背景下网络基础设施升级的理论与实证研究》,《管理工程学报》第 4 期。

叶德珠、连玉君、黄有光、李东辉，2012，《消费文化，认知偏差与消费行为偏差》，《经济研究》第 2 期。

袁利民，2012，《浅析信用卡对消费的影响》，《北方经济》第 18 期。

岳中刚，2006，《ATM 网络的兼容性与定价策略研究》，《外国经济与管理》第 11 期。

岳中刚，2007，《银行卡产业运作模式与反垄断问题研究》，《当代财经》第 3 期。

张奎，2009，《银行卡对消费促进作用的实证研究》，硕士学位论文，武汉大学。

张维华、骆品亮，2002，《网络双向接入定价的效率分析》，《系统工程理论方法应用》第 4 期。

张晓明、夏大慰，2006，《开放平台与所有权平台的竞争：网络效应与策略选择》，《中国工业经济》第 12 期。

张昕竹，2006，《从双边市场看网间结算和收费方式》，《经济社会体制比较》第 1 期。

Abadie, A., Diamond, A., Hainmueller, J. 2010. "Synthetic Control Methods for Comparative Case Studies: Estimating the Effect of California's Tobacco Control Program." *Journal of the American Statistical Association* 105 (490): 493-505.

Abdulai, A., Huffman, W. 2014. "The Adoption and Impact of Soil and Water Conservation Technology: An Endogenous Switching Regression Application." *Land Economics* 90 (1): 26-43.

Abdul-Muhmin, A. G., Umar, Y. A. 2007. "Credit Card Ownership and Usage Behaviour in Saudi Arabia: The Impact of Demographics and Attitudes towards Debt." *Journal of Financial Services Marketing* 12 (3), 219-235.

Adcock, W. O., Hirschman, E. C., Goldstucker, J. L. 1977. "Bank Credit Card Users: An Updated Profile." *Advances in Consumer Research* 4 (1): 236-241.

Aggarwal, R., Goodell, J. W., Selleck, L. J. 2015. "Lending to Women in Microfinance: Role of Social Trust." *International Business Review* 24 (1):

55-65.

Aghion, P., Bloom, N., Blundell, R., Griffith, R., Howitt, P. 2005. "Competition and Innovation: An Inverted-U Relationship." *Quarterly Journal of Economics* 120 (2): 701-728.

Aigner, D. J., Cain, G. G. 1977. "Statistical Theories of Discrimination in Labor Markets." *ILR Review* 30 (2): 175-187.

Ajzen, I. 1991. "The Theory of Planned Behavior." *Organizational Behavior and Human Decision Processes* 50 (2): 179-211.

Amendola, A., Pellecchia, A., Sensini, L. 2015. "The Usage of Credit Cards: An Empirical Analysis on Italian Households Panel Data." *European Journal of Business and Management* 7: 132-139.

Anderson, E. G., Parker, G., Tan, B. 2013. "Platform Performance Investment in the Presence of Network Externalities." *Information Systems Research* 25 (1): 152-172.

Ando, A., Modigliani, F. 1963. "The Life Cycle Hypothesis of Saving: Aggregate Implications and Tests." *American Economic Review* 53 (1): 55-84.

Argentesi, E., Filistrucchi, L. 2007. "Estimating Market Power in a Two-sided Market: The Case of Newspapers." *Journal of Applied Econometrics* 22 (7): 1247-1266.

Armstrong, M. 1998. "Network Interconnection in Telecommunications." *The Economic Journal* 108 (448): 545-564.

Armstrong, M. 2001. "The Theory of Access Pricing and Interconnection." *MPRA Paper* 15608: 295-384.

Armstrong, M. 2006. "Competition in Two-sided Markets." *The RAND Journal of Economics* 37 (3): 668-691.

Armstrong, M., Wright, J. 2009. "Mobile Call Termination." *Economic Journal* 119: 270-307.

Avery, R. B., Elliehausen, G. E., Kennickell, A. B., Spindt, P. A. 1986. "The Use of Cash and Transaction Accounts by American Families." *Journal of Retail Banking* 7 (3): 63-74.

Awh, R. Y. , Waters, D. 1974. "A Discriminant Analysis of Economic, Demographic, and Attitudinal Characteristics of Bank Charge-card Holders: A Case Study." *The Journal of Finance* 29 (3): 973-980.

Balto, D. , McAndrews, J. 1998. "Joint Venture Payment Networks and Public Policy." *Electronic Banking Law and Commerce Report* 3: 9-15.

Barker, A. T. , Sekerkaya, A. 1992. "Globalization of Credit Card Usage: The Case of a Developing Economy." *International Journal of Bank Marketing* 10 (6): 27-31.

Baron, R. M. , Kenny, D. A. 1986. "The Moderator-mediator Variable Distinction in Social Psychological Research: Conceptual, Strategic, and Statistical Considerations." *Journal of Personality and Social Psychology* 51 (6): 1173-1182.

Bauer, D. J. , Preacher, K. J. , Gil, K. M. 2006. "Conceptualizing and Testing Random Indirect Effects and Moderated Mediation in Multilevel Models: New Procedures and Recommendations." *Psychological Methods* 11 (2): 142-163.

Bayer, P. , Ross, S. L. 2006. "Identifying Individual and Group Effects in the Presence of Sorting: A Neighborhood Effects Application." *National Bureau of Economic Research*.

Behringer, S. , Filistrucchi, L. 2015. "Areeda-turner in Two-sided Markets." *Review of Industrial Organization* 46 (3): 287-306.

Belleflamme, P. , Peitz, M. 2010. "Platform Competition and Seller Investment Incentives." *European Economic Review* 54 (8): 1059-1076.

Belleflamme, P. , Toulemonde, E. 2009. "Negative Intra-group Externalities in Two-sided Markets." *International Economic Review* 50 (1): 245-272.

Bernthal, M. J. , Crockett, D. , Rose, R. L. 2005. "Credit Cards as Lifestyle Facilitators." *Journal of Consumer Research* 32 (1): 130-145.

Berry, S. T. 1994. "Estimating Discrete-choice Models of Product Differentiation." *The RAND Journal of Economics* 25 (2): 242-262.

Bénabou, R. , Tirole, J. 2006. "Incentives and Prosocial Behavior." *The Amer-*

ican Economic Review 96 (5): 1652-1678.

Bojanov, B. D., Hakopian, H., Sahakian, B. 2013. *Spline Functions and Multivariate Interpolations*. Springer Science & Business Media.

Bolt, W., Schmiedel, H. 2013. "Pricing of Payment Cards, Competition, and Efficiency: A Possible Guide for SEPA." *Annals of Finance* 9 (1): 5-25.

Borzekowski, R., Elizabeth, K. K., Shaista, A. 2008. "Consumers' Use of Debit Cards: Patterns, Preferences, and Price Response." *Journal of Money, Credit and Banking* 40 (1): 149-172.

Boudreau, K. 2010. "Open Platform Strategies and Innovation: Granting Access vs. Devolving Control." *Management Science* 56 (10): 1849-1872.

Bounie, D., Francois, A. 2009. "Cash, Check or Bank Card? The Effects of Transaction Characteristics on the Use of Payment Instruments." *Telecom Paris Economics and Social Sciences Working Paper* No. ESS-06-05.

Budig, M. J., England, P. 2001. "The Wage Penalty for Motherhood." *American Sociological Review* 66 (2): 204-225.

Caillaud, B., Jullien, B. 2003. "Chicken and Egg: Competition among Intermediation Service Providers." *RAND Journal of Economics* 34 (2): 521.

Casadesus-Masanell, R., Llanes, G. 2015. "Investment Incentives in Open-source and Proprietary Two-sided Platforms." *Journal of Economics & Management Strategy* 24 (2): 306-324.

Chai, A., Moneta, A. 2010. "Retrospectives: Engel Curves." *Journal of Economic Perspectives* 24 (1): 225-240.

Chakravorti, S., Roson, R. 2006. "Platform Competition in Two-sided Markets: The Case of Payment Networks." *Review of Network Economics* 5 (1): 118-143.

Chan, L. T. 2021. "Divide and Conquer in Two-sided Markets: A Potential-game Approach." *The RAND Journal of Economics* 52 (4): 839-858.

Chatterjee, P., Rose, R. L. 2012. "Do Payment Mechanisms Change the Way Consumers Perceive Products?" *Journal of Consumer Research* 38 (6):

1129-1139.

Chen, Y., Riordan, M. H. 2007. "Price and Variety in the Spokes Model." *The Economic Journal* 117 (522): 897-921.

Chen, Y., Xie, J. 2007. "Cross-market Network Effect with Asymmetric Customer Loyalty: Implications for Competitive Advantage." *Marketing Science* 26 (1): 52-66.

Chioveanu, I., Fauli-Oller, R., Sandonis, J., Santamaria, J. 2009. "ATM Surcharges: Effects on Deployment and Welfare." *Journal of Industrial Economics* 57 (3): 613-635.

Choi, J. P., Jeon, D. S. 2021. "A Leverage Theory of Tying in Two-sided Markets with Nonnegative Price Constraints." *American Economic Journal: Microeconomics* 13 (1): 283-337.

Chu, J. H., Manchanda, P. 2016. "Quantifying Cross and Direct Network Effects in Online C2C Platforms." *Marketing Science* 35 (6): 870-893.

Cohen, J. 1988. *Statistical Power Analysis for the Behavioural Sciences*. Amsterdam: Academic Press.

Creti, A., Verdier, M. 2014. "Fraud, Investments and Liability Regimes in Payment Platforms." *International Journal of Industrial Organization* 35: 84-93.

Croft, E., Spencer, B. 2003. "Fees and Surcharging in Automatic Teller Machine Networks: Non-bank ATM Providers VersusLarge Banks." NBER Working Paper, No. 9883.

Dahl, G. B., Løken, K. V., Mogstad, M. 2014. "Peer Effects in Program Participation." *American Economic Review* 104 (7): 2049-2074.

Danes, S. M., Hira, T. K. 1990. "Knowledge, Beliefs, and Practices in the Use of Credit Cards." *Home Economics Research Journal* 18 (3): 223-235.

Didaskalou, A. 2012. "Why the Future of Mobile Payments is Closed: 'Cutting out the Middleman'." *B&T Magazine* 12: 1-3.

Donze, J., Dubec, I. 2006. "The Role of Interchange Fees in ATM Networks."

International Journal of Industrial Organization 24 (1): 29-43.

Donze, J. , Dubec, I. 2009. "Paying for ATM Usage: Good for Consumers, Bad for Banks?" *Journal of Industrial Economics* 57 (3): 583-612.

Donze, J. , Dubec, I. 2010. "The Effect of Regulating Interchange Fees at Cost on the ATM Market. " *Economics Letters* 107 (2): 187-189.

Donze, J. , Dubec, I. 2011. "ATM Direct Charging Reform: The Effect of Independent Deployers on Welfare. " *Review of Network Economics* 10 (2): 1-23.

Duthie, J. 2012. "Why the Future of Mobile Payments is Open: 'Scale for Retailers and Consumers' . " *B&T Magazine* 12: 3-5.

Economides, N. 1996. "The Economics of Networks. " *International Journal of Industrial Organization* 14 (6): 673-699.

Economides, N. , Hermalin, B. 2012. "The Economics of Network Neutrality. " *The Rand Journal of Economics* 43 (4): 602-629.

Economides, N. , Katsamakas, E. 2006a. "Linux vs. Windows: A Comparison of Application and Platform Innovation Incentives for Open Source and Proprietary Software Platforms. " In *The Economics of Open Source Software Development*, edited by Jürgen, B. , Philipp, J. H. S. pp. 207 - 218. Leeds: Emerald Publishing.

Economides, N. , Katsamakas, E. 2006b. "Two-sided Competition of Proprietary vs. Open Source Technology Platforms and the Implications for the Software Industry. " *Management Science* 52 (7): 1057-1071.

Edelman, B. , Wright, J. 2015. "Price Coherence and Excessive Intermediation. " *The Quarterly Journal of Economics* 130 (3): 1283-1328.

Eisenmann, T. , Parker, G. , Van Alstyne, M. W. 2006. "Strategies for Two-sided Markets. " *Harvard Business Review* 84 (10): 92.

Eisenmann, T. R. , Parker, G. , Van Alstyne, M. 2009. "Opening Platforms: How, When and Why?" *Platforms, Markets and Innovation*: 131-162.

Engel, E. 1857. "Die Productions-und Consumtionsverhältnisse Des Königreichs Sachsen. " *Zeitschrifrdes Statistischen Biireaus Des Koniglich Sachsischen*

Ministeriums Des Innern 8 (9): 1-54.

Evans, D. S. 2003. "The Antitrust Economics of Two-sided Markets." *Yale Journal on Regulation* 20 (2): 325-382.

Fagerstrom, A., Hantula, D. A. 2013. "Buy It Now and Pay for It Later: An Experimental Study of Student Credit Card Use." *The Psychological Record* 63 (2): 323-332.

Farrell, J. 2006. "Efficiency and Competition between Payment Instruments." *Review of Network Economics* 5 (1): 1-19.

Fedotenkov, I. 2013. "Consistency of the Estimator of Binary Response Models Based on AUC Maximization." *Statistical Methods & Applications* 22 (3): 381-390.

Feinberg, R. A. 1986. "Credit Cards as Spending Facilitating Stimuli: A Conditioning Interpretation." *Journal of Consumer Research* 13 (12): 348-356.

Felton, J., Gibson, B., Sanbonmatsu, D. M. 2003. "Preference for Risk in Investing as a Function of Trait Optimism and Gender." *The Journal of Behavioral Finance* 4 (1): 33-40.

Ferrari, S. 2010. "Discriminatory Fees, Coordination and Investment in Shared ATM Network." National Bank of Belgium Working Paper, No. 184.

Forsyth, N., Castro, E. 2008. *Other People's Money: The Rise and Fall of Britain's Boldest Credit Card Fraudster*. London: Macmillan Publishers Limited.

Friedman, M. 1956. *Studies in the Quantity Theory of Money*. Chicao: University of Chicago Press.

Fu, L., Luo, P. 2011. "Using Attachment Curves Model to Study the Group Externality of China's Bankcard Industry." *International Conference on Business Management and Electronic Information*, Guangzhou, China, May 13-15, pp. 401-404.

Fu, L., Luo, P., Rong, L. 2012b. "Identifying the Attribute of Joint Demand in Chinese Payment Card Market." *International Journal of Electronic Finance* 6 (3-4): 239-255.

Fu, L. Y., Yu, L. H., Luo, P. L. 2012a. "An Empirical Study of Organizational Reform of China's Bankcard Industry and Policy Recommendations." *Chinese Management Studies* 6 (3): 413-425.

Galbraith, S., Stephenson, H. B. 1993. "Decision Rules Used by Male and Female Business Students in Making Ethical Value Judgments: Another Look." *Journal of Business Ethics* 12 (3): 227-233.

Gan, L. L., Maysami, R. C., Chye, K. H. 2008. "Singapore Credit Cardholders: Ownership, Usage Patterns, and Perceptions." *Journal of Services Marketing* 22 (4): 267-279.

Gilbert, R. 1991. "On the Delegation of Pricing Authority in Shared Automatic Teller Machine Networks." In *Electronic Services Networks: A Business and Public Policy Challenge*, edited by Guerin-Calvert, M., Wildman, S. pp. 58-68. New York: Prager Publishing.

Gowrisankaran, G., Stavins, J. 2004. "Network Externalities and Technology Adoption: Lessons from Electronic Payments." *RAND Journal of Economics* 35 (2): 260-276.

Greene, W. H. 2012. *Econometric Analysis (7th edition)*. New Jersey: Prentice Hall.

Hagiu, A. 2006. "Proprietary vs. Open Two-sided Platforms and Social Efficiency." *AEI-Brooking Joint Center Working Paper* (6-12): 9-113.

Hagiu, A., Halaburda, H. 2014. "Information and Two-sided Platform Profits." *International Journal of Industrial Organization* 34 (1): 25-35.

Hair, J. F., Hult, G. T. M., Ringle, C., Sarstedt, M. 2016. *A Primer on Partial Least Squares Structural Equation Modeling (PLS-SEM)*. California: Sage Publications.

Hancock, A. M., Jorgensen, B. L., Swanson, M. S. 2013. "College Students and Credit Card Use: The Role of Parents, Work Experience, Financial Knowledge, and Credit Card Attitudes." *Journal of Family and Economic Issues* 34 (4): 369-381.

Hannan, T. H., Kiser, E. K., Prager, R. A, McAndrews, J. 2003. "To Surcharge or Not to Surcharge: An Empirical Investigation of ATM Pricing." *The Review of Economics and Statistics* 85 (4): 990-1002.

Hausman, J., McFadden, D. 1984. "Specification Tests for the Multinomial Logit Model." *Econometrica: Journal of the Econometric Society* 52 (5): 1219-1240.

Hayashi, F., Klee, E. 2003. "Technology Adoption and Consumer Payments: Evidence from Survey Data." *Review of Network Economics* 2 (2): 175-190.

Heckman, J. J. 1979. "Sample Bias Selection as a Specification Error." *Econometrica* 47 (1): 153-161.

Hernandez, L., Jonker, N., Kosse, A. 2017. "Cash Versus Debit Card: The Role of Budget Control." *Journal of Consumer Affairs* 51 (1): 91-112.

Hildebrand, T. 2012. "Estimating Network Effects in Two-sided Markets without Data on Prices and Quantities." *Economics Letters* 117 (3): 585-588.

Horowitz, J. L., Savin, N. E. 2001. "Binary Response Models: Logits, Probits and Semi-parametrics." *Journal of Economic Perspectives* 15 (4): 43-56.

Hotelling, H. 1929. "Stability in Competition." *The Economic Journal* 39 (153): 41-57.

Hyytinen, A., Takalo, T. 2009. "Consumer Awareness and the Use of Payment Media: Evidence from Young Finnish Consumers." *Review of Network Economics* 8 (2): 164-188.

Imai, K., Keele, L., Tingley, D., Yamamoto, T. 2011. "Unpacking the Black Box of Causality: Learning about Causal Mechanisms from Experimental and Observational Studies." *American Political Science Review* 105 (4): 765-789.

Imai, K., Keele, L., Yamamoto, T. 2010. "Identification, Inference and Sensitivity Analysis for Causal Mediation Effects." *Statistical Science*: 51-71.

Imai, K., Yamamoto, T. 2013. "Identification and Sensitivity Analysis for Multiple Causal Mechanisms: Revisiting Evidence from Framing Experiments." *Political Analysis* 21 (2): 141-171.

Incekara-Hafalir, E., Loewenstein, G. 2009. "The Impact of Credit Cards on Spending: A Field Experiment." SSRN Working Paper Series 1378502.

Judd, C. M., Kenny, D. A. 1981. "Process Analysis: Estimating Mediation in Treatment Evaluations." *Evaluation Review* 5 (5): 602-619.

Jullien, B., Pavan, A., Rysman, M. 2021. "Two-sided Markets, Pricing, and Network Effects." In *Handbook of Industrial Organization*, edited by Kate, H., Ali, H., Alessandro, L. pp. 485-592. Amsterdam: ElsevierB. V.

Karlson, K. B., Holm, A., Breen, R. 2012. "Comparing Regression Coefficients between Same-sample Nested Models Using Logit and Probit: A New Method." *Sociological Methodology* 42 (1): 286-313.

Katz, M. L., Shapiro, C. 1985. "Network Externalities, Competition, and Compatibility." *The American Economic Review* 75 (3): 424-440.

Katz, M. L., Shapiro, C. 1986. "Technology Adoption in the Presence of Network Externalities." *Journal of Political Economy* 94 (4): 822-841.

Katz, M. L., Shapiro, C. 1994. "Systems Competition and Network Effects." *Journal of Economic Perspectives* 8 (2): 93-115.

Kaynak, E., Harcar, T. 2001. "Consumers' Attitudes and Intentions towards Credit Card Usage in an Advanced Developing Country." *Journal of Financial Services Marketing* 6 (1): 24-39.

Kaynak, E., Kucukemiroglu, O., Ozmen, A. 1995. "Correlates of Credit Card Acceptance and Use in an Advanced Developing Middle Eastern Country." *Journal of Service Marketing* 9 (4): 52-63.

Keele, L., Tingley, D., Yamamoto, T. 2015. "Identifying Mechanisms behind Policy Interventions Via Causal Mediation Analysis." *Journal of Policy Analysis and Management* 34 (4): 937-963.

Kim, Y. S., Lee, M. 2010. "A Model of Debit Card as a Means of Payment." *Journal of Economic Dynamics and Control* 34 (8): 1359-1368.

Kinsey, J. D. 1981. "Determinants of Credit Cards Accounts: An Application of Tobit Analysis." *Journal of Consumer Research* 8 (2): 172-182.

Klee, E. 2008. "How People Pay: Evidence from Grocery Store Data." *Journal of Monetary Economics 55 (3): 526-541.

Knight, J. 2002. "Sexual Stereotypes." Nature 415 (6869): 254-256.

Knittel, C., Stango, V. 2011. "Strategic Incompatibility in ATM Markets." Journal of Banking and Finance 35 (10): 2627-2636.

Kort, P. M., Zaccour, G. 2011. "When Should a Firm Open Its Source Code: A Strategic Analysis." Production and Operations Management 20 (6): 877-888.

Koulayev, S., Rysman, M., Schuh, S., Stavins, J. 2016. "Explaining Adoption and Use of Payment Instruments by US Consumers." The RAND Journal of Economics 47 (2): 293-325.

Kou, Z., Zhou, M. 2015. "Hotelling's Competition with Relative Performance Evaluation." Economics Letters 130: 69-71.

Krämer, J., Wiewiorra, L. 2012. "Network Neutrality and Congestion Sensitive Content Providers: Implications for Content Variety, Broadband Investment and Regulation." Information Systems Research 23 (4): 1303-1321.

Kumar, R., Lifshits, Y., Tomkins, A. 2010. "Evolution of Two-sided Markets." Proceeding of the Third ACM International Conference on Web Search and Data Mining, New York, USA, pp. 311-320.

Laffont, J. J., Marcus, S., Rey, P., Tirole, J. 2003. "Internet Interconnection and the Off-net-cost Pricing Principle." Rand Journal of Economics 34 (2): 370-390.

Laffont, J. J., Rey, P., Tirole, J. 1997. "Competition between Telecommunication Operators." European Economic Review 41 (3): 701-711.

Laffont, J. J., Rey, P., Tirole, J. 1998a. "Network Competition: I. Overview and Nondiscriminatory Pricing." Rand Journal of Economics 29 (1): 1-37.

Laffont, J. J, Rey, P., Tirole, J. 1998b. "Network Competition: II. Price Discrimination." Rand Journal of Economics 29 (1): 38-56.

Landsman, V., Stremersch, S. 2011. "Multihoming in Two-sided Markets: An Empirical Inquiry in the Video Game Console Industry." Journal of Marketing 75 (6): 39-54.

Lee, J., Kwon, K. 2002. "Consumers' Use of Credit Cards: Store Credit Card Usage as an Alternative Payment and Financing Medium." *The Journal of Consumer Affairs* 36 (2): 239-262.

Lee, R. S. 2013. "Vertical Integration and Exclusivity in Platform and Two-sided Markets." *American Economic Review* 103 (7): 2960-3000.

Lee, S. H., Loke, Y. J., Tan, A. K. G. 2013. "The Demand for Epayment in Malaysia: An Examination of Usage Intensity." *Margin: Journal of Applied Economics Research* 7 (4): 371-389.

Lian Z, Van Ryzin G. 2021. "Optimal Growth in Two-sided Markets." *Management Science* 67 (11): 6862-6879.

Liebowitz, S. J., Margolis, S. E. 1994. "Network Externality: An Uncommon Tragedy." *Journal of Economic Perspectives* 8 (2): 133-150.

Liebowitz, S. J., Margolis, S. E. 1998. *The New Palgrave's Dictionary of Economics and the Law*. London: Palgrave MacMillan.

Llanes, G., De Elejalde, R. 2013. "Industry Equilibrium with Open-source and Proprietary Firms." *International Journal of Industrial Organization* 31 (1): 36-49.

Lo, H. Y., Harvey, N. 2011. "Shopping without Pain: Compulsive Buying and the Effects of Credit Card Availability in Europe and the Far East." *Journal of Economic Psychology* 32 (1): 79-92.

Loke, Y. J. 2007. "Determinants of Merchant Participation in Credit Card Payment Schemes." *Review of Network Economics* 6 (4): 1-21.

Loke, Y. J., Yen, S. T., Tan, A. K. G. 2011. "Credit Card Averters and Amassers: Evidence from Malaysia." *Asian Economic Journal* 25 (4): 397-412.

Loke, Y. J., Yen, S. T., Tan, A. K. G. 2013. "Credit Card Ownership and Debt Status in Malaysia." *Singapore Economic Review* 58 (3): 1-26.

Lokshin, M., Sajaia, Z. 2004. "Maximum Likelihood Estimation of Endogenous Switching Regression Models." *The Stata Journal* 4 (3): 282-289.

Macfarlane, I. J. 2005. "Gresham's Law of Payments." AIBF Industry Forum 2005, Sydney, March 23, pp. 1-6.

Maddala, G. S. 1983. *Limited-Dependent and Qualitative Variables in Economics*. Cambridge: Cambridge University Press.

Manenti, F. M, Somma E. 2011. "Plastic Clashes: Competition among Closed and Open Payment Systems." *The Manchester School* 79 (6): 1099-1125.

Mankiw, N. G., Whinston, M. D. 1986. "Free Entry and Social Inefficiency." *The RAND Journal of Economics* 17 (1): 48-58.

Mann, R. J. 2006. *Charging Ahead: The Growth and Regulation of Payment Card Markets around the World*. Cambridge: Cambridge University Press.

Mantel, B. 2000. "Why Do Consumers Pay Bills Electronically? An Empirical Analysis." *Economic Perspectives* 24 (4): 32-47.

Massoud, N., Bernhardt, D. 2002. "Rip-off ATM Surcharges." *Rand Journal of Economics* 33 (1): 96-115.

Massoud, N., Saunders, A., Scholnick, B. 2006. "The Impact of ATM Surcharges on Large Versus Small Banks: Is There a Switching Effect?" *The Journal of Business* 79 (4): 2099-2125.

Matějka, F., McKay, A. 2015. "Rational Inattention to Discrete Choices: A New Foundation for the Multinomial Logit Model." *American Economic Review* 105 (1): 272-298.

McAndrews, J. J. 1991. "The Evolution of Shared ATM Networks." *Federal Reserve Bank of Philadelphia Business Review* 3: 3-14.

McAndrews, J. J. 2002. "A Model of ATM Pricing: Foreign Fees and Surcharges." Federal Reserve Bank of New York.

McAndrews, J. J. 2003. "Automated Teller Machine Network Pricing—A Review of the Literature." *Review of Network Economics* 2 (2): 146-158.

Mercatanti, A., Li, F. 2014. "Do Debit Cards Increase Household Spending? Evidence from a Semiparametric Causal Analysis of a Survey." *The Annals of Applied Statistics* 8 (4): 2485-2508.

Mercatanti, A., Montegrappa, V. 2008. "Assessing the Effect of Debit Cards on

Households' Spending under the Uncounfoundedness Assumption." Report No. 304, Dipartimento di Statistica e Matematica Applicata all'Economia, Universit di Pisa.

Newson, R. 2001. "B-splines and Splines Parameterized by Their Values at Reference Points on the X-axis." *Stata Technical Bulletin* 10 (57): 20-27.

Newson, R. B. 2012. "Sensible Parameters for Univariate and Multivariate Splines." *Stata Journal* 12 (3): 479.

Njoroge, P., Ozdaglar, A., Stier-Moses, N. E., Weintraub, G. Y. 2013. "Investment in Two-sided Markets and the Net Neutrality Debate." *Review of Network Economics* 12 (4): 355-402.

Noltze, M., Schwarze, S., Qaim, M. 2013. "Impacts of Natural Resource Management Technologies on Agricultural Yield and Household Income: The System of Rice Intensification in Timor Leste." *Ecological Economics* 85: 59-68.

Noone, C. 2012. "ATM Fees, Pricing and Consumer Behaviour: An Analysis of ATM Network Reform in Australia." Sydney: Reserve Bank of Australia.

Norman, P. 2008. *Plumbers and Visionaries: Securities Settlement and Europe's Financial Market.* New Jersey: John Wiley & Sons.

Novy-Marx, R. 2013. "The Other Side of Value: The Gross Profitability Premium." *Journal of Financial Economics* 108 (1): 1-28.

Parker, G. G., Van Alstyne, M. W. 2005. "Two-sided Network Effects: A Theory of Information Product Design." *Management Science* 51 (10): 1494-1504.

Petrin, A., Poi, B. P., Levinsohn, J. 2004. "Production Function Estimation in Stata Using Inputs to Control for Unobservables." *Stata Journal* 4 (2): 113-123.

PIRG (Public Interest Research Group). 2001. "The Effects of ATM Surcharges on Small Banking Organizations." *Review of Industrial Organization* 18 (2):161-173.

Poterba, J. M. 2000. "Stock Market Wealth, and Consumption." *The Journal of*

Economic Perspectives 14 (2): 99-118.

Powell, M., Ansic, D. 1997. "Gender Differences in Risk Behaviour in Financial Decision-making: An Experimental Analysis." *Journal of Economic Psychology* 18 (6): 605-628.

Prager, R. 2001. "The Effects of ATM Surcharges on Small Banking Organizations." *Review of Industrial Organization* 18 (2): 161-173.

Preacher, K. J., Rucker, D. D., Hayes, A. F. 2007. "Addressing Moderated Mediation Hypotheses: Theory, Methods, and Prescriptions." *Multivariate Behavioral Research* 42 (1): 185-227.

Prelec, D., Loewenstein, G. F. 1998. "The Red and the Black: Mental Accounting of Savings and Debt." *Marketing Science* 17 (1): 4-28.

Prelec, D., Simester, D. 2001. "Always Leave Home without It: A Further Investigation of the Credit-card Effect on Willingness to Pay." *Marketing Letters* 12 (1): 5-12.

Richard, A., Feinberg. 1986. "Credit Cards as Spending Facilitating Stimuli: A Conditioning Interpretation." *Journal of Consumer Research* 13 (3): 348-356.

Rochet, J. C., Tirole, J. 2002. "Cooperation among Competitors: Some Economics of Payment Card Associations." *Rand Journal of Economics* 33 (4): 549-570.

Rochet, J. C., Tirole, J. 2003. "Platform Competition in Two-sided Markets." *Journal of the European Economic Association* 1 (4): 990-1029.

Rochet, J. C., Tirole, J. 2006. "Two-sided Markets: A Progress Report." *The Rand Journal of Economics* 35 (3): 645-667.

Roy, A. 1951. "Some Thoughts on the Distribution of Earnings." *Oxford Economic Papers* 3 (2): 135-146.

Rysman, M. 2007. "An Empirical Analysis of Payment Card Usage." *The Journal of Industrial Economics* 55 (1): 1-36.

Rysman, M., Wright, J. 2015. "The Economics of Payment Cards." *Review of Network Economics* 13 (3): 303-353.

Salop, S. C. 1979. "Monopolistic Competition with Outside Goods." *The Bell Journal of Economics* 10 (1): 141–156.

Salop, S. C. 1990. "Deregulating Self-regulated Shared ATM Networks." *Economics of Innovation and New Technology* 1 (1–2): 43–58.

Schiff, A. 2002. "Two-way Interconnection with Partial Consumer Participation." *Networks and Spatial Economics* 2: 295–315.

Schiff, A. 2003. "Open and Closed Systems of Two-sided Networks." *Information Economics and Policy* 15 (4): 425–442.

Schmalensee, R. 2002. "Payment Systems and Interchange Fees." *The Journal of Industrial Economics* 50 (2): 103–122.

Shah, A. M., Eisenkraft, N., Bettman, J. R., Chartrand, T. L. 2016. "Paper or Plastic? How We Pay Influences Post-transaction Connection." *Journal of Consumer Research* 42 (5): 688–708.

Sharpe, D. L., Yao, R., Liao, L. 2012. "Correlates of Credit Card Adoption in Urban China." *Journal of Family and Economic Issues* 33 (2): 156–166.

Sobel, M. E. 1982. "Asymptotic Confidence Intervals for Indirect Effects in Structural Equation Models." *Sociological Methodology* 13: 290–312.

Soetevent, A. 2011. "Payment Choice, Image Motivation and Contributions to Charity: Evidence from a Field Experiment." *American Economic Journal: Economic Policy* 3 (1): 180–205.

Somaini, P., Einav, L. 2013. "A Model of Market Power in Customer Markets." *The Journal of Industrial Economics* 61 (4): 938–986.

Soman, D. 2001. "Effects of Payment Mechanism on Spending Behavior: The Role of Rehearsal and Immediacy of Payments." *Journal of Consumer Research* 27 (4): 460–474.

Soman, D. 2003. "The Effect of Payment Transparency on Consumption: Quasi-experiments from the Field." *Marketing Letters* 14 (3): 173–183.

Soman, D., Cheema, A. 2002. "The Effect of Credit on Spending Decisions: The Role of Credit Limit and Credibility." *Marketing Science* 21 (1): 32–

53.

Song, M. J. 2021. "Estimating Platform Market Power in Two-sided Markets with an Application to Magazine Advertising." *American Economic Journal: Microeconomics* 13 (2): 35-67.

Sotiropoulos, V., D'Astous, A. 2013. "Attitudinal, Self-efficacy, and Social Norms Determinants of Young Consumers' Propensity to Overspend on Credit Cards." *Journal of Consumer Policy* 36 (2): 179-196.

Sun, M., Tse, E. 2007. "When Does the Winner Take All in Two-sided Markets?" *Review of Network Economics* 6 (1): 1-25.

Tan, A. K. G., Yen, S. T., Loke, Y. J. 2011. "Credit Card Holders, Convenience Users and Revolvers: A Tobit Model with Binary Selection and Ordinal Treatment." *Journal of Applied Economics* 14 (2): 225-255.

Tan, Y., Floros, C. 2013. "Market Power, Stability and Performance in the Chinese Banking Industry." *Economic Issues* 18 (2): 65-89.

Texier, T., Zeroukhi, M. 2015. "How Can Proprietary Software Firms Take Advantage Over Open Source Communities? Another Story of Profitable Piracy." Center for Research in Economics and Management (CREM), University of Rennes 1, University of Caen and CNRS.

Tåg, J. 2009. "Competing Platforms and Third Party Application Developers." *Communication & Strategies* 1 (74): 95-116.

Thaler, R. 1999. "Mental Accounting Matters." *Journal of Behavioral Decision Making* 12 (3): 183-206.

Thomas, H., Jain, A., Angus, M. 2013. "Measuring Progress toward a Cashless Society." *MasterCard Advisors* 5 (4): 1-5.

Thomas, M., Desai, K. K., Seenivasan, S. 2011. "How Credit Card Payments Increase Unhealthy Food Purchases: Visceral Regulation of Vices." *Journal of Consumer Research* 38 (1): 126-139.

Tokunaga, H. 1993. "The Use and Abuse of Consumer Credit: Application of Psychological Theory and Research." *Journal of Economic Psychology* 14 (2): 285-316.

Trebing, H. M. 1994. "The Networks as Infrastructure—The Reestablishment of Market Power." *Journal of Economic Issues* 28 (2): 379-389.

Tucker, C. 2005. "Empirically Evaluating Two-sided Integrated Network Effects: The Case of Electronic Payments." Unpublished Manuscript.

Van Alstyne, M. W., Parker, G. G., Choudary, S. P. 2016. "Pipelines, Platforms, and the New Rules of Strategy." *Harvard Business Review* 94 (4): 54-62.

Van der Horst, F., Matthijsen, E. 2013. "The Irrationality of Payment Behavior." DNB Occasional Studies 11 (4).

VanderWeele, T., Vansteelandt, S. 2009. "Conceptual Issues Concerning Mediation, Interventions and Composition." *Statistics and Its Interface* 2: 457-468.

Verdier, M. 2010. "Interchange Fees and Incentives to Invest in Payment Card Systems." *International Journal of Industrial Organization* 28 (5): 539-554.

Vogelsang, I. 2003. "Price Regulation of Access to Telecommunications Networks." *Journal of Economic Literature* 41 (3): 830-862.

Von Kalckreuth, U., Schmidt, T., Stix, H. 2014. "Choosing and Using Payment Instruments: Evidence from German Microdata." *Empirical Economics* 46 (3): 1019-1055.

Von Ungern-Sternberg, T. 1991. "Monopolistic Competition on the Pyramid." *The Journal of Industrial Economics* 39 (4): 355-368.

Wang, J., Lai, J. Y. 2020. "Exploring Innovation Diffusionof Two-sided Mobile Payment Platforms: A System Dynamics Approach." *Technological Forecasting and Social Change* 157: 120088.

Wang, L., Lu, W., Malhotra, N. K. 2011. "Demographics, Attitude, Personality and Credit Card Features Correlate with Credit Card Debt: A View from China." *Journal of Economic Psychology* 32 (1): 179-193.

Wang, T., Wang, R. 2018. "A Network-city Model of Spatial Competition." *Economics Letters* 170: 168-170.

Wang, Z. 2010. "Market Structure and Payment Card Pricing: What Drives the Interchange?" *International Journal of Industrial Organization* 28 (1): 86-98.

Wasberg, C. A., Hira, T. K., Fanslow, A. M. 1992. "Credit Card Usage and Consumer Debt of Households." *Journal of Consumer Studies and Home Economics* 16 (1): 19-32.

Werden, G. J, Froeb, L. M. 1994. "The Effects of Mergers in Differentiated Products Industries: Logit Demand and Merger Policy." *Journal of Law, Economics, & Organization* 10 (2): 407-426.

Weyl, E. G. 2010. "A Price Theory of Multi-sided Platforms." *The American Economic Review* 100 (4): 1642-1672.

White, K. J. 1975. "Consumer Choice and Use of Bank Credit Cards: A Model and Cross-section Results." *Journal of Consumer Research* 2 (1): 10-18.

Wiggins, V. L. 2011. "Multilevel Random Effects in Xtmixed and Sem-The Long and Wide of It." Accessed August 22, 2018. http://blog.stata.com/2011/09/28/multilevel-random-effects-in-xtmixed-and-sem-thelong-and-wide-of-it/.

Wright, J. 2003. "Optimal Card Payment Systems." *European Economic Review* 47 (4): 587-612.

Wright, J. 2004a. "The Determinants of Optimal Interchange Fees in Payment Systems." *The Journal of Industrial Economics* 52 (1): 1-26.

Wright, J. 2004b. "One-sided Logic in Two-sided Markets." *Review of Network Economics* 1 (3): 44-64.

Wright, J. 2012. "Why Payment Card Fees Are Biased Against Retailers." *The RAND Journal of Economics* 43 (4): 761-780.

Xu, Y. 2017. "Generalized Synthetic Control Method: Causal Inference with Interactive Fixed Effects Models." *Political Analysis* 25 (1): 57-76.

Xu, Y., Liu, L. 2018. "Gsynth: Generalized Synthetic Control Method. R Package Version 1.0.8." Accessed August 22, 2018. http://yiqingxu.org/software/gsynth/gsynth_examples.html.

Zandi, M., Koropeckyj, S., Singh, V., Matsiras, P. 2016. "The Impact of

Electronic Payments on Economic Growth." Moody's Analytics Report.

Zandi, M., Singh, V., Irving, J., 2013. "The Impact of Electronic Payments on Economic Growth." *Moody's Analytics: Economic and Consumer Credit Analytics* 217 (2).

Zellermayer, O. 1996. "The Pain of Paying." Ph. D. Dissertation, Carnegie Mellon University.

Zheng, Y., Kaiser, H. 2013. "Optimal Quality Threshold of Admission in a Two-sided Farmers' Market." *Applied Economics* 45 (23): 3360-3369.

图书在版编目(CIP)数据

支付市场供需分析、定价设计与效应评估 / 傅联英著 . -- 北京：社会科学文献出版社，2024.8. -- （华侨大学哲学社会科学文库）. -- ISBN 978-7-5228-3975-2

Ⅰ . F832.6

中国国家版本馆 CIP 数据核字第 2024UN3931 号

华侨大学哲学社会科学文库·经济学系列
支付市场供需分析、定价设计与效应评估

著　　者 / 傅联英

出 版 人 / 冀祥德
责任编辑 / 黄金平
文稿编辑 / 赵亚汝
责任印制 / 王京美

出　　版 / 社会科学文献出版社·文化传媒分社（010）59367004
　　　　　 地址：北京市北三环中路甲29号院华龙大厦　邮编：100029
　　　　　 网址：www.ssap.com.cn

发　　行 / 社会科学文献出版社（010）59367028
印　　装 / 三河市龙林印务有限公司

规　　格 / 开本：787mm×1092mm　1/16
　　　　　 印张：18　字数：279千字
版　　次 / 2024年8月第1版　2024年8月第1次印刷
书　　号 / ISBN 978-7-5228-3975-2
定　　价 / 118.00元

读者服务电话：4008918866

版权所有 翻印必究